0~3岁
聪明宝宝的
成长密码

5个神奇的 F
神奇的

周　雪　刘淑美
顾原源 / 编著

哈尔滨出版社
HARBIN PUBLISHING HOUSE

图书在版编目（CIP）数据

0~3岁聪明宝宝的成长密码：5个神奇的F / 周雪，刘淑美，顾原源编著.—2版. —哈尔滨：哈尔滨出版社，2017.10
ISBN 978-7-5484-3169-5
（中国家教力丛书）

Ⅰ.①0… Ⅱ.①周…②刘…③顾… Ⅲ.①婴幼儿–早期教育–家庭教育 Ⅳ.①G781

中国版本图书馆CIP数据核字（2017）第029062号

书　　名：0~3岁聪明宝宝的成长密码 ——5个神奇的F
作　　者：周　雪　刘淑美　顾原源　编著
责任编辑：韩伟锋　李维娜
责任审校：李　战
封面设计：Amber Design 琥珀视觉

出版发行：哈尔滨出版社（Harbin Publishing House）
社　　址：哈尔滨市松北区世坤路738号9号楼　　邮编：150028
经　　销：全国新华书店
印　　刷：哈尔滨市石桥印务有限公司
网　　址：www.hrbcbs.com　　www.mifengniao.com
E-mail：hrbcbs@yeah.net
编辑版权热线：（0451）87900271　87900272
销售热线：（0451）87900202　87900203
邮购热线：4006900345　（0451）87900345　87900256

开　　本：787mm×1092mm　1/16　印张：16.5　字数：200千字
版　　次：2017年10月第2版
印　　次：2017年10月第1次印刷
书　　号：ISBN 978-7-5484-3169-5
定　　价：33.00元

凡购本社图书发现印装错误，请与本社印制部联系调换。服务热线：（0451）87900278

前言

　　当一个新生命呱呱坠地的时候，父母是多么的幸福和喜悦。幸福的是，父母体悟到了爱的力量，并还将这份爱传递下去，爱是一个多么温暖、多么幸福的词汇啊。喜悦的是，父母感受到天使的来临，并将和天使一起分享成长的快乐，成长的点点滴滴是多么让人喜悦啊。初为人父人母的日子，真是全新的感受，全新的感情，人生航行中一片新大陆！

　　伴随着快乐与喜悦，也许烦恼会接踵而来。初为人父人母，总有些不解，一种束手无策的无助感不时地涌上心头。为什么宝宝总是哇哇地哭个不停，为什么宝宝总是那样的调皮捣乱，为什么宝宝总是那样的胆小羞怯，为什么宝宝总是那样的任性自私，为什么宝宝总是不如别家的宝宝，为什么……太多的为什么，太多的疑惑，太多的不解！

　　如今，随着社会的飞速发展，"一切从娃娃抓起"、"不能输在起跑线上"的思想已经深入人心。家长朋友们，其实我们也深深地懂得生命的头几年是人生发展的关键期，是挖掘生命潜力的黄金期。但家长朋友们，你们是否想过宝宝到底需要什么，宝宝成长的土壤到底需要哪些营养，宝宝内心深处的感受是什么，宝宝需要怎样的情感表达方式，宝宝通过怎样的方式来感知这个新奇的世界？

　　家庭是宝宝最初的生长环境，父母对宝宝的影响是持久而深远的。作为父母，我们需要停下匆忙的脚步，借助宝宝的眼睛去走进童心、倾听童音，而不是将自己的主观世界强加给宝宝。我们需要用心去营造以下宝宝的成长环境：

一个可以有丰富的感官刺激的环境——没有感官的刺激，就没有活跃的大脑；

一个可以痛快地摸爬滚打的环境——没有运动，就没有健康的体魄；

一个可以不受约束的探索环境——没有探索，就没有敏捷的思维；

一个可以尽情游戏的环境——没有游戏，就没有快乐的童年；

一个可以随时随地能接触到书的环境——没有书，就没有丰富的视野；

一个可以畅所欲言交流的环境——没有交流，就没有良好的表达；

一个可以享受到温馨舒适的睡眠环境——没有睡眠，就没有清晰的大脑；

一个可以补充到营养的饮食环境——没有营养，就没有茁壮的成长；

一个可以感受到温馨和谐的家庭环境——没有温馨的家庭氛围，就没有安全、积极、健康的心理保障；

一个可以得到尊重和理解的环境——没有尊重和理解，就没有健康的人格。

家长朋友们，优秀的种子需要肥沃的土壤，优秀的宝宝同样需要良好的环境。相信自己吧，只要自己的教育能滋养心灵、饱含智慧，只要自己懂得如何去爱，只要自己自信、冷静，就能够培养健康、快乐、充满活力的宝宝，就能安全抵达心中那片新大陆。真诚地希望本书能为你的这段育儿征程保驾护航，助你一臂之力！

目 录

◆ Part 2 ◆

0-3岁聪明宝宝的 "运动游戏密码"
Full Motor Sensibility Training For Children

第三章 | 1-2 岁聪明宝宝——快乐的探索者

第四章 | 2-3 岁聪明宝宝——越来越棒

◆ Part 3 ◆

0-3岁聪明宝宝的"睡眠密码"
Fine Sleeping Is Absolutely Necessary

◆ Part 4 ◆

0-3岁聪明宝宝的 "饮食密码"
Food And Drink Can Not Be Ignored

Part 5

0-3岁聪明宝宝的"交流密码"
Friendly Communication Between Parents And Children

第一章 | 父母和宝宝之间的对话

第二章 | 第1阶段：出生 -6 周——初次见面，请多多关照

第三章 | 第2阶段：6-14 周——探索的萌芽与微笑的出现

第四章 | 第3阶段：3 个半月 -5 个半月——活泼并快乐着

第五章 | 第4阶段：5 个半月 -8 个月——宝宝变化真大啊

Part 1

0—3岁聪明宝宝的"多感官刺激密码"
Five Sensory Stimulation Specific To Children

多感官刺激是建立在人类特有的本能基础上的学习方式，通过丰富的环境、信息刺激，充分调动感官发展期宝宝的眼、耳、口、鼻、舌、肢体等功能，帮助宝宝吸收和学习外部世界的各种有用信息，从而最大可能地促进大脑的发育和智力的发展。

爸爸妈妈需要知道宝宝从婴儿期开始就通过看、听、摸、尝、闻、运动等方式来感受这个世界了；大一些以后，宝宝就利用这些感官来学习更多的知识。充分调动这些感官来学习的效果最好，但是每个宝宝都有不同类型的优势感官，是不同类型的学习者，爸爸妈妈需要帮助宝宝发现自己的优势，同时弥补自己的劣势。

丰富的环境造就聪明的大脑，贫瘠的环境让大脑变得愚钝。给宝宝一个丰富的家庭环境，同时扩大宝宝的生活空间，让宝宝有机会与大自然接触，与外面的人与事接触，这样宝宝才会更聪明。

爸爸妈妈需要知道宝宝成长的关键期，什么时候能听到什么程度、看到什么程度、说到什么程度、思考到什么程度……才能更好地帮助宝宝选择适合的学习内容和学习方式。

爸爸妈妈需要知道宝宝最喜欢通过游戏学习，因为在游戏中宝宝能够充分地调动他们的各种感官，爸爸妈妈想教给宝宝什么东西，最好以游戏的形式进行。

第 一 章　刺激越丰富，宝宝越聪明

> 0-3岁是宝宝大脑发育最快的时期，大脑的发育不仅需要营养丰富的食物，还需要充满多感官刺激的环境。每个宝宝都是不同感官类型的学习者，爸爸妈妈需要了解自己的宝宝，利用好宝宝心理发育的敏感期，保护宝宝天生的好奇心，让宝宝在健康快乐中越来越聪明！

一个充满丰富刺激的家庭环境

聪明的小白鼠与愚钝的小白鼠

心理学家把四只由同一只鼠妈妈所生的小白鼠分成了两组，A组有三只小白鼠，B组则只有一只。心理学家在A组小白鼠生活的笼子里面放置了各式各样的玩具，B组那只小白鼠生活的笼子里面只有少数几样玩具。心理学家为它们提供同样的食物。几个月后，心理学家经过检测发现，A组小白鼠比B组小白鼠有更多的神经键（神经键是指神经之间的连接点，会随着神经纤维链的增加而增加）。这也就是说A组的小白鼠远远比B组那只小白鼠更聪明。造成这一切的原因很简单，A组小白鼠生活在一个拥有丰富刺激的环境中，即有各种玩具和可以一起玩耍的同伴。

和人近似的黑猩猩如果在出生后 16 个月内生活在黑暗中，它们的视网膜神经细胞枯萎很多，再到光亮的环境里也不能恢复，黑暗使它们永久失明。猫和老鼠的研究也证明，如出生后生活在极单调的环境里，它们的大脑皮质会萎缩，脑重量会减轻，神经细胞之间联系也会减少。

刺激不丰富，宝宝大脑难发育

　　丰富的刺激对人的大脑功能和结构的发展有非常重要的影响。宝宝从胎儿期到出生后的最初几年是大脑发育的关键时期。胎儿期宝宝的脑部发育主要是脑细胞数目的快速增长，每分钟形成的脑细胞数量高达约 25 万个；刚出生时，宝宝的脑细胞数量就达到千亿个，这个数量大约和银河系里的星星的总量差不多。宝宝出生后，脑细胞的数量不再增加，但脑细胞开始长出突触以实现神经网络联接点间的信息传递。刚出生时宝宝的大脑约有 50 亿个突触；出生后第一年，突触数目会增加 20 倍。儿童早期经历可极大地影响脑部复杂的神经网络结构，这也就是说刺激越丰富，形成的突触联系也就越丰富，被激活的脑细胞也就越多，宝宝的大脑发育就越好。

　　由此可见，丰富的多感官刺激对于智力发育具有重要意义。宝宝所处什么环境，跟随什么样的人，接受什么样的教育，就将会形成相应的性格。与宝宝朝夕相处的成人所说的每一句话、所做的每一个动作都可能会深深地烙在宝宝的心灵深处。如果在这个阶段宝宝接收到的多是单调的、消极的刺激，宝宝的大脑发育将受到难以弥补的影响。

良好的家庭环境

　　没有一粒种子是不会发芽的，那些没有发芽的种子是因为没有得到适宜的生长条件，即合适的土壤、适宜的温度、阳光、水分……养育一个聪明的宝宝就像栽培种子，为宝宝的成长营造一个充满良性刺激的环境是每一位想要培育聪明宝宝的爸爸妈妈需要做的。家庭是宝宝出生后接触最多的环境，是宝宝成

长学习的第一所学校，这所学校不一定要有多么豪华美丽，关键在于它具有爸爸妈妈为宝宝成长而独具匠心的创意与设计。

在这个环境里，宝宝从小就能接触到各种书籍，这个环境允许宝宝从吃书、咬书、撕书开始"读书"，在这个环境中书就像家里的日用品一样放在家里的各个角落。这个环境里，爸爸妈妈爱读书、爱探究，是宝宝的好榜样。

这个环境拥有各种光影色彩。在这个环境中经常听到的音乐不是吵闹的流行音乐，而是莫扎特、巴赫、柴可夫斯基、贝多芬等世界著名音乐家的作品；这个环境在干净与整洁中处处流淌着美学的意境，墙壁上的各种装饰画有丰富的色彩与流畅的线条，越是欣赏则越是让人产生更多的体悟；这个环境有各种花草，在美化和净化室内环境的同时悄悄地提醒着人与自然之间的和谐关系。宝宝在这样的环境中接受到高雅艺术的熏陶，从小开始培养良好的品位。

这个环境充满爱与自由。家庭中的每个成员都亲切和蔼，彼此之间相互理解、鼓励与尊重。即使不用语言，来到这个家庭的人也能感受到流淌在这个家庭中的和谐。在这样的环境中成长的宝宝从小就能从爸爸妈妈的言传身教中学到与人相处的真谛。这个环境给宝宝提供安全的空间与各种条件进行自由的探索，激发宝宝的好奇心、探索欲与求知欲。

这个环境……

这个环境是什么样由父母决定！培养一个聪明的宝宝需要爸爸妈妈做很多工作，营造良好的家庭环境是前提，这个环境在物质上不需要有多么的优越，只要它能为宝宝的智力发育提供丰富的良性刺激就是好的。

培养聪明宝宝从感官训练开始

看、听、摸、尝、闻、运动是宝宝与生俱来的认知本领，离开它们，宝宝则无从了解和探索外部世界。而这些本领发展得越充分，记忆储存的知识就越丰富，思维和想象发展的空间及潜力也就越大。因此可以说，在宝宝早期发展中，眼、耳、口、舌、鼻、肢体等感官越发达，宝宝就越聪明。

细心的家长会知道宝宝的感官功能在不同时期的发展特点，从而在不违背宝宝自身发展规律的前提下，适时对感官采取各种有目的的刺激。

一是触觉、味觉、嗅觉。宝宝最早发挥功能的感官是嘴唇、手掌、脚掌、前额、眼帘、舌头和鼻子，出生不久就能对过冷过热的牛奶或洗澡水产生反应，并能辨别甜、咸、苦、酸等不同味道。4个月大时已能比较确定地区别两种不同的气味，1岁之内就能精确区别同一味道的不同浓度。在此期间，即宝宝出生后的头一年里，家长应该不断抚摸宝宝的皮肤、身体，并帮助宝宝做一些伸展胳膊、腿等肢体的动作；同时还应尽量让宝宝尝试接触各种食物和气味，以刺激他的鼻、舌的感官功能。

二是视觉。宝宝在出生后2-3周内，两眼运动还不是很协调，视觉的集中在2个月时会明显地出现。视线首先集中在活动或鲜明发亮的物体上，随后能逐渐随光亮的刺激物而移动。此时，家长可有意识地对宝宝进行一些适当的光刺激。例如将手绢放在宝宝脸上，不断掀起，不断蒙在宝宝的眼睛上。这种光和明暗的刺激对宝宝的视觉发展是很有帮助的。研究发现，每天坚持接受1-2分钟训练的宝宝在2个月大时就表现出想抓住眼前发光的物体，而未接受训练的宝宝到3个月以后才有这个动作。

三是听觉。最初的听觉发展在胎儿期就开始了，而明显的听觉一般在出生后3个月时出现，主要表现在能够感受不同方位发出的声音，并把头转向声源。对优美的音乐表现出愉快，对强烈的噪音感到不安。另外，语音听觉在阅读的过程中发展很快。为了刺激宝宝听觉的发展，家长可以在宝宝床上挂一些鲜艳的、会发出音乐声的玩具吸引宝宝的注意。同时尽量多花点时间和宝宝说说话，给他朗读一些简短的故事或韵律优美、明快的儿歌等等。

四是运动觉。胎儿在妈妈子宫中就开始运动了。随着出生后的运动空间加大，宝宝通过运动感受世界的能力便一步步增强。运动是建立空间方

位感的重要手段,直到学龄初期,宝宝的运动觉定位仍优于视觉定位。让宝宝在安全的空间攀、爬、旋转、滚动,能较好地刺激宝宝运动觉的发展。而在宝宝能够熟练地独立运动之前,家长应该通过对宝宝采取仰卧、侧卧、俯卧等卧姿,以及将宝宝竖直抱起、怀抱摇动等方式,帮助宝宝体验不同方位的感觉。

 ## 蒙台梭利的感觉教育

感觉是什么?人们听到某种声音,看到某种颜色,摸到某种物体,闻到某种气味,尝到某种味道,感到饥饿或处于某种运动状态等,这些通过感官作用于人脑所引起的心理现象就是感觉。感觉也就是人们常说的"视、听、触、嗅、味觉",再加上一些我们平常不太注意到的运动觉、平衡觉、内脏感觉等。当理性还没开始发展的时候,这些感觉是宝宝认知和学习的最重要和最有效的工具。

有吸收力的心灵

宝宝生而具有自我成长的巨大力量。在出生的头几年,宝宝具有令人惊异的吸收力,他们对这个奇妙世界的探索从出生那一刻就开始了。宝宝在感受这个世界时似乎能从每一个细胞都伸出触角来,他们带着无限的好奇心尽情地看、尽情地听、尽情地触摸……在宝宝的感觉中花朵那么绚丽,花香那么甜美,小草摸起来有点扎手……宝宝看到什么咬什么,一个破旧的塑料口袋也可以玩得不亦乐乎,或者把家里的每一面墙当成他的画板……宝宝是在用他们的感官探索这个奇妙的世界。

他们的敏锐感官认真地捕捉着环境中的刺激,并试图与环境互动,通过这样的方式,宝宝渐渐认识了这个丰富的世界,而这些最初的印象会永远储存在他们的记忆里。

感觉教育

著名儿童教育专家蒙台梭利认为感官是心灵的窗户，感官对智力发展具有头等重要性，感觉训练与智力培养密切相关。因此蒙台梭利提出一套在世界范围内影响深远的感觉教育来训练儿童的注意、比较、观察和判断能力，使儿童的感受性更加敏捷、准确。蒙台梭利的感觉教育包括触觉、视觉、听觉、嗅觉和味觉等感官的训练。

触觉训练在于帮助宝宝辨别物体是光滑还是粗糙，辨别温度的冷热，辨别物体的轻重和大小、厚薄、长短以及形体。蒙台梭利认为，由于宝宝总是通过触觉来认识周围事物，所以在各种感觉训练中，触觉练习是主要方面。

视觉训练则在于帮助宝宝提高鉴别度量的视知觉、鉴别形状、颜色、大小、高低、长短及不同的几何形体。

听觉训练主要使宝宝习惯于辨别和比较声音的差别，使他们在听声训练过程中培养初步的审美和鉴赏能力。

嗅觉和味觉训练注重提高宝宝的嗅觉和味觉的灵敏度。蒙台梭利希望通过这种感觉训练，使宝宝成为更加敏锐的观察者，增进和发展他们的一般感受能力，并且使他们的各种感觉处于更令人满意的准备状态，以完成诸如阅读和书写等复杂的动作。

 ## 不可思议的感觉统合能力

蒙台梭利的感觉教育针对宝宝的每一项感官提出相应的训练方式，这些训练都是为感觉统合服务的，因为我们在感知事物的时候不只是使用某一项感官去感知，而是调动多感官参与，以形成对事物较为全面的认识。所以感觉统合指的是通过看、听、摸、尝、闻、运动等多种感觉获得信息，并将这些信息与以前存在脑中的信息、记忆及知识放在一起进行比较处理，作出有意义的反应。

了不起的婴儿

有这样一个对新生儿进行感官刺激的心理学实验，实验对象是一组出生后3周的婴儿，实验总共分两步。

第一步：准备两个婴儿使用过的橡皮奶头，一个表面光滑的，一个表面有些粗糙的。在不给婴儿看见奶头外形的情况下，将其中一个奶头放进婴儿嘴里，停留一分半钟，使婴儿熟悉这种奶头。然后，在不让婴儿看到的情况下从他嘴里取出奶头。

第二步：立即给这个婴儿看两种奶头，即光滑的和有些粗糙的。结果，婴儿的目光会停留在刚才含过的那个奶头上。

在其他婴儿身上做这个实验，大多数婴儿都有同样的表现。这意味着，婴儿在以前接触两种奶头时看到了它们的外形，"品尝"到了它们的质感，于是将这两个信息整合起来，形成了对奶头的认知。而当婴儿再次接触到奶头时，仅凭"品尝"一种方式就能从大脑中提取信息，将尝到的和以前看到的联系起来，作出准确判断。

通过多感官刺激发展宝宝的感觉统合能力

如果把大脑比做一个大都市，神经冲动的输送通路就组成了如同城市中四通八达的交通网。良好的感觉统合能力，可以使所有的神经冲动畅通无阻，迅速到达目的地；而一旦某种感觉出现严重障碍，就意味着大脑中发生了"交通堵塞"，造成某些信息在"交通"中受阻，使大脑无法获得准确、全面的信息。生活中那些动手能力差、阅读困难、攻击性强、难以入睡、丢三落四的宝宝，通常就是由于婴幼儿时期感觉统合能力没有被很好开发出来所导致的结果。所以，早期的感官训练，不能只局限于某种单一的感官上（例如只给宝宝听音乐），必须"多感齐下"，给宝宝提供尽可能丰富、系统的多感官刺激，使宝宝有机会充分调动眼、耳、口、舌、鼻、肢体等感官功能，才能使宝宝的大脑获得最好的发展。

爸爸妈妈请多多抚摸宝宝

经常被抚摸的宝宝更聪明

儿童保健专家认为，婴幼儿的生长发育离不开父母的亲密抚摸。刚出生不久的宝宝，对自身的主动认识能力还不完善，爸爸妈妈的抚摸能够加强他们对自身的主动认识。

在抚摸中，宝宝的肌肤将身体接受到的信息传达到大脑，进而体会到自己的存在，逐渐对自己产生粗略的认识。

爸爸妈妈充满关爱的抚摸也牵动着宝宝的情绪变化，经常受到亲人抚摸的宝宝，情绪稳定、心情舒畅，能产生安全、自信、受呵护的感觉，很少感到孤单、寂寞、紧张、恐惧。在抚摸按摩过程中，宝宝与父母进行着心与心的交流，爸爸妈妈的好心情也可以感染宝宝，在这种温馨平和、爱意融融的氛围中，宝宝的心灵会受到同化，被爱心填满，以后宝宝也会变得开朗、活泼。所以在这个阶段，爸爸妈妈一定要给宝宝充分的皮肤接触，多多搂抱和抚摸宝宝。爸爸妈妈通过双手将浓浓爱意传递给宝宝，宝宝感受着爸爸妈妈温柔的抚摸，领略其中的浓浓爱意，会觉得自己很幸福，这样的幸福感对宝宝的一生都会产生重要的影响！

爸爸妈妈抱一抱，有利于培养宝宝的感情思维

抱一抱是传递亲子感情的良好方式，当宝宝在哭闹不止的时候，是最需要从抱一抱中得到精神安慰的时候。每当宝宝与父母头与头、胸与胸相接触的时候，伴随着爸爸妈妈充满爱意的神情，宝宝可以感觉到这其中所包含的爱意与情感，宝宝被爸爸妈妈抱着会感受到放松与满足。在宝宝哭着要人抱时，爸爸妈妈不要因为怕这样对宝宝有求必应会惯坏宝宝，就不满足宝宝的需求，这样会伤害宝宝幼小的心灵，所以请多抱一抱你的小宝宝。

给宝宝按摩的 4 个诀窍

女医生卢丝·勒丝提出一套可以刺激宝宝的神经系统，从而促进宝宝的身心发育的按摩方法。经科学证明，这套按摩方法能减轻宝宝从子宫到独自生存这段过渡期的压力，使其尽快适应新的生活环境。它是一种柔和的、通过指尖刺激进行的抚触式按摩，能在一定程度上激发宝宝的好奇心和敏捷性。具体操作方法如下：

一是用整个手掌进行按摩。这种手法适用于面积较大部位的按摩，如背部、腹部、臀部，可将整个手掌全部放在宝宝的肌肤上。使用这种手法时，要注意不要将身体的全部力量聚集在手掌上，而是在宝宝身上轻轻滑动手掌。

这种按摩方法可以促进淋巴或循环系统发育，达到促进新陈代谢的目的。

二是用掌心部位按摩。掌心部位的肉比较多，比起手掌按摩会使宝宝感到更加舒服。这种手法能较好地控制按摩力道。可一边观察宝宝的反应一边调整力度。

三是用三根或两根手指进行按摩。按摩肩膀、腰、脸颊、手指、脚趾时，一般会使用三根或两根手指，不管利用三根手指还是两根手指，都不是在指尖上用力，而是用整个指腹柔和地抚触或按摩。

四是用拇指腹进行按摩。这种按摩手法一般用在宝宝的手掌、脚掌等部位。使用拇指腹按摩时，要注意力度的把握。这种按摩手法很容易用力过度，宝宝会感觉不舒服。按摩时用手指的指腹在宝宝皮肤表面轻柔地滑动即可。

温馨小贴示

不宜在进食当中或食后不久给宝宝按摩，否则可能导致宝宝呕吐。时间最好选在进食后 2 小时。操作手法要轻柔，稍用力时也要以婴儿感到舒适为宜，千万注意不要让宝宝受凉，以防感冒。父母在给宝宝按摩时，表情要自然大方，最好别挤眉弄眼，以避免对宝宝产生不良的影响，将来不易纠正。

每个宝宝都是不同感官类型的学习者

正如世界上没有两片完全相同的叶子，每个宝宝都拥有独特的天赋！天赋是每个人与生俱来的，包括人的性格、情感、能力等。

有的人博闻强识，但不善于融会贯通；有的人虽然记忆力差，但能记住最重要的信息，并善于思考；有的人智力过人，但意志薄弱，志趣低下；有的人智力平平，但意志顽强，目标远大，百折不挠……每个人最大的成长空间在于他最擅长的领域，真正聪明的人是那些了解并懂得发挥自己的天赋、取长补短的人。

所以，爸爸妈妈在教育宝宝时，最重要的不是担心宝宝具不具备某些天赋，或者试图把某些"天赋"强加在宝宝身上，而是要用心去了解属于宝宝的那份天赋，并以此为基础，引导宝宝将来实现自己的人生价值。

每个宝宝认识这个世界的方式也不一样。美国学习心理研究专家邓恩夫妇的大规模调查发现，每个宝宝都是不同感官类型的学习者。

通过看或读的方式记住3/4学习内容的宝宝是视觉型学习者，占调查人数的40%。这一类型宝宝的特点是：喜欢看书看报，能够认真听讲，专心看老师在黑板上的板书。

通过听的方式记住3/4学习内容的宝宝是听觉型学习者，占30%。这一类型宝宝的特点是：喜欢听音乐和广播，通常对读一本书或者指导手册不是很感兴趣，而是更需要得到声音信息。这类宝宝还很喜欢交谈，不过由于上课时管不住自己的嘴经常会惹来麻烦。

通过触摸、写、画、做等方式记住学习内容的宝宝大部分是动、触觉型学习者，占30%。这一类型宝宝的特点是：比其他宝宝更需要运动、需要感觉、需要触摸、需要动手去做的过程。动觉型的宝宝经常由于他们表面上调皮捣乱而被人误解为"多动症"。

总体来说，视觉型学习者、听觉型学习者及动、触觉型学习者的大致比例

是 4∶3∶3。为了让每种类型的宝宝都能学得轻松有效，我们需要根据每个宝宝的学习特点而选择个性化的教育方式。

如果宝宝是视觉型学习者，无论走到哪里都可以让他借图发挥、看图说话，从而发展他的观察能力、语言能力。通过画图让他对学习内容感兴趣，如在教他计算时，可以通过画不同数量的实物来表现等式；看书的时候，可以用不同颜色的笔标出重点以引起他的注意并帮助记忆；让他学会将学习内容写下来或画下来，并制成小卡片；讲东西给他听时，周围环境里尽量不要有太花哨的装饰，以免分散他的注意力。

如果宝宝是听觉型学习者，可以将学习内容念给他听，如再加上高低起伏的语音和抑扬顿挫的语调，效果会更好；也可以让他把学习内容大声读出来，读给自己或者别人听；还可以建议他把自己的声音录进磁带里，再反复放出来听，这样做会很有趣。在他学习时，要尽量减少噪音，也要避免他边听音乐边学习，以免分散注意力。

如果宝宝是动、触觉型学习者，可以让他在学习时配合肢体动作，比如在读书时，让他用手边指边读，并且可以不时变换身体姿势；充分利用双手，通过做模型、卡片等方式学习；在学习间歇，通过做操、跳舞及其他运动方式帮助宝宝放松神经；鼓励宝宝尝试不断地把所学知识运用到生活中；多利用能让全身动起来的游戏来学习；通过适当的、有创造性的手势帮助记忆；确保学习环境足够安全，避免磕磕碰碰。

当然，我们既要帮助宝宝发挥优势感官，也要引导每一种类型的宝宝善于调动多感官学习，让宝宝的非优势感官也能通过有效训练得到弥补和发展。

小手是宝宝智慧的翅膀

哲学家康德曾说："手是外部的脑髓。"教育家苏霍姆林斯基说过："儿童的智慧在他的手指尖上。"教育家蒙台梭利也说："手的智慧有着永恒的价值。"所以请让宝宝尽情舞动他的双手吧，千万别让智慧从宝宝的指尖溜走。

十指连心，手巧心灵

人体的不同部位在大脑的皮质层中均占有一个相应的运动区，该区域的大小不取决于身体部位的大小，而是与该部位功能的精细复杂程度有关。比如拇指虽小，可它在大脑皮质层所占的"领土"几乎比大腿多10倍。手指的活动越多，动作越精细，就越能刺激大脑皮质产生兴奋，从而越能使思维变得活跃。大脑在受刺激后又会反过来调节手指的灵巧性和协调性。就这样，手与大脑相辅相成的互动便促进了智力的发展。可见手对大脑的作用非同一般。所以，家长必须格外重视宝宝手部的运动能力，想方设法帮助他打造一双灵巧的手。

及早训练宝宝的动手能力

爸爸妈妈在日常生活中，应有意识地训练宝宝的动手技能，如抓、握、倒、挤、夹、敲、剪等；生活自理能力，比如穿脱和整理衣服、梳头、洗脸、洗手帕等；照顾环境能力，比如扫地、擦桌子、切水果、分碗筷、收拾玩具、拔草、浇花等，这既能锻炼动手能力，又能使他们体验到成功的乐趣。动手能力应及早开始训练，3岁宝宝的身体和手的基本动作已比较自如，能够掌握一些精细动作，所以生活自理能力的练习要在此时抓紧培养。同时还要利用宝宝爱模仿的特点，鼓励宝宝模仿大人的生活。动手训练不仅能有效促进宝宝手部肌肉的灵活性，而且还能促进宝宝智力水平的提高。具体表现在，动手训练能够增强宝宝的记忆能力，还有利于宝宝思维敏捷性、灵活性的提高。宝宝在动手摸摸、摆摆、拼拼、搭搭、拆拆的活动中，能根据场景的变化，学会改变和处理的方法，宝宝的思维能力会在这个过程中渐渐提高。

让宝宝通过动手学会做自己的主人

自己的玩具自己抓；自己的车把自己握；自己的铃铛自己摇；自己的饼干自己捏；自己的糖果自己剥；自己的勺子自己拿；自己的小碗自己端；自己的瓶盖自己盖；自己的小脸自己洗；自己的毛巾自己挂；自己的帽子自己戴；自己的拉链自己拉；自己的鞋带自己系；自己的扣子自己扣；自己的积木自己搭……千万别小看这一抓、一握、一摇、一捏、一剥、一拿、一端、一盖、一洗、一挂、一戴、一拉、一系、一扣、一搭等动作，这些几乎囊括了宝宝3岁以前所有能产生显著效果的手部精细运动，家长可放开手让宝宝去做，自己只在一旁做个热心的观众，不时给宝宝鼓励和赞扬就行了。假如家长因为怕宝宝太小做不好、怕他受苦，从而包办代替的话，无疑就会使宝宝错失练习手指的良机，这势必造成宝宝的精细动作发展缓慢，严重的还很有可能影响宝宝的智力发展。

小手动动，宝宝不仅可以变得更聪明，还学会了生活自理的本领，减轻了爸爸妈妈的负担。这样一举多得的事情，爸爸妈妈何乐而不为呢？

正确认识宝宝心理发展的敏感期

何谓"敏感期"

中国古语有"三岁看老"的说法，虽然有些绝对，但也不乏道理。0-3岁这个阶段对于宝宝的成长而言确实是一段非同寻常的时期。这个阶段存在着大量的敏感期，宝宝有很多心理和生理方面的发展任务需要完成。

而这些敏感期一旦错过，可能对宝宝产生难以弥补的影响。所以在这个阶段，爸爸妈妈要善于抓住和利用敏感期帮助宝宝更好地成长。什么是敏感期呢？所谓敏感期，是指宝宝最容易学会和掌握某种知识技能、行为动作的特定时期。在这个时期，他们对每样事情都更容易学会，对一切充满了活力和激情。

2 岁半的叮叮最近让爸妈有点"头疼"，每次吃饭的时候，叮叮要求家里的每个人都必须坐在固定的座位上，一旦有谁坐错了座位，小家伙就拒绝吃饭。

2 岁的南南更是"固执"，只要能伸进小手指头的地方，她都要去像寻宝一样地抠一抠，连插座上的小孔也不放过，吓出父母一身冷汗。

……

当宝宝出现这样的情况，对于敏感期不太了解的家长可能会认为宝宝这是调皮，其实叮叮是进入秩序的敏感期了，南南是进入细节的敏感期了。下面我们来了解一下宝宝心理发展的敏感期。

在幼儿的心理发展中会出现各种敏感期，这些敏感期使儿童用一种特有的强烈举动去接触外部世界。蒙台梭利认为幼儿心理发展存在如下几个方面的敏感期：

一是秩序的敏感期。从出生的第一年就出现一直持续到 4 岁。这是幼儿的一种内部的感觉，以区别各种物体之间的关系，而不是物体的本身。

二是细节的敏感期。幼儿在 2-3 岁时会表现出对细节的敏感，他的注意力往往集中在最小的细节上。这表明幼儿有了精神生活，以及幼儿和成人具有两种不同的智力视野。

三是协调性敏感期。这是在幼儿发展中最易观察到的一个敏感期。幼儿通过个人的努力学会走路，并逐渐取得平衡和获得稳健的步伐。这应该在 2-3 岁时出现。

四是触觉敏感期。幼儿会朝着外界的物体伸出小手，这个动作的最初推力代表幼儿自我进入外部世界之中。正是通过手的活动，幼儿才能发展自我，发展自己的心灵。

五是语言的敏感期。2 个月左右的幼儿就开始关注语言，他所获得的语言是从周围环境中听到的。当他说第一句话时，并不需要为他准备任何特殊的东西。在蒙台梭利看来，语言能力的获得和运用，是幼儿智力发展的外部表现之一。

爸爸妈妈的疏忽与不了解可能让刚刚进入敏感期的幼儿无法充分体会成长的美好，甚至变得胆小、孤僻，不再有探索未知的勇气。为了宝宝的健康成长，爸爸妈妈需要了解关于敏感期的基本常识。

每个宝宝敏感期的出现都不同，家长必须细心观察，才能在第一时间捕捉到宝宝的内在需求。当你发现宝宝对某项事物充满了好奇和探究愿望，或对某个活动乐此不疲时，首先应该想到是不是宝宝的敏感期到了。处于某个敏感期的宝宝内心会有一股无法抑制的动力，驱使他对感兴趣的特定事物产生尝试或学习的热情，直到满足需求后这股力量才会消退。

记录敏感期的点点滴滴

现在很多爸爸妈妈都在网络上开博为自己的宝宝写成长日记，发现和记录宝宝成长过程中每一个难忘的瞬间，这些爸爸妈妈是非常细心的，越是关注宝宝的成长变化就越可能抓住教育宝宝的最佳时机，收到事半功倍的效果。对于宝宝的敏感期，爸爸妈妈也可以用这样的方式给予更多的关注，用你的笔和心记录下宝宝在语言交流、身体动作（可在宝宝进行游戏和运动时留心观察和记录）、同伴交往（社会性发展）等方面的变化，以便帮助爸爸妈妈及早发现和识别宝宝的敏感期是否到来。希望有更多的爸爸妈妈能加入到记录宝宝成长的队伍中来！

好奇心是成就聪明宝宝的发动机

好奇心是人们对新鲜事物进行探索的一种心理倾向，是推动人们积极地去观察世界，开展创造性思维的内部动因。好奇心是非常宝贵的，它是推动宝宝获取新知识的主要动力。好奇心是创造力产生的源泉，几乎每位杰出的科学家、艺术家或者其他领域的杰出人物一生都保持着对事物的强烈好奇心。

宝宝也总是对周围的事物充满了好奇心，在每个宝宝心灵深处，都有一种根深蒂固的需要，希望自己是一个发现者、探究者和成功者。不同年龄宝宝的好奇心有着不同的表现：刚刚出生的宝宝对声音就有所反应了。几个月大的宝宝则是一听到声音就转头寻找，一看见东西就想伸手去拿。

　　大一些的宝宝对周围更多的事物产生了强烈的好奇心，看见下雨，他会想出去感受一下被雨水淋湿的滋味；看见落叶，他会想去踩一踩，听听落叶被踩的声音；看见流水，他就想用小手去摸摸看，或者下水玩一玩，激起一层又一层的水花；看到蹦蹦跳跳的皮球，宝宝可能会想方设法把皮球打开，看看里面究竟装着什么让皮球跳起来的……再大一些的宝宝，随着语言能力的发展就越来越喜欢提问了："妈妈，为什么天空是蓝的？""为什么会下雪？""为什么飞机不会从天上掉下来？""为什么我没有翅膀？"……所有这些在大人看来平淡无奇和理所当然的事物，对于宝宝而言都是宝贵的第一次：第一次看雨、听雨，第一次踩落叶，第一次玩水，第一次疑惑、思考、探索……宝宝充满好奇的每一步都是他人生最珍贵的经历。爸爸妈妈千万不要因为没时间、没耐心而挫伤了宝宝的好奇心。

　　爸爸妈妈要用心保护好宝宝的好奇心，科学引导宝宝的好奇心，让好奇心帮助宝宝挖掘更大的智力潜能。

　　保护宝宝的好奇心的最重要诀窍就是爸爸妈妈自己要有童心，能够换位思考，尊重宝宝的需要。对宝宝来说，生活环境中到处都蕴涵着可探索之处。

　　例如，妈妈在厨房忙碌时，宝宝总喜欢跟进去好奇地摸摸这里摸摸那里，这时妈妈就可以安排宝宝干些力所能及的事情，比如让他洗洗黄瓜、西红柿以及择择菜，（很可能宝宝会把能吃的扔掉，不能吃的留下，但看到宝宝专心致志的样子，这又有什么关系呢？）帮着妈妈拿拿调料等等。在这一过程中，宝宝可以了解到蔬菜的颜色、香味、触感，还可以观察到食物生熟前后的变化等等。这既满足了宝宝的好奇心，宝宝学到了新知识，还体会到成就感，从而激发宝宝更深层次的好奇心。

宝宝在模仿中学习

心理学家对宝宝的模仿行为的研究表明，在出生后最初的 4 个小时中，宝宝就已经具有模仿能力了。那时宝宝的模仿动作是张开嘴、撅起嘴，或者是在嘴里动舌头。宝宝的模仿能力与他的生长发育和认知能力有很大关系。爸爸妈妈要为宝宝提供一个良好的"模仿环境"，并且做他模仿的"好榜样"。

宝宝为什么要模仿呢？那是因为宝宝是通过模仿成人、模仿小伙伴甚至模仿电视里的卡通人物来探索和建立自我，了解人与人之间的关系，学习语言、行为方面的各种知识。幼小的宝宝非常渴望自己能够像他所爱的人，因而在这种渴望的驱动之下，他会喜欢拿着妈妈的皮包或者戴着爸爸的运动帽在家里走来走去，因为当他戴着爸爸妈妈的饰物时，他会感觉到与父母之间有种直接的联结。

爸爸妈妈可以利用宝宝喜欢模仿的天性教给宝宝很多东西。比如，宝宝很爱听儿歌，听到儿歌的时候，宝宝会随着儿歌的韵律有节奏地做动作。例如，你说"小白兔，白又白，两只耳朵竖起来"。你可以一面教他有节律地点头，一面教他将两只小手放在头顶上。然后要他跟着你说。比如，你说"小白兔"，让宝宝拉着长音跟着说"兔——"，你说"白又白"，他学着说"白——"。第二遍，妈妈慢慢地念儿歌时，可以故意给宝宝空出说最后一个字的时间，例如"小白……，白又……"，让宝宝跟着补上"……兔……白"。这时，妈妈表扬宝宝说："真棒！真棒！"这样宝宝会很乐意继续说，不断地重复，不断地巩固，他就会这样在快乐中不断地练习，渐渐地熟练起来。

幼小的宝宝还没有分辨是非的能力，为了宝宝能健康地成长，爸爸妈妈要意识到宝宝是一面镜子，爸爸妈妈从宝宝的身上可以看到自己的影子，所以爸爸妈妈要在宝宝面前努力做个好榜样，同时为宝宝营造一个良好的家庭环境。爸爸妈妈还要鼓励宝宝模仿好的行为，对宝宝所模仿的不好的行为要加以制止。

第二章 0-1岁聪明宝宝——发现这个世界

一个新生命的降临，给爸爸妈妈带来了多少感动和喜悦啊！养育如此娇嫩的小生命是一件不简单的事情。当宝宝睁开眼睛看这个五彩的世界，竖起耳朵听周围悦耳的声音，用小手去抓你递给他的玩具，用小嘴品尝你给他吃的各种食物，用哭泣、微笑和咿呀声与你交流……他们无时无刻不在探索和发现这个对于他们而言完全陌生却充满惊喜的世界！爸爸妈妈需要做很多的工作让宝宝更聪明。

 ## 0-4个月让宝宝感到世界安全又舒适

对于初为人母的妈妈来说，宝宝的一举一动都能引起妈妈的注意，宝宝是饿了还是困了或不舒服，对初次养育宝宝的妈妈来说一切都得慢慢摸索。

对初为人父的爸爸来说，这种经验不同寻常，每一瞬间都是紧张的。这样娇弱的宝宝，完完全全依靠自己。新爸爸可能感觉到一种势不可当的柔嫩感觉，这种感觉不同于从前所感觉过的任何东西。在养育宝宝的过程中新爸爸会感受到一种巨大的责任感。

安慰爱哭的宝宝

啼哭是此时宝宝与外界交流的最好途径。通过这种方式可以让父母知道：我尿尿了，或者需要人抱，或者可能饿了。有时候，宝宝的啼哭和身体的不舒适之间没有任何关系，宝宝啼哭是为了缓解紧张，对于他们而言，适应外面的世界是一项艰难的任务。无论宝宝什么时间哭以及为什么哭，宝宝的啼哭总是表示他需要你，请你尽快过来。爸爸妈妈会慢慢学会理解和回应宝宝不同的哭声。

当妈妈听见宝宝的哭声时，要马上轻柔地抚摸宝宝的面颊，宝宝会转动他的头寻找乳头，并开始吮吸。如果妈妈在宝宝吃奶的时候能看着宝宝，并轻轻地对他说说话，那就更好了。这么小的宝宝，当他要什么时就一定要达到目的，否则他会用哭闹来表示不满。但是不久以后，他能学会等一两分钟。

学习中的宝宝

当宝宝的进食要求得到满足，他就能感到安宁。然后他会把注意力集中到最重要的事情上，通过看你的眼睛，聆听你的声音，经历被摇动的感觉来感知周围的世界。当你安静地与他交谈，在他吃东西的时候轻柔地拍拍他的头时，他知道他是可爱的，并被很好地照顾着。他开始理解他能信任和依靠你。这种信任将成为他一生中良好关系的基础。当你安慰宝宝时，你要让他知道这个世界很安全，有人关心他。他感到越舒服，就越有精力感知和学习。

锻炼宝宝的颈部肌肉

宝宝的颈部肌肉要在 6 周以后才能发展起来，那个时候他才可能支撑起自己的头。

所以爸爸妈妈在举起和放下宝宝时，一定要托起宝宝的颈和头。爸爸妈妈可以通过各种活动帮宝宝锻炼颈部肌肉，如当宝宝躺着时，爸爸妈妈可以尝试让宝宝注意看一个他喜欢的小玩具，然后爸爸妈妈慢慢地在宝宝眼前移动玩具，让宝宝跟随玩具从一边到另一边（像跟踪一样）移动他的眼睛，最后慢慢过渡到宝宝学会移动头部。在这个过程中宝宝不仅锻炼了颈部肌肉，还练习了视觉跟踪的能力。

宝宝是伟大的倾听者·

研究表明，宝宝是伟大的倾听者，在所有的声音中他们最喜欢的是人的声音。爸爸妈妈可以与宝宝谈任何事。但是在你对他说话时，如果宝宝的头转到一边，那可能是他在说"请安静"。爸爸妈妈要注意宝宝最喜欢什么声音。有的宝宝喜欢打击乐，另一些宝宝则更喜欢轻音乐。爸爸妈妈在为宝宝唱歌时不要害羞，因为无论你的调子唱的对或错，他都最喜欢你的声音。

和宝宝玩视觉游戏

对于2个月大的宝宝，他们最喜欢看离眼睛20厘米以内的东西，这个距离就是你喂宝宝的时候宝宝的眼睛到你的脸的距离。爸爸妈妈可以在宝宝的视觉范围内拿起宝宝的玩具，让他找到黑白鲜明和亮色的玩具。爸爸妈妈可以跟宝宝玩视觉跟踪游戏，当你对宝宝说话时，同时把玩具从一边移动到另一边。宝宝会学着用他的眼睛跟踪玩具。当宝宝不想玩了而需要休息的时候，他会通过转移视线或啼哭来告诉你。

想要抓住一切的宝宝

宝宝的手能够握得很紧，但他们不能有意识地抓住东西。你把东西放在他们的手掌上时他们才会抓，这是一种条件反射。当移动玩具时，发出轻轻的声音，让宝宝发现玩具。这声音会引起宝宝对玩具和自己手的注意。玩的时候安全很重要，爸爸妈妈要为宝宝选择比较大的玩具，以避免宝宝把玩具放进嘴里。

当宝宝认识到手是他们身体的一部分，并且自己能控制时，他们会高兴地使用手。这个时候爸爸妈妈需要给宝宝提供大量机会，让他去拿、抓、拨弄和摇动安全的物品，以发展宝宝使用和控制手的能力，这个时候即使宝宝用嘴去咬玩具，只要玩具是干净的而且大到放不进嘴里就没关系。

尽管宝宝很早就能抓放在他们手上的东西，但是要等到宝宝三个月大时，他们才开始真正伸手拿，而且是用两只手一起拿。这个时候爸爸妈妈可以让宝宝仰面躺着，拿鲜艳夺目的玩具放在他的手够得着的地方，宝宝可能会高兴地伸出双手去抓。爸爸妈妈还可以把玩具放到离宝宝的脸更近的地方，观察宝宝的反应。当宝宝伸出手拿东西时，爸爸妈妈要和宝宝说说话，表扬他，赞美他，祝贺他取得成功。因为即使在这个年龄，宝宝也能明白你在称赞他。

宝宝的微笑

宝宝早期的微笑（在睡觉时发笑）是来自他早期神经系统的条件反射。然而到2个月时，宝宝会给你一个特殊微笑，这个微笑是他对你的爱的真正反应。无论何时，当宝宝对你微笑时，爸爸妈妈都要对宝宝回以一个微笑，因为对于宝宝而言，笑的交换既是早期游戏的形式，也是迈向人生友爱关系的第一步。

4-8个月味觉发展敏感期——让宝宝"品尝百味"

0-4个月的宝宝基本为纯母乳喂养，或者奶粉喂养，或者混合喂养，4个月以后爸爸妈妈就可以循序渐进地尝试添加各类辅食了，让宝宝多品尝各种食物的味道。教宝宝学会品尝是这个阶段的任务。这个阶段的宝宝一般比较容易接受接触过的食物，所以应该循序渐进，丰富他的辅食品种，尽量让其熟悉各种不同食物的味道。对于在这个时期尝过的食物味道，即使有一段时间不吃，以后宝宝再吃时仍然能容易接受。

婴幼儿的味蕾在舌面的分布比成人更广，味觉更敏感、丰富，所以爸爸妈妈不要以自己的喜好为宝宝选择和制作食物，否则容易形成过重口味，不利于宝宝长大后的健康。6个月以后，给宝宝尝一尝甜的、酸的、咸的饮料，同时可有目的地鼓励宝宝品尝不同的味道，并在训练的过程中用一定的语言进行强化，比如问宝宝"酸不酸、甜不甜"等等。爸爸妈妈可以这样来训练宝宝的味觉：一是准备小碗、小勺、小托盘、三份同颜色不同味道的液体（甜、酸、咸）。爸爸妈妈和宝宝一起品尝这些液体，告诉宝宝"这是甜的"、"那是酸的"、"这是咸的"等。再让宝宝尝一次，加深印象。二是准备一些可口的水果（如香蕉、橙子、苹果等），让宝宝都尝一尝，告诉宝宝香蕉是甜的，橙子、苹果是酸甜的，再问问哪种味道他喜欢吃。

在这个感受性较强的阶段，宝宝拥有大量的品尝体验会有助于宝宝形成广泛的味觉，以后就乐于接受各种食物。假如给宝宝的食物比较单一，宝宝的味觉发育就可能不够发达，尤其是以后接受食物的范围也会比较狭窄，不愿意接受没有体验过的食品味道。有的宝宝偏食挑食的毛病就是这样形成的，所以爸爸妈妈要在味觉敏感期为宝宝打下以后享受各种美食的好基础哦。

 ## 6—11个月咀嚼发育敏感期——吃出来的聪明

从6个月开始，随着宝宝开始长牙，宝宝就进入了咀嚼敏感期，这段时间是认同多种食物、培养咀嚼能力的黄金时期。爸爸妈妈要抓住这个时期，及时为宝宝提供各种食物，循序渐进地添加辅食，再向固体食物过渡。在咀嚼敏感期，宝宝因为有这种强烈的需求，所以学得最快，一旦错过了，再要宝宝接受较粗糙的食物就比较困难了。

咀嚼能力强的宝宝更加漂亮和健康

咀嚼能力强的宝宝更加漂亮和健康是日本医学家船哲秀越教授的研究成果。经常咀嚼能够锻炼下颚肌肉，从而使宝宝五官端正，脸庞秀丽。咀嚼时也能促进面部肌肉的运动，这种运动可加速头面部的血液循环，增加大脑的血流量，使脑细胞获得充分的氧气与养分供应，让宝宝大脑反应灵敏。

养育一个聪明漂亮的宝宝一定是每位父母的心愿，在宝宝的咀嚼敏感期，爸爸妈妈要让宝宝逐渐学会咀嚼。

在宝宝长出牙之前，大约 4-6 个月这个阶段就可以视宝宝的具体情况开始添加辅助食品了，如果汁、米糊、蛋黄泥、水果泥等等。到了宝宝 6 个月大的时候就可以开始增加一些颗粒状的食品，而到了 10 个月以后，就可以尝试给宝宝吃带馅的小饺子、小包子、米饭、面条等食物了。

宝宝从吃流食到向固体食物过渡的过程是很短暂的，大约也就是半年左右。因此，在尝试给宝宝吃新的食物时，不要过于担心宝宝可能不接受，在了解宝宝已有能力的基础上，有步骤地科学添加就没问题。泥状食品虽好，但训练宝宝的咀嚼能力对于宝宝的健康成长更重要，所以爸爸妈妈要把握好宝宝学习咀嚼的关键期，才能使宝宝更加健康漂亮。

2-9个月爱听爱说更聪明

宝宝的小嘴巴会说什么

从 2 个月大的时候开始，宝宝的嘴里就会发出"哦哦啊啊哦"的声音了，4-6 个月后，宝宝能发出的声音更丰富了，他们会发出类似"吧吧吗吗嗒嗒"的声音了。在宝宝叽叽咕咕、咿咿呀呀地说话时，爸爸妈妈一定能感受到宝宝强烈的交流欲望，这个时候爸爸妈妈可以用语言回应宝宝，宝宝会非常高兴，宝宝可能会觉得爸爸妈妈能听懂我说话哦。8-9 个月的宝宝就会发出一些有语调的词汇了，他们非常乐意和成人交流。快到 1 岁的时候，宝宝就能掌握如"再见"、"欢迎"、"阿姨"、"吃饭"等双音节词语了，这个时候的宝宝能够发表他们的"婴语"演说了。

爸爸妈妈请多跟宝宝说说话

宝宝的小耳朵喜欢听爸爸妈妈爱的语言，与宝宝进行语言交流是智能训练培养的基础。当宝宝醒来时，妈妈可在宝宝耳边轻轻呼唤他的名字，温柔地、反复地说和宝宝有关的话，如"饿了吧，吃奶吧。""尿湿了，换尿布了。""宝宝宝醒了，妈妈亲亲。"宝宝听到妈妈的声音往往会把头转向妈妈。经常听到妈妈的声音，宝宝会感到安全、宁静。而接收不到母爱信息的宝宝，可能出现反应迟钝、冷漠、孤独等不良后果。所以从宝宝很小的时候，爸爸妈妈就可以不断跟宝宝说话，不管他是否听得懂。说话的时候爸爸妈妈要看着宝宝的眼睛，表情最好夸张一点（这样才能吸引宝宝的注意力），声情并茂地跟宝宝讲这讲那。比如，妈妈可以告诉宝宝妈妈正在做或者要做的事情："妈妈在看书，宝宝长大以后也要多看书哦！""妈妈要去洗衣服了，宝宝要乖，要听话哦！"此外，宝宝在吃东西或玩的时候，也可以和宝宝进行对话，比如问宝宝："宝宝在喝牛奶，好喝吗？""这个玩具是兔子，宝宝是不是很喜欢呢？"这样更能激发宝宝对发音的兴趣，听是说的基础，听得多的宝宝以后也才会更愿意说。

宝宝一出生爸爸妈妈就可以给他读书了。虽然听不懂，宝宝也喜欢听爸爸妈妈读书。爸爸妈妈用起伏优美的语调给宝宝读书，对于宝宝而言可以说是最最动听的"天籁之声"。爸爸妈妈在选书的时候可以挑选那些语调变化丰富、朗朗上口的歌谣，或者经典短小、容易理解的寓言故事，宝宝会更喜欢听。

宝宝喜欢听"儿语"

有的育儿专家认为跟宝宝说"儿语"是一件浪费时间的事情，因为宝宝的儿语语言系统迟早都会被新的更为规范的语言系统所取代。但是爸爸妈妈在养育宝宝时又会发现宝宝更喜欢听儿语，而且学得也更快！其实自然的、能够吸引儿童注意的"儿语"，像娃娃、干儿干儿（饼干）、奶奶（牛奶）、果果（水果）、莓莓（草莓）、汪汪（小狗）、猴猴（小猴子）、嘎嘎（小鸭子）等等并没有什么不好。爸爸妈妈没有必要在宝宝那么小的时候就故意采用成人的说话方式对宝宝说话，毕竟培养宝宝对说话的兴趣更重要。在宝宝逐渐长大的过程中，再慢慢增加说话内容的难度，使用更加规范的语言。

 ## 0-1岁视觉发育敏感期——看出来的聪明

0-1个月的宝宝眼中的世界

宝宝一出生就有对比（黑白）的视觉，将新生儿抱到光亮处则会睁眼看，到了黑暗处则感到不安、手脚乱动。一个月前的宝宝对黑白相交的地方很感兴趣，比如墙上的影子、一张黑白照、一件黑白相间的上衣等等。接近满月时，新生儿会注视活动的物体并作出色彩的选择。如将红色球与灰色球同时放在新生儿眼前，他会选择红色球，双眼紧盯着红色球，当红色球移动时，眼和头也会跟着移动。爸爸妈妈可以在宝宝的小床上方挂一些颜色丰富而且能动的小玩意儿，比如气球、玩偶之类的，每次挂一件，要定时更换。爸爸妈妈在逗宝宝玩的时候可以触碰这些玩具，引起宝宝的兴趣，让宝宝的视力集中到这些玩具上面。

2个月的宝宝爱上人脸

从出生后第2个月起，宝宝的视觉相对较集中，会定点看东西了，甚至会转动头部去追移物体。这时的宝宝特别喜欢看人脸，注视人脸的时间比注视物体的时间要更长一些。注视时间可以保持7-10分钟，注视距离4-7米。爸爸妈妈可以在宝宝的床上悬挂能上下左右移动的彩色玩具，供宝宝观看。父母也可站在床边逗宝宝，时而靠近，时而走开，让宝宝经常看着爸爸妈妈的笑脸，训练宝宝的视线集中与跟踪移动能力。此外，爸爸妈妈每天还可以多抱宝宝到周围环境中走一走，训练宝宝主动地寻找、注视事物的能力。宝宝到了4个月大时，除了转头还会转动眼睛去追踪移动物体。

4-6个月眼睛、双手和耳朵开始协调

4-6个月时宝宝已具备立体感，眼睛和双手可以相互协调做简单动作，宝宝能够按视线方向有目的地抓东西。爸爸妈妈可以试着让宝宝握奶瓶（爸爸妈

妈需要在一旁扶住奶瓶，因为现在宝宝可能还无法承担奶瓶的重量）或教宝宝拍手。爸爸妈妈也可以把干净、可以咬的玩具给宝宝，看宝宝是否会伸手去取玩具，并送入口中。这个时候的宝宝也开始能辨别颜色了，他们对红色特别感兴趣，而且他们的视觉与听觉也已建立了联系，听见声音后他们会用眼睛去寻找声源。此时，爸爸妈妈同样要多为宝宝准备一些彩色鲜艳的玩具和挂图。在为宝宝购买服装和生活用品时，最好选择颜色鲜艳一些的，这对宝宝的视觉色感的发展很有好处。

6-8个月进入视觉、听觉和表情反应的最佳统合时期

6-8个月的宝宝能够坐立了，这代表着宝宝的视力范围从左右扩展到了上下左右，宝宝拥有了更广泛的视野。现在给宝宝准备的玩具除了颜色丰富之外，最好还要有声音，因为这个阶段宝宝的眼睛、手脚、身体等协调能力都有了很大的发展，是视觉、听觉和表情反应的最佳统合时期。随着宝宝接触外界机会的增多，观察能力也逐渐提高，也能辨别颜色的深浅、物体的大小和形状，并能注视远距离的物体，如天上的小鸟、太阳、月亮以及街上的行人、汽车等。

宝宝对周围的一切都充满了兴趣，他们会更主动地关注周围环境中的事物。这时爸爸妈妈除了注意美化家庭的环境，还要经常抱宝宝去户外走走，带宝宝去看看花草树木，告诉宝宝这是茉莉花，那是月季……此外，宝宝的玩具也不能少，不同颜色、形状和大小的玩具是宝宝成长的好伙伴！

8-12个月世界在眼中越来越清晰

8-12个月这个阶段，宝宝的大脑开始指挥眼球协调移动，把两只眼睛看到的图像整合成一个，而不再是两个错位的图像了。这使宝宝开始知道什么东西够得着，什么东西够不着。有些东西距离太远，想要抓是白费劲。如果抓不

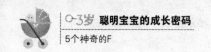

到他们想要的东西，宝宝会冲着那件东西大声叫，并看看爸爸妈妈，让爸爸妈妈帮忙。会爬会走的宝宝的活动范围扩大了，对眼睛的依赖也更大了。他们的行动需要依赖眼睛。同时，宝宝越使用眼睛，眼睛就越能得到锻炼。空间感的产生证明了宝宝的视觉发展达到了一个新的阶段。现代医学普遍认为宝宝1岁左右的时候视觉发育已经基本完成，这也就是说，1岁的宝宝基本具备正常的视力水平了。

第三章 1-2岁聪明宝宝——扩大生活空间

1岁以后，宝宝学会了走路，他们可以接触到更为广阔的生活空间。随着大脑的飞速发展，他们能够更加主动地去探索、学习，在看、听、动中学习到关于这个世界的更多知识。爸爸妈妈要多带宝宝接触外面的世界，给宝宝讲故事，为宝宝提供适宜的发展条件……总之，爸爸妈妈是宝宝最好的老师。

爸爸妈妈请多多理解宝宝

1岁左右宝宝的发展特点

1岁的宝宝还不太会与其他同龄的宝宝共同玩耍，他们大多更喜欢一个人玩，有时几个年龄相仿的宝宝在同一个地方玩时也是往往各玩各的，互不相干。宝宝之间很少会有交流，心理学上把宝宝所处的这个阶段称为"平行游戏"阶段，这个阶段的宝宝更关心自己的需要。在对外界事物的反应上，宝宝会模仿父母，比如父母看哪儿，他就会也看哪儿。

在1岁半以前，宝宝虽然能说一些最基本的语言，能听懂一些简单的对话，但是这还不足以让宝宝完成与他人的交流。所以对于宝宝的意图，爸爸妈妈需要多观察和揣摩。1岁多的宝宝开始掌握物体之间最简单的联系，这是宝宝最初形态的思维活动。比如，宝宝玩玩具熊，他会给小熊喂饭，但过一会儿放下小熊后，关于游戏的事儿就会被抛到脑后了。1岁多的宝宝还没有时间感和空间感，想让这个年龄的宝宝理解时间的概念是件难事，他们或许能理解"停下来"的含义，但你要对他说"等一等"，他可能就有些不明白了。

2岁左右宝宝的发展特点

2岁的宝宝开始关注其他人了，当他们看到别人用拥抱的方式来安慰哭闹的小宝宝时，他可能也想去抱一抱小宝宝。2岁左右的宝宝逐渐有了"我的"、"你的"之分，这是他成长的表现。但2岁多的宝宝观察这个世界时几乎只关心自己的需要，因为他们认为每一个人的感受和想法都与他们自己的想法是一样的。他们可能表现出不愿意与人分享，喜欢说"不"，害怕生活中的秩序被破坏，比如家人吃饭时的座位不能变，变了宝宝就会闹……也许爸爸妈妈会说这个年龄的宝宝不听话，甚至觉得宝宝怎么这样以自我为中心呢？其实是宝宝自己有一套对世界的理解，他们的认识能力和思维能力还不成熟，他们首先需要建立对这个陌生世界的信任感和安全感。在这种情况下，爸爸妈妈一方面要引导，另外一方面还需等待。

带宝宝去外面的世界

会走路了，宝宝的世界变大了

过了1岁生日，宝宝开始由婴儿迈向幼儿了。他们的身体逐渐强壮灵活，

肌肉开始发育，脂肪逐渐减少。宝宝圆圆的腹部慢慢平坦下来，柔软的胳膊和腿开始有力量了。宝宝越来越像个学龄前儿童了。学会走路是 1-2 岁宝宝的主要发展。宝宝学会了独立行走后，就能摆脱过去狭小天地的束缚，能够与周围的环境进行更广泛的亲密接触，宝宝的各种亲身体验和经历，都能帮助他认识生活和世界。

和宝宝一起欣赏大自然

宝宝是属于自然的，在大自然中嬉戏是人生最美好的经历。亲近大自然就是回归简单生活，重新拥有一颗淳朴之心。陪着宝宝嗅嗅青草香、花香，听听小鸟的歌声，找一找小鸟的家在哪里，享受阳光照耀在身上与微风轻抚肌肤的感觉，创造与宝宝和大自然亲密接触的美好回忆。大自然中到处都是学习的材料，捡起树叶排一排、比比看石头的大小，都可以让宝宝从中学习科学的态度与方法。

对于 1-2 岁的宝宝，外出时间以 1-2 小时为宜，不要让宝宝太兴奋，体力消耗过大。大一些的宝宝可适当延长时间，以使宝宝玩得高兴但不感到疲倦厌烦为度。同时，每次活动的内容不可过多，对宝宝的要求也不要过高。比如带宝宝去公园时，不必一次游遍整个公园，如果让宝宝看这看那，并一个劲地讲解，这样宝宝不但记不住，而且很快就会产生厌烦情绪。应该有重点地引导宝宝观察，在玩的过程中提出问题、解答问题、增长知识，这样宝宝玩得高兴，负担也不会过重，而且能产生浓厚的兴趣，并且希望下次再去。

教育专家杨晓苓指出，对于 3 岁以下的宝宝，不需要教他们复杂和繁琐的知识，而让他们感受到大自然的美丽，让他们感到安全和快乐更重要。以看星星为例，区别北斗七星和仙后座对幼儿的意义不大，但是让他躺在夜空下看星星，告诉他星星和月亮在陪伴着他，让他感觉月亮就是跟着他，大自然和他是这么贴近，月亮就是他的好朋友。这样先培养出宝宝对自然环境的美好情感，以后他就会慢慢开始注意到月亮的阴晴圆缺，从而产生对大自然进行探索的愿望。

另外，带宝宝外出时还要注意宝宝的穿着要舒适轻便，尤其是鞋袜，一定要合脚舒适，不妨碍活动，保证宝宝行走方便。还可适当带一些食品及饮料，特别应注意补充水，以满足幼儿活动量增大时的需要，同时要注意安全，以免发生意外。

引导宝宝学习观察事物

爸爸妈妈带宝宝到户外，可以引导宝宝去观察周围的事物，爸爸妈妈可以问宝宝："前面有什么？"这是引导宝宝注意眼前的事物，宝宝如果还不会回答或者只能回答出一点儿，爸爸妈妈可以帮助他回答："有叔叔、阿姨、爷爷、奶奶、马路、汽车……"宝宝再大一些的时候，爸爸妈妈就可以说一些更复杂的话给宝宝听，比如高个子的叔叔走得很快，漂亮的阿姨在跟熟人讲话，绿色的树在路边等等。爸爸妈妈还可以引导宝宝观察事物间的关系。比如，爸爸妈妈可以边指边给宝宝说："运货的大卡车停在树的旁边，树下面有个叔叔在卖东西……"最后引导宝宝观察事物的具体属性，比如在一辆红色的车前面可以告诉宝宝："这辆车是红颜色的，有四个轮子，可以跑得很快……"这样宝宝可扩大观察范围，促进思维的发展。

 给宝宝的小房间

拥有自己的空间对于宝宝成长的意义

让宝宝拥有自己的空间，对他的智力和人格发展都有积极的意义。国外研究曾经证明，看上去漫不经心的宝宝，其实对周遭的一切都已经看在眼里，而且这些最初的印象犹如照片的底色，一点点沉淀在他们的意识深处，成为他们日后看待世界的基调。当宝宝拥有自己的房间，他们对家庭会更有归属感，并

了解到自己对于家庭的重要性，同时建立起良好的自我意识与独立意识。但是可能有爸爸妈妈会说，宝宝不跟我们一起睡，我们哪儿放心呀？什么时候和宝宝分开住都是大问题呢！

国内的一些专家认为幼小的宝宝和父母一起睡，有利于增进亲子感情，爸爸妈妈也更容易照顾宝宝。但是宝宝和爸爸妈妈分开睡是迟早的事情，在这里，我们无法给出宝宝应该多大和爸爸妈妈分开睡的答案，因为每个家庭的养育方式以及宝宝的发展情况都不同。宝宝和父母分开睡的最佳时机是否到来不由年龄决定，而应由宝宝能力的强弱来决定。当宝宝自理能力较强时，比如晚上一个人可以睡得很安稳，不乱踢被子，要尿尿时会叫大人……这些都是给宝宝准备一间新的房间的信号了。

宝宝的小房间什么样

宝宝房间的配色十分重要，它有助于宝宝对颜色的认知并影响宝宝的性格。蓝色、白色和绿色可以让身在其中的宝宝容易安静下来；红色、明黄等暖色调颜色则可以有助于使宝宝的性格变得开朗。将美丽的童话或者大自然中的风景融入其中，更能增添宝宝房间的趣味，比如蓝色的地中海风格、绿色的森林感觉、粉色的公主梦境，都是不错的选择。

宝宝房间的装修要注意选择环保材料，以尽量减少有害物质对宝宝的伤害。宝宝房间的地板也不要太硬，以便让活泼好动的宝宝在上面爬行。由于0-2岁的宝宝大部分时间是在小床上度过的，这一阶段宝宝的机体抵抗能力相对较弱，所以给宝宝一张安全、舒适的小床对宝宝的健康成长至关重要。宝宝床的大小很关键，如果床太小，很快便会被淘汰，而如果太大，又不能给宝宝安全感。现在有一种组合宝宝床，这些可组合拆卸后变换款式的宝宝床的床架拥有两种设置高度，当宝宝长大后，可调节改成一张少年床。另外在选床的时候，爸爸妈妈要注意宝宝的床应尽量选择圆柱形栅栏的款式，两个栅栏之间的距离不要过宽，以防止宝宝把头从中间伸出来；床的表面要漆有防止龟裂的保护层，床缘的两边横杆要装上保护套，以防止正在长牙的宝宝用嘴巴啃东西。

爸爸妈妈用爱为宝宝布置一个温馨舒适的房间，里面有多彩的颜色、柔和的灯光、各种宝宝喜爱的玩具，还有舒适的小床……在这样的房间里长大的宝宝一定能成长为更加健康、快乐、聪明的孩子！

 调动多感官学说话

从单字到"电报句"

1-2岁宝宝的言语发展一般分两个阶段：

第一个阶段是用词语代替句子阶段，时间大致是1岁到1岁半。这个阶段的宝宝说话很"言简意赅"，说一个词往往代表许多意思，如"妈妈"，在不同情境下它可能是和妈妈打招呼，也可能是要妈妈抱，还可能是要妈妈把掉在沙发下面的球找出来等。一般宝宝在1岁半时能说出大约10个词。

第二个阶段是"电报句"阶段，大约从1岁半至2岁。宝宝逐渐能够说3-5个字组成的句子，非常简练，就像成人打电报时的语言一样，如"爸爸抱"、"宝宝要"等。一般19个月以后往往会出现一个言语的"爆发期"，这时宝宝会说出许多家长意想不到的话。有些宝宝已会唱儿歌，并能与家长进行简单的语言交流。宝宝的语言发展并不像身体发育那样，年龄到了就发展好了，一些爸爸妈妈抱怨自己的宝宝1岁多甚至2岁了还不怎么说话，非常着急，这时爸爸妈妈需要反思自己有没有给宝宝良好的语言环境。爸爸妈妈也不用太担心，我国古语有"贵人语迟"的说法，更重要的是1-3岁都是宝宝语言发展的敏感期，使用好的方法都能培养出"能言善辩"的聪明宝宝。

听：讲故事、念儿歌、读歌谣

听是说的基础，宝宝在语言器官还没准备好之前，小耳朵可没闲着，周围的人有意无意对他们说的话都可能成为宝宝以后开口说话的基础。所以爸爸妈妈要多跟宝宝说话，向宝宝描述生活中的每一个小事件，把生活中各种事物的名称告诉宝宝。爸爸妈妈还可以让宝宝多听朗朗上口、易学易懂的故事、儿歌、歌谣，它们对于宝宝语言的发展也有极大的促进作用。爸爸妈妈可以亲自念给宝宝听，也可以放光盘等给宝宝听。爸爸妈妈给宝宝讲故事、念歌谣的行为最好能成为每天的"必修课"。每个故事至少要讲1-2周，要重复多次；儿歌也要固定念几首，必须短小易记。经过多次重复，宝宝的大脑就会建立起一个"加工系统"，使故事和儿歌变成他的内部语言，他虽然还不会说，但如果你故意念错时，他会表示不满。然后你应当尝试让他"接话"，或者接儿歌中最后一个押韵的字。这个时候，爸爸妈妈应该是最高兴的，因为宝宝真的听明白了。

看：指物说话，有问有答

爸爸妈妈引导宝宝说话的方法很重要。刚开始的时候是"父母问，宝宝指"。比如你问"兔宝宝在哪儿？"宝宝用手指出你说的动物。当宝宝熟悉了这些词汇以及词汇所代表的事物之间的关系以后，爸爸妈妈就需要改变问法了，变成"父母问，宝宝说"，如你问"这是谁呀？"宝宝这时候不仅要伸出小手去指，而且还需要说出"兔宝宝"来才能得到爸爸妈妈的赞赏。

动：小小运动员做动作、学说话

1-2岁的宝宝活泼好动，像小运动员一样，他学会的动作技能不仅多而且明确，如爬、走、跑、停、跳、攀、拿、扔、滚……爸爸妈妈可以利用宝宝喜欢动的天性，和宝宝一起边运动边学说话，一定能取得不错的效果。宝宝做动作、学说话一般要经历三个阶段：一是父母用准确的语言"翻译"宝宝正在做的动作，让宝宝逐渐意识到语言和动作之间的关系；二是宝宝听父母的指令做动作，这个时候宝宝已经能够理解语言了，但可能还不会说；最后就是宝宝自己边说边做动作了。

和宝宝一起感受音乐的魅力

1-2岁的宝宝正处在学习走路和语言的重要时期，爸爸妈妈可以选择一些节奏明快、短小活泼的歌曲或乐曲，帮助宝宝随音乐有节奏地做拍手、招手、摆手、点头等动作，然后逐步增加踏脚、走步等动作。随着宝宝语言能力的发展，可以教宝宝有节奏地说儿歌，也可以拍着节奏说歌词，在会说歌词的基础上，爸爸妈妈可以教宝宝唱一些适合宝宝的幼儿歌曲。爸爸妈妈要用自身对音乐的敏感和理解有针对性地引导宝宝喜欢音乐、感悟音乐。

在听音乐的时候，还可以让宝宝坐在爸爸妈妈身上，然后摇晃、拍打、抚摸宝宝的身体。宝宝耳朵里听到的是充满节奏、强弱起伏、有音调变化的音乐，身体感觉到的是一种运动，这种节奏和运动本身就充满爱和想象。宝宝小的时候你主动，大了一点儿后可以让他主动，让他来拍打你、摇晃你。

宝宝爱上阅读

循序渐进地阅读

刚开始的时候宝宝还看不懂书上的文字，甚至还不怎么明白爸爸妈妈读给他听的是什么，但是让宝宝接触色彩丰富、形象生动的书，让宝宝听爸爸妈妈讲故事，绝对不是浪费时间。宝宝有着不可低估的吸收性心智，他现在接受的各种信息能够为以后的阅读打下很好的基础。

爸爸妈妈带宝宝读书需要经历一个循序渐进的过程。最先是教宝宝读书，爸爸妈妈告诉宝宝书里面有几个主人公，这几个主人公是什么，他们干了什么等等。这样重复几天后，爸爸妈妈可以开始让宝宝把故事里的主人公指给爸爸妈妈看。等再过一段时间，宝宝就会很熟练了。到了讲故事时间，宝宝可能不等爸爸妈妈问，就向爸爸妈妈介绍故事里的每个主人公。由于宝宝注意力的集中时间不可能像成人那么长，一开始可能只有几分钟，慢慢可能会增加到10-20分钟甚至更长。在这个年龄段，爸爸妈妈别要求宝宝读多长时间的书，因为培养宝宝对阅读的兴趣是更重要的事情。

声情并茂、绘声绘色地把故事表演出来

不到2岁的小女孩娇娇是这样来读胖胖猪爱心故事系列中"小鸟的家"这个故事的：在妈妈的指导下娇娇自己给每页故事配上了表演动作。妈妈读故事，娇娇做动作。故事是这样的：小兔搭了一座漂亮的积木房子请小鸟住，小鸟摇摇头，扑棱一声飞走了。（娇娇的动作：小手一抓一抓地招手和小鸟再见。）小熊造了一座漂亮的木房子请小鸟住，小鸟摇摇头，扑棱一声飞走了。（娇娇的动作：小手一抓一抓地招手和小鸟再见。）小猪栽了一棵树请小鸟住，小鸟高兴地住下了，说谢谢、谢谢。（娇娇的动作：伸手和妈妈握手表示感谢。）后来小兔、小熊、小猪在山上栽了许多树。（娇娇的动作：拍手欢迎。）

多么有趣呀，宝宝完全沉浸在童话故事中，宝宝的想象力和思维能力都得到了练习，宝宝在理解这个故事的过程中配合动作来思考和理解。在2岁以前，宝宝的思维处于感知运动阶段，小一点的宝宝喜欢啃玩具和用小手去触摸各种在他们看来有意思的东西，这是因为他们觉得啃到和摸到的东西就是真实的，而像娇娇这么大的宝宝掌握的动作已经非常丰富了。因此，通过动作来辅助自己的思考是宝宝天性的选择，爸爸妈妈和宝宝一起读书时要声情并茂，而且能像娇娇这样表演出来就更好了。

第 四 章 2-3岁聪明宝宝——自由地游戏与学习

2-3岁宝宝的发展进入了新阶段，他们已经能够想象，学会了说很多的话，小脑袋里充满了无数个问题，喜欢问"为什么……"，喜欢在游戏中学习……在这个阶段，爸爸妈妈需要花费更多的精力，玩出更多的花样才能应付家里的越来越聪明的"小人精"。

宝宝的想象力

爱因斯坦说过："想象力远比知识更重要，因为知识是有限的，而想象力概括这世界上的一切，推动着进步，并且是知识进化的源泉。" 想象是对头脑中已有的形象进行加工，重新组合成为新形象的过程，是一种高级复杂的认知活动。想象与宝宝大脑皮质的成熟程度有关，想象的发生是把大脑皮质上已经形成的暂时联系进行新的组合。想象力是思维的翅膀，是伟大灵感的来源之一。想要宝宝拥有丰富的想象力，需要爸爸妈妈在宝宝小的时候就开始引导。

2-3岁宝宝想象力发展的特点

2-3岁是宝宝想象力的迅速发展期，宝宝从2岁开始就能想象了。2-3岁宝宝的想象力具有如下的特点：他们的想象过程完全没有目的，多是外界的刺激直接引起的。想象过程进行缓慢。想象与记忆的界限不明显，与记忆非常接近。近期的想象以复制和模仿为主。这种想象具有夸大性。有的时候爸爸妈妈会觉得宝宝喜欢撒谎，其实这个阶段的宝宝撒谎并没有道德的意味，他们只是有些分不清楚想象和现实的区别而已。另外，宝宝想象的内容简单贫乏，这与宝宝大脑中储存的表象缺乏有关。宝宝的想象还需要依靠感知动作，在游戏活动中如果没有玩具，宝宝就很难开展想象。爸爸妈妈的语言提示可以使宝宝大脑中的有关表象活跃起来，宝宝对表象进行概括加工，使宝宝的想象从单纯命名发展到构成最简单的情节。

如何发展宝宝的想象力

想象力是无法被教会的，爸爸妈妈可以采取多种方法来激发和保护宝宝的想象力，有意识地发展宝宝的想象能力。

爸爸妈妈要激发和保护好宝宝的好奇心。好奇心是推动宝宝的想象力产生和发展的重要因素。爸爸妈妈要多鼓励宝宝观察新事物，多创造机会带宝宝外出游玩与参观，开阔宝宝的眼界，引导宝宝用多种感官认识大自然和日常生活中的各种事物，从而获得更多的感性知识和生活经验，为宝宝的想象提供充足的原材料。

游戏

游戏是宝宝的"工作"，玩具是宝宝的伙伴，也是展开想象的材料。爸爸妈妈可以与宝宝一起多做一些想象假装游戏，如过家家、上医院看病、打电话等等。还可以给宝宝购置一些能够激发想象力的玩具，如医疗器械玩具、厨房玩具、积木玩具等等。家庭中的一些生活用品也可以作为宝宝的玩具。宝宝在游戏和玩玩具的过程中展开充分的主动想象，可以使他们的思维更加活跃。

涂鸦

涂鸦对于培养宝宝的想象力也是不错的选择。爸爸妈妈给宝宝提供白纸和各种颜色的水彩笔或者蜡笔，让他尽情地涂鸦。这个阶段不用刻意追求涂鸦的水平，因为涂鸦的目的在于唤起宝宝对日常生活中所接触事物的记忆，并在此基础上展开想象。

主题想象

爸爸妈妈可以引导宝宝确定想象主题。由于这个阶段宝宝的想象力主要依靠外界刺激引起，因此需要爸爸妈妈帮助他明确想象的目的和主题。爸爸妈妈可以通过语言提示或引导，让宝宝确定活动的主题，比如在开展关于森林为主题的想象活动时，爸爸妈妈可以为宝宝提供一些森林的图片和动物玩偶等等，然后引导宝宝围绕森林这一主题开展想象活动。

音乐

音乐中蕴涵着丰富的内涵，代表不同的事物，拥有不同的情绪，爸爸妈妈可以让宝宝聆听表现大海、森林、鸟鸣、小河淌水等各种主题的音乐，边听边给宝宝讲解，让音乐把宝宝的想象带到遥远的地方。

最爱问 "为什么" 的宝宝

2-3岁的宝宝特别爱问 "为什么"，很多爸爸妈妈刚开始都能耐心地解答宝宝的疑问，到后来实在被宝宝问得没办法了，就随便应付过去……可是专家提醒爸爸妈妈，不恰当地回答宝宝的提问，不仅让宝宝错过了一次很好的学习机会，还有可能打击宝宝的求知欲和自信心，从而影响宝宝未来的发展。

爸爸妈妈的难处也是可以理解的，对于自己知道的问题还好办，宝宝的许多问题确实很难回答。比如 "我为什么没有翅膀？" "我能不能去太空？" "爸爸打得过奥特曼吗？" "天上有多少颗星星？" ……还有很多宝宝会问到关于性方面的问题，比如 "妈妈，我是怎么生出来的？" "妈妈，为什么你的'奶袋

袋'那么大，而我的是平的呢？""妈妈，为什么你的屁股出血了？""为什么我没有小鸡鸡？""为什么我不能去女厕所？"……

对于一时不知如何回答的问题，爸爸妈妈可以如实告诉宝宝，但是过后爸爸妈妈一定要把宝宝的问题放在心上，不要以为宝宝一会儿就忘记了，如果以后宝宝再问同样问题的时候，爸爸妈妈应该给宝宝一个答案。等到宝宝再大一些，爸爸妈妈就可以带着宝宝通过各种方式一起去寻找问题的答案。对于涉及性的问题，由于受文化传统的影响，很多爸爸妈妈觉得对宝宝谈这些问题有些难以启齿，而且也担心过早告诉宝宝这些知识会导致宝宝的早熟。专家的建议是爸爸妈妈可以根据宝宝的年龄和理解能力，采取直接的回答或等到适当的时候进行详细解释。其实对于2~3岁的宝宝在性方面的问题，采用主动教育的方法是非常好的选择，爸爸妈妈可以买一本适合宝宝年龄的书籍和宝宝一起阅读。

华南师范大学教育科学院副教授郑福明表示："心理学研究表明，提出问题是思维活动的起点。好奇、好问，不满足一知半解，是一种非常可贵的思维方式。家长应该多带宝宝接触大自然、接触不同的生活，关心宝宝的每一个提问，并且有问必答，满足宝宝的智力需求。"专家认为，只要你是谦虚好学、头脑灵活、充满童真、愿意用心与宝宝沟通的爸爸妈妈，自然能"百问不倒"。

引导宝宝运用五官去探索事物

宝宝从出生起，就开始用听觉、视觉、味觉、触觉等感官来熟悉环境、了解事物。宝宝2岁以后，爸爸妈妈可以为宝宝准备能刺激各种感觉器官的玩具。在生活中爸爸妈妈要随时引导宝宝运用五官去感受和探索生活中的事物，这样才能使宝宝的五官更加灵敏，宝宝在运用五官探索事物的过程中也能逐渐学会观察。

比如，和宝宝一起看雪，雪花是白色的，一片一片从空中飘落下来；让宝宝用小手接住雪花，感受那冰凉，看着雪花在体温的作用下很快化成了水；让宝宝用鼻子闻一闻，雪花有没有什么特别的气味；还可以鼓励宝宝把雪放到嘴里，尝一尝雪花的味道，让舌尖感受一下那种冰凉。比如给宝宝吃苹果，可以不像平时那样纵向切，而是横向切开，宝宝可能会惊喜地发现，苹果核呈现出星星的形状。把苹果、橙子、香蕉也切成小粒，让宝宝来猜一猜这些都是什么水果等等。

训练宝宝感官的小游戏

爸爸妈妈可以用一些不同形状的积木或者用硬纸板剪成不同形状的纸卡，教宝宝认识圆形、方形、三角形等图形。宝宝认识了这些图形后，可以教宝宝选择同样的图形进行匹配。利用这样一些道具，教宝宝学会比较长短、厚薄等物体的属性。在宝宝最喜欢的布娃娃旁边由远及近摆一些玩具，告诉宝宝哪个玩具离布娃娃最近，哪个玩具离布娃娃最远，变换玩具的摆放位置，再玩这个游戏。这个游戏可以训练宝宝的远近意识。还可以让宝宝看两张相似的图片，让宝宝找出不同的地方，鼓励宝宝仔细看，把不一样的地方指出来或说出来。开始练习时，应选择那些差别明显、易发现其异同点的事物让宝宝比较，逐渐可增加难度，让宝宝在相似性较大的事物中找出不同点。这几个游戏只是抛砖引玉，生活中这样的游戏有很多。在这样一些趣味盎然的游戏中，宝宝的观察力提高了。

宝宝爱上细小事物

宝宝的细小事物敏感期出现在1岁半到4岁，时间的跨度是比较长的。宝宝为什么会对细小事物产生如此强烈的兴趣呢？这与宝宝认识世界的方式有关。

成人用知识和大脑来理解世界，儿童则用自己的经历将环境内化了，这是创造生命的过程，与忙碌的、感觉麻木的成人形成了鲜明的对比。蒙台梭利曾说：儿童对细小事物的观察与热爱，是对已无暇顾及环境的成人的一种弥补。忙碌的大人常会忽略周边环境中的细小事物，但是宝宝却常能捕捉到个中奥秘，家里哪个地方有个洞洞，哪个玩具上有个珠珠，宝宝可能比大人更清楚。宝宝还喜欢捡东西，他们对较大的物品没兴趣，反而非常喜欢掉在地上的小东西，比如一根头发丝、一粒米、一个小珠子……所以当宝宝的细小事物敏感期到来的时候，爸爸妈妈要作好准备，注意收好插座这类有孔的危险物品。可以让宝宝抓一抓厨房里的米粒、玩一玩院子里的沙子、数一数小珠子等等，每个宝宝都可能有自己更喜欢的细小事物，爸爸妈妈可以为宝宝准备一些细小而精致的东西。

 ## 和宝宝一起玩转识字卡片

很多年轻的爸爸妈妈已经开始教 2-3 岁的宝宝识字了。宝宝这么小，怎么教宝宝才容易接受呢？以前大家都可能听说过有的父母在家里到处挂满识字卡片，让还只有几个月大的宝宝沉浸在学习汉字的氛围中……人们对于这种做法的评论不一，不过利用识字卡片教 2-3 岁的宝宝认字是很好的方法。

选择卡片是关键。一定要选无图识字卡，白纸黑字或红字的，不组词的单字卡片，看图识字和组词同时出现势必分散宝宝的注意力。父母可以用白纸自制卡片，也可以购买。2-3 岁这个阶段，宝宝的主要目的是识字，认识更多的字，以便为阅读作准备。识字卡片作好了或者买回来了，下一步就是要玩转识字卡片，让宝宝学得开心。

 ## 识字卡片的10种玩法

①爬楼梯。这个年龄的宝宝爱爬高冒险，在楼梯的每个小台阶上摆上一张字卡，认一个就爬一个台阶，相信你的宝宝也会喜欢这样玩。

②搭积木。宝宝认一个字，就堆一块积木，看谁堆得高。和其他小朋友一起玩，互相激励，效果会更好。

③表演法。让宝宝玩过家家的游戏，如扮医生、用听筒、开药方，学"药"、"病"、"针"等字。

④贴字卡。在家里的物件上贴上相应的识字卡片，比如在爸爸身上贴"爸"，妈妈身上贴"妈"，门上贴"门"，床头贴"床"等等。宝宝会很快认识到这些字代表什么意思，然后把卡片拿下来，叫宝宝去贴，准确率会很高。

⑤变魔术。在变魔术的过程中变出卡片给宝宝认，吸引宝宝的注意力，不知不觉就将字灌输到宝宝的记忆里了。

⑥捉迷藏。把字卡藏到容易找的地方让宝宝找，如沙子里、碗里、衣服里，找到了就表扬，再教他读。也可以让宝宝自己去藏字，父母来找字、读字。

⑦踩字法。把写有爸爸、妈妈……字卡铺在地板上，然后让宝宝踩相应的字卡。边给宝宝指导边鼓励他踩，这样来回几遍，就能准确地踩对了。

⑧做动作。凡是动词都可以做相应的动作来加深印象，如哭、笑、打、走、跑、跳、爬、抱、睡、吃、喝等，一边教宝宝一边表演，宝宝会很有兴趣，记得也更牢。

⑨吃东西识字。宝宝在吃东西时往往是最高兴的，这时教他识字，兴趣也会高些。如"梨"、"苹果"、"糖"、"西瓜"、"蛋糕"等等，在宝宝吃喜欢的食物时可以把相应的识字卡片拿给他看一下。

⑩字卡成双成对。把两套卡片合起来玩，一套贴在相应的物件上，一套发给宝宝去找相同的字卡，宝宝一定会喜欢跑来跑去找一样的卡片这个游戏。

其实方法还有很多，在教宝宝识字的过程中，爸爸妈妈和宝宝一定还能创造出更多有意思的游戏来玩转识字卡片。

亲子共读，全家乐融融

一位妈妈下班回家，刚推开门，她的儿子就扑到她面前对她说："妈妈，猜猜我今天有多想您？"妈妈说："这我可猜不着呀？""从我们家到美国，再回来……这么想！""哦！那真的是很想呀！我也很想你啊！"儿子问："您有多想我呀？""嗯……差不多是从我们家到美国，再坐宇宙飞船，飞到银河系边缘，然后回到地球，再回到家里……这么想！"儿子听了很满意。也许你会觉得这对母子的对话真有意思，其实如果你和你的宝宝读过《猜猜我有多爱你》这部亲子绘本，就会知道他们是在模仿书中大兔子和小兔子的对话，相信你和你的宝宝也能编出许许多多类似的对话来。

开始亲子共读

亲子共读对于爸爸妈妈和宝宝建立深厚的感情，营造良好的家庭学习氛围都有很好的作用。所以请全家开始亲子共读吧！

专家认为通过某些仪式化的过程会增加宝宝听故事时的心情稳定性与控制感，让宝宝感受到与父母共读的经验，进一步形成更深刻的印象。可以有固定的亲子共读时间（如晚餐后、睡觉前）、固定的亲子共读地点（如沙发、宝宝的床、阳台）、亲子共读可以有一个固定的开始（如开场白、环境布置）和结束方式（如亲子之间相互拥抱、说一些鼓励的话）等等。爸爸妈妈也可以在家里布置类似幼儿园读书角的空间，在那里放置配合宝宝身高的书架、坐垫，父母在固定的时间陪宝宝看书，让宝宝养成习惯。共读时间定在晚上，那时候家务事做完了，是比较轻松的时间。

另外，家人要配合，在亲子共读的时候不要打开电视，以免宝宝分心。不过，一旦宝宝的精神状况不是很好时，或是处于非常兴奋的状态下，就不要勉强宝宝阅读。

爸爸妈妈说故事要有技巧

爸爸妈妈说故事时要善用语音语调的变化，配以丰富的表情和肢体语言，这样有助于传递故事的重点，增加生动性。让宝宝用自己喜欢的姿势坐着或躺着听爸爸妈妈讲故事。对于2-3岁的宝宝来说，在父母怀中或靠在父母身边听故事是最温馨的，身体接触可以增进亲子关系。讲故事的节奏也是爸爸妈妈需要把握的，有的故事慢一点儿，有的故事快一点儿，主要还是取决于宝宝的偏好。爸爸妈妈在讲故事的时候还可以利用一些"辅助设备"，比如玩具、轻音乐等的使用会让故事更加生动，宝宝会更喜欢亲子共读。

宝宝看图说话

让宝宝学习看图说话的目的是能够让宝宝抓住中心意思再展开，这在一开始的时候会很难。爸爸妈妈可以先给宝宝做示范，然后慢慢训练宝宝，先让宝宝仔细观察每一幅图，然后一幅图一幅图地说，包括图里画了什么（都有谁？在干什么？），每幅图之间的关系，整个故事是怎么发展的，最后再要求宝宝完整地说一遍，这是需要慢慢积累的。

爸爸妈妈可以给宝宝准备几幅前后有逻辑联系的简单图画，先让宝宝按照一定的顺序把这几幅画排列起来，然后让宝宝根据自己的想法编出故事。在宝宝讲故事的时候，爸爸妈妈可以运用口头语言和动作来鼓励宝宝讲述。还可以让宝宝扮演故事中的角色，这样他可以用第一人称"我"来讲故事，宝宝会很有兴趣。

当然要教宝宝，爸爸妈妈自己的思路首先要清楚，否则宝宝会更加糊涂。宝宝如果不会讲，爸爸妈妈千万不要包办代替，多给宝宝一些时间让他自己去体会，能讲一点儿是一点儿，不要因为宝宝讲的不好就剥夺他讲的机会。如果宝宝自己体会锻炼的机会太少，宝宝的看图说话能力就很难发生质的突破。当然看图说话属于比较高的技能，宝宝一时难以掌握其要领和宝宝的语言发展及

前期知识的积累有关。如果发觉让宝宝看图说话很难的话，可以先让宝宝试试复述故事。

正如有位妈妈说的那样：做家长一定要有一份等待的心情。这位妈妈的女儿会说话比较晚，一开始听故事时一直是只听不说，后来有一天，这位妈妈对女儿说她嗓子疼，不给女儿讲故事了。没想到这时女儿居然说，她来讲给妈妈听，并且一口气讲了好几本书，这个小女孩那时才2岁零4个月左右。

读大自然这本书

爸爸妈妈不仅要教宝宝读书认字，还要多创造条件让宝宝有机会读读大自然这本书。让宝宝和蒲公英对话，让宝宝在溪流里和小鱼玩耍，让宝宝在蓝天白云下的绿草地上自由奔跑……经常接触大自然的宝宝更聪明、更开朗。

蓝天下的教室，世间万物皆老师

对于幼儿，可以让他们看色彩鲜艳的或者能活动、能发声的玩具，如各种娃娃、小汽车、飞机及小铃铛、乐器等等。节假日可以带宝宝去看电影、戏剧，参观儿童活动中心、少年宫、动物园、博物馆等等以帮助他增长见识，了解到自己生活在一个丰富多彩的世界中。爸爸妈妈要引导宝宝去观察、思考、探索，激发宝宝的好奇心和求知欲，逐渐培养他的学习兴趣。大自然中的花草树木、鸟兽虫鱼、青山绿水等都充满了知识的奥秘，对宝宝有无穷的吸引力，在原生态的大自然环境中引导宝宝认识大自然是最好的，不过平时在小区或者家附近的公园散步的时候也能完成这项工作。

帮助宝宝认识季节变化

在不同的季节带宝宝到同一个地方散步，观察这个地方在一年之中都发生了哪些变化。可以每个月带宝宝去一次，拍下照片，记录宝宝成长的足迹，也记录下季节的变化。春天冰雪融化，小草变绿了，柳树抽芽了；夏天万物生长，一片繁茂的景象；秋天叶子黄了，花儿凋谢了；冬天所有的一切都被茫茫白雪覆盖等等。通过照片让宝宝回忆以前这里是怎样的，那时在那里玩了哪些游戏，现在又是怎样的……这样宝宝可以逐渐意识到季节的变化和时间的流逝。

闻每一朵花的香味，摸每一片树叶的纹路

幼儿园让宝宝做这样一个练习：让宝宝们在画册中找出"春天开放的花"。许多宝宝茫然不知所措，很多花都没在生活中见过，更不知道哪些花开在春天，哪些花开在夏天，又如何辨认呢？大多数宝宝都喜欢花花草草，喜爱植物的宝宝大多有极强的好奇心，而好奇心是获取知识的内在驱动力。

为了使宝宝认识花草，除了多带宝宝出去观察，家里也可以养些花草。春天，不妨在某个角落开辟一块土地，种点向日葵、西红柿以及一些常见的花卉植物。整个过程都让宝宝参与，宝宝不仅能学到更多关于植物的知识，还能培养宝宝对植物的情感。播种时，先让宝宝看种子的形状、大小和颜色；引导宝宝耐心等待植物发芽、长叶，给宝宝讲述植物的生长过程，用生动简明的语言让宝宝了解空气、水、阳光对植物生长的作用；还可以收集关于植物的儿歌、童谣，和宝宝一起唱。

听每一滴水的声音，讲每一片云的故事

聆听大自然也是一种奇妙的体验。风声、雨声、燕语莺歌……这些生动、鲜活的聆听资源，都是能让宝宝竖起耳朵的声音。大自然对我们的恩赐，我们怎能不好好利用？带宝宝走入大自然，让所有奇妙的沙沙声、呼呼声、呜呜声、嗒嗒声……飘进宝宝的耳畔，冲击宝宝的心灵，从而让他从这悦耳动听的万籁之声中感悟、思考、想象、创造……

爸爸妈妈可以带宝宝到野外，让宝宝闭上眼睛，听听风声、雨声或是虫

鸣鸟啼，鼓励他寻找声音的来源，讲讲听到声音的感受。天空中的云朵变化莫测，每一朵云都是一个故事，让宝宝张开想象的翅膀，为每一朵云编一个童话吧。

沙和水是大自然赐予宝宝的最好礼物

沙和水是大自然赐予每个宝宝的礼物。玩沙、玩水能够锻炼宝宝手的动作，培养宝宝的观察力、想象力和认识能力，满足他们的好奇心和求知欲，还能带来无穷的乐趣。不用父母引导，几乎每一个宝宝都喜欢玩沙和水。水龙头流出的水，澡盆里的水，水池里的水，甚至路面上的一个小水坑都可能引起宝宝的强烈兴趣。院子里的一堆沙子可以吸引宝宝在哪儿如痴如醉地玩很长时间。宝宝为什么喜欢玩沙和水呢？水是无色透明的流动性液体，看得见，摸得着，却抓不住，对于宝宝而言这真是神秘莫测。沙子也没有固定形状，也可以千变万化。 经常玩沙和水的宝宝的神经敏感性更高。玩沙和水的游戏对宝宝的吸引力一直可以持续到以后的很多年。

爸爸妈妈要为宝宝作好玩水、玩沙的准备工作

有的爸爸妈妈不愿意让宝宝玩沙、玩水，认为沙比较脏，水容易把衣服弄湿，但这样做会剥夺宝宝探索的自由与乐趣。让宝宝自由地玩沙、玩水吧！玩沙时，提醒宝宝不要用带沙子的手去揉眼睛、鼻子。如果家里有专门为宝宝准备的沙箱，要常晒消消毒，并盖好沙箱，以保持沙土干净。玩水时，要看着宝宝，避免宝宝喝不洁净的水。为宝宝准备一些玩沙、玩水的小工具和小玩具吧，玩沙需要小铲子、筛子、桶、瓶瓶盖盖等。玩水可以准备一些小桶、小瓶、小水壶、水盆以及各种漂浮玩具等等。游戏结束后爸爸妈妈要帮宝宝换洗衣服，洗干净宝宝的小手、小脸。

在沙与水中本来就蕴涵着无限的创造性，有了这些工具，宝宝能玩出更多

的花样！让宝宝根据自己的想法，随心所欲地玩耍吧！宝宝本来就像水和沙一样自由自在、无拘无束。

宝宝玩沙的乐趣

看宝宝抓起一把沙子，让细细的沙静静地从指间流下，再抓起，沙还会静静流下，宝宝一动不动，此刻的宝宝一定听到了一粒粒沙子划过小手的声音，他也一定感受到沙子的质感。

看宝宝用小铲子把沙铲起来，倒入小桶；再把桶里的沙子倒出来，一遍又一遍地不厌其烦。宝宝手部的精细动作和肌肉的力量在这些活动中得到了锻炼，宝宝对铲子、小桶的功能以及它们之间的关系有了初步认识。

看宝宝把一些小玩意儿埋在沙里，过一会儿他又来寻找，把之前埋下的"宝物"一一挖出来。在这个过程中宝宝的观察力、细心和耐心也得到了锻炼。

看宝宝在小沙堆里建起童话王国的城堡！或许宝宝就是未来的建筑大师！他想象着公主和王子幸福地生活的在城堡里。沙堆里还有宝宝做的"美味佳肴"，他想象着自己经营着一家大餐馆。

水的课堂

宝宝喜欢玩水，那就在澡盆里为他建立一个小小水上游乐园吧！据说著名的浮力定律就是阿基米德在澡盆中发现的！

洗澡时可以让宝宝用自己的身体和瓶子感受浮力。引导宝宝感受水的浮力时可以问他："躺在水里和躺在床上的感觉有什么不同？""为什么你不能漂在水面上，而空瓶子却能呢？"还可以让宝宝做几个实验：试着让空瓶子站在水面上，看看能不能做到？怎样才能让瓶子沉下去？还有哪些东西能像空瓶子一样漂在水面上……宝宝坐在澡盆里既能尽情享受玩水的乐趣，又能学到知识，何乐而不为呢？

吹泡泡也是宝宝喜欢的游戏，爸爸妈妈可以为宝宝准备几根粗细不同的吸管、肥皂水和一个空瓶子。爸爸妈妈通过提问引导宝宝积极思考，并且动手操作找出答案，同时也要善于回应宝宝的提问。这些问题可以是："怎样才能用吸管吹出泡泡？""怎样才能吹出大泡泡？""泡泡是什么颜色的？""怎样吹出有声音的泡泡？""为什么堵住瓶口就吹不出泡泡了？"

爸爸妈妈还可以让宝宝用各种容器装水、倒水玩，在小水壶中盛满水来学习浇花，把漂浮玩具放入水中做各种游戏，如小鸭戏水、小孩游泳、海上船队等等。

Part 2

0—3岁聪明宝宝的 "运动游戏密码"
Full Motor Sensibility Training For Children

0—3岁宝宝的健康成长离不开运动和游戏。运动和游戏是宝宝学习的主要方式。

宝宝动作的发展与心理、智能的发展有着密切的关系。宝宝最初是通过身体与环境发生互动（摸、爬、跳等），在物体上实施动作（抓、碰、扔等），然后观察动作产生的结果等方式进行学习的。宝宝通过扔石头、皮球等物体发现了不同形状、不同种类、不同材质的物体有不同的运动轨迹、不同的运动距离……就这样，宝宝在运动中锻炼了身体的各个器官，也不断对事物有了新发现，促进了思维的发展。

同样，充实的童年需要游戏相伴。游戏对于宝宝不仅是玩耍，而且是宝宝不可省略的 "功课"。通过游戏，宝宝玩出了灵活的好身体，玩出了学习的积极性，玩出了活跃的思维，玩出了无限的创造力，玩出了强烈的求知欲望。

如果你想成为一个懂教育、会教育宝宝的家长，你需要知道只有首先针对身体的教育，才可能培养出有思维能力和社会适应能力的人；你需要知道对于宝宝来说，教育始于游戏又止于游戏。还等什么？赶紧让宝宝欢快地运动起来，高兴地玩起来吧！

第一章　运动和游戏——宝宝的必修课

> 对于0-3岁的宝宝来说，运动和游戏是宝宝成长过程中的必修课。运动中的宝宝可使身体强壮，四肢变得灵巧，大脑变得活跃；游戏中的宝宝具有丰富的想象力，具有非凡的创造力，拥有快乐的童年。可以说，运动和游戏伴随着宝宝的成长，见证着宝宝的成长，促进着宝宝的成长。家长朋友们，你们是否意识到运动和游戏对宝宝成长的重要性了呢？

运动——大脑的保健操

运动是和大脑的发育一脉相承的。活动着的身体造就了活跃的大脑，宝宝在运动中学习，在运动中积蓄了智力发展的能量。作为家长，应该重视运动在宝宝早期教育中的重要性。

运动是一种智力

美国著名发展心理学家、哈佛大学教授霍华德·加德纳提出了多元智能理论。他认为，人类的智能是多元化而非单一的，主要是由语言智能、数学逻辑智能、空间智能、身体运动智能、音乐智能、人际智能、自我认知智能和自然认知智能组成。

由此可见，身体运动智能被列为了人类八大智能中的一种。它是指善于用整个身体来表达思想和情感、灵巧地运用双手制作或操作物体的能力。这项智能包括特殊的身体技巧，如平衡、协调、敏捷、力量、速度等，以及由触觉所产生的能力。我们可以经常看到运动员、舞蹈家等表现出不同寻常的大肌肉运动智力，以及医生、雕刻家等表现出来的超凡的精细运动智力。对于宝宝一生的成长来说，家长不应忽视身体运动技能的发展，它不仅能够促进宝宝的身体发展，同时还能促进个性发展，挖掘出具有突出身体运动潜质的宝宝。

运动是一种学习的方式

　　宝宝最初是通过用身体与环境发生互动（摸、爬、跳等），在物体上实施动作（抓、碰、扔等），然后观察动作产生的结果等方式进行学习的。

　　宝宝通过抓握不同材质的物体，如毛线、皮套、橡皮以及家长的手指等，触摸差异较大的材料，从而发展感知能力；宝宝通过用手去拿取、拍打、抓握吊着的玩具，一次次地调整手的位置和伸出去的长度，发展了手眼协调和空间距离感；宝宝通过垒高、推倒、爬高、跳下来、再爬、再跳，发展了空间方位感；宝宝通过扔石头、皮球等物体发现了不同形状、不同种类、不同材质的物体有不同的运动轨迹、不同的运动距离，了解了不同物体的属性，发展了宝宝的判断和推理的能力。

　　如此一来，宝宝在运动中不停地使身体的各个器官得到锻炼，从而变得越来越灵活；不断地对事物有了新的发现，从而发展了思维。与此同时，宝宝在运动中还培养了追根究底的探索精神和百折不饶的意志，这对宝宝一生的发展都会产生积极而深远的影响。

运动是智力发展的源泉

　　脑科学研究发现，人的运动、动作是受大脑皮质支配的，人体的各个部位在大脑皮质中都有相应的运动中枢。适当的运动可以有效地增强大脑皮质的厚度，使之更活跃、更精确地支配运动和动作。与此同时，运动还能促进神经纤

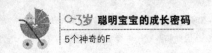
维髓鞘化，可使神经传导速度更快。宝宝在运动过程中，会完成与思维活动相关的活动。这样一来，通过运动，宝宝的反应能力、物体识别能力、想象力等都能得到提高。

从大肌肉运动来看，户外的大肌肉有氧运动具有健身、健脑的作用。运动能够提高心脑功能，加快血液循环和呼吸，使脑细胞获得更多的氧气和营养物质，从而使大脑更加灵敏。运动还能使大脑处于放松的状态，使宝宝的想象力从多种思维的束缚中解脱出来，变得敏捷而有创造力。此外，运动着的机体能使大脑的各个部位快速作出反应。因此，运动经常被视为"健脑体操"。

从精细运动来看，常言道"心灵手巧"，足以说明手指运动对大脑发育的重要作用。人体的不同部位在大脑的皮质层中均占有一个相应的运动区，该区域的大小与该部位功能的精细复杂程度有关。手指活动越多，动作越精细，就越能刺激大脑皮质产生兴奋，越能使思维活跃。所以，家长要重视宝宝的手部运动能力，让宝宝用笔画出智慧、用筷子夹出智慧、用珠子穿出智慧，并且在日常生活中让宝宝做自己生活的主人，自己解扣子、系鞋带、戴帽子等等，帮宝宝打造一双灵巧的手。

游戏——伴随宝宝成长的精神家园

充实的童年需要游戏相伴。对于宝宝而言，既没有纯粹的学，也没有纯粹的玩，宝宝在游戏中学习和成长。在游戏中宝宝的身心才能得到充分、健康的发展。总之，游戏是伴随宝宝成长的重要形式。

游戏是宝宝生长发育的保障

身体强壮的宝宝可能比身体虚弱的宝宝更喜欢游戏。游戏使宝宝的身体各器官得到活动和锻炼，从追、跑、跳的游戏到拼图、绘画、玩水、玩沙的游戏，可以促进宝宝大、小肌肉的运动。宝宝在不同的游戏中变得结实、健康，在与外界环境的相互作用中变得反应迅速而敏捷。在游戏中宝宝学会了各种技能，增强了对外界的适应能力。游戏为宝宝身体的发展提供了许多必要的动作练习和运动的机会，锻炼了宝宝的身体，增强了宝宝的体质。

游戏是宝宝智力发展的动力

宝宝通过游戏，可以获得日常生活中各种事物的知识，促进宝宝观察力、注意力、想象力、记忆力的发展。宝宝通过操作认知的游戏发现了不同形状、不同种类、不同材质的物体有不同的运动轨迹、不同的运动距离，了解了不同物体的属性，发展了宝宝的判断和推理的能力；宝宝通过利用简单的道具，结合以往的生活经历，上演一部部角色游戏，促进了宝宝的想象力和创造力发展；宝宝通过建筑游戏，一次次地搭建，一次次地推倒，又一次次地搭建，发展了宝宝的空间感知能力。总之，游戏为宝宝提供了练习的机会，宝宝通过游戏获得技能，在游戏中学会了推理，发现了相关知识和事物之间的简单联系，了解了解决问题的方法，锻炼了处理问题的能力，有效地促进了宝宝智力的发展。

游戏是宝宝心理健康的标志

游戏是成长中宝宝的最大心理需求。游戏对于宝宝情感的满足和稳定具有重要的意义。游戏伴随着愉悦的情绪，宝宝没有来自外界的压力，宝宝积极投入游戏中，能给宝宝带来极大的快乐和满足。宝宝通过模仿各种成人的言行，体验成人的情感，这是宝宝同情和移情发展的基础。宝宝能在游戏中形成良好的情感。游0戏以其娱乐性、趣味性以及艳丽的材料和丰富的内容深深地吸引宝宝，极大地满足了宝宝的愿望。

游戏是宝宝社会性发展的助推器

宝宝在游戏中，通过与其他小伙伴发生联系，逐渐地发现和了解自我与他人；宝宝在游戏中，学习如何使自己的行为被同伴接受，自己的意见被同伴采

纳；宝宝在游戏中，学会如何理解别人，学习如何与同伴协商、合作等社会技能。游戏使宝宝从自我为中心解脱出来，逐渐认识自我和别人，学会与人合作、与人交往，理解角色的关系，掌握社会交往的态度，懂得交往的技巧和规则，有利于加深同伴间的友谊。

第二章 0-1岁聪明宝宝——每天都有新变化

0-1岁是宝宝运动发展的关键期。宝宝从抬头、翻身、坐立、爬行到直立行走，从无意识地拍打物体到有意识地抓握、捏取都记载着宝宝运动能力发展的足迹。每个月龄的宝宝都有发展的目标，作为家长，只有了解了宝宝在每个月龄发展的规律和目标，才能帮助宝宝拥有一个健康的体魄。家长朋友们，快来吧，我们一起和宝宝来做运动。

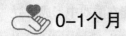 0-1个月

发展指标

新生儿具有先天的条件反射能力，如吸吮反射、抓握反射、迈步反射等等。这个阶段中家长可以利用这些先天的反射，锻炼宝宝的相应能力，如抓握能力、迈步行走的能力。家长在这个阶段还要锻炼宝宝的颈肌，让宝宝的头部能够随着声音和物体的变动而转动，练习俯卧抬头。

亲子教养策略

（一）抬抬头

在宝宝出生的第一个月内，当宝宝学会听声转动时，家长就可以让宝宝学习俯卧抬头。让宝宝趴在床上，家长用发出声响的器物在宝宝头顶的方向逗引，使宝宝抬起眼睛看，逐渐使宝宝抬起头来。每天能有1-2次的练习是十分必要的。天天练习，宝宝的头会越抬越高，从而看到躺着看不到的东西，开阔宝宝的视野，而且宝宝也可以换换姿势，避免于背部经常受压。

（二）小手动动

新生儿生来就会抓握，有些婴儿能握得很紧，如果家长用食指接触宝宝的手心，宝宝会握住家长的手指，这时家长可以试着将宝宝提起，但一定要注意安全，量力而行，这样可以锻炼宝宝的抓握能力。

（三）小脚动动

家长扶着宝宝的双腋，让宝宝的足底与较硬的床板和桌面接触，宝宝会迈步行走，这是先天的反射能力。家长每天扶宝宝练习迈步，使宝宝的下肢得到锻炼，并且还能延长这种反射。迈步能力对以后宝宝学习走路有一定的帮助。

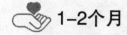 **1-2个月**

发展指标

在这一个月，宝宝身体的许多运动仍然是反射性的，例如每次转头时采用的防御体位。宝宝已经可以挣扎着抬起头并向四周张望，维持1-2秒的时间，当家长竖抱宝宝时，宝宝的头能够直立。宝宝的腿也变得更加强劲有力，由屈曲开始伸直，开始关注自己的手，将手放进嘴里吸吮。

亲子教养策略

（一）转转头

宝宝能够注视物体，而且能够随着物体的移动，头部也会左右转动。这时家长可以将脸一会儿移向左，一会儿移向右，让宝宝用眼睛追随着家长的脸的方向练习转头，也可以拿着一些颜色鲜艳的物品吸引宝宝，让宝宝用眼睛追踪，头随着转动。

（二）天生会爬的"小精灵"

在宝宝学习俯卧抬头的同时，家长可以用手抵住宝宝的足底，宝宝会用尽全身力量向前方爬行。虽然宝宝还不会将头和腹部抬起而像7-8月的宝宝那样爬行，但可以通过这样的练习，促进宝宝的发展，为以后的爬行奠定基础。

（三）小手抓一抓

由于宝宝天生具有抓握的能力，因此家长可以让宝宝抓握不同种类的物体，如毛线、皮套、橡皮等，还可以抓握家长的手指，这样能使宝宝触摸到差异较大的物体，发展宝宝的感知能力。

（四）小手真好玩

宝宝开始对手感兴趣，对自己的手感到十分新奇。过去宝宝的手部活动有限，有时还只能在身体两侧活动，现在双手能够达到胸前，眼睛能看到手，玩自己的手，吸吮自己的手。这是宝宝发展要经历的阶段，家长不要阻止，而且要提供一定的条件协助宝宝玩手，不要束缚宝宝的双手。

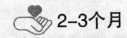
2-3个月

发展指标

这个阶段的宝宝的头能竖着向四周张望；俯卧时能将自己的前半身抬起；能够侧身睡，为翻身作准备；能有意识地移动手和脚，用手触摸拍打玩具，用脚踢玩具；两只手在胸前接触，能摇晃、注视自己的手；能听声音找声源，眼和头追随物体移动。

亲子教养策略

（一）俯卧抬头有进展

这个阶段的宝宝俯卧抬头较前一个月有所进展。宝宝在俯卧时，头部能够稳定地挺立达 45°－90°，能够用前臂和肘支撑头部及前半身的体重，胸部能够抬起来，脸正视着前方。

因此，这个时候家长也不要放松宝宝的爬行练习，用手抵住宝宝的足部，帮助宝宝前行。

（二）翻翻身打打滚

3 个月的宝宝可以学习翻身。如果宝宝在上个月不必垫着后面就能侧睡，那么学翻身是件很简单的事，只要宝宝向前一使劲就能从侧睡翻到俯卧，向后一使劲就能从侧卧翻到仰卧。在宝宝的左侧放一个吸引宝宝的东西，再把宝宝的右腿放在左腿上，轻轻在宝宝背后向左推就会转向左侧，反之亦然。训练几次后家长不必推动，只要把腿放好，用玩具吸引，宝宝就会自己翻过去，以后只用玩具而不必放腿就能侧翻。请家长们注意，这个阶段的宝宝只要求能侧翻，而不要求从仰卧翻到俯卧。如果宝宝还未学过侧睡，从本阶段起先学习侧睡，然后去掉靠垫再练习侧翻也是可以的。

（三）宝宝抓住它

这个阶段的宝宝经常玩自己的双手，将两只手在眼前相互握着玩耍，这时候家长不要束缚宝宝的手，要给宝宝更多抓握的机会。在宝宝能够抓得到的地方挂一个小球或其他东西，家长拿着宝宝的手去拍打、抓握吊着的玩具，有时候宝宝伸出手却拍打不到物体，家长不要着急，练习多次后宝宝会调整手的位置和伸出去的长度，从而拍着物体。宝宝的手眼逐渐协调起来，同时家长也可以选用不同质地的物品让宝宝来练习抓取，加强宝宝的触觉练习。

（四）腿和胳臂能耐大

在宝宝的床尾放一个可以发出声响的塑料袋，宝宝无意中踢到它，使它发出了声响，宝宝会高兴地再踢几次，这是宝宝从无意活动转向了有意活动。这时候，家长可以将一个铃铛吊在宝宝可以看到的地方，用一根绳子一头牵着铃铛，另一头套在宝宝的手臂上，家长牵着宝宝的手臂摇动，使铃铛发出声音，带着宝宝玩几次后再让宝宝自己探索。宝宝刚开始会全身在动，经过几次探索后，宝宝发现是自己手臂的摇动引起了铃铛响。这时家长可以将绳子套在宝宝的其他肢体上，宝宝很快就能感知是哪个肢体部分使铃铛发出了声响。

（五）那是什么声音

可以先在宝宝看得见的地方摇摇铃铛，让宝宝注意到铃铛，并想用手去抓。然后在宝宝的后方，再晃晃铃铛发出声音，问宝宝："铃铛在哪儿呢？"分别在宝宝身体的左右这样做，观察宝宝对声源的反应。

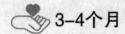 3-4个月

发展指标

这个阶段宝宝的头部稳定居中，转动灵活，俯卧时能用手撑起头和胸；学会翻身，能灵活地变动姿势；扶着宝宝能够坐稳；会用手触摸看到的东西，抓碰到的东西，能扶着奶瓶自己喝；能够学会用舌头舔辅食。

亲子教养策略

（一）宝宝坐起来

宝宝在仰卧时，家长可以握住宝宝的手，将宝宝拉着坐起来。这时候让宝宝尽量自己用力，家长逐渐减少用力，或是让宝宝抓住家长的手指坐起来，注意宝宝的头是否能够伸直，而不是向前倾，每天可以训练宝宝几次。这能锻炼宝宝的颈部肌肉。

（二）宝宝踢踢球

在仰卧的宝宝靠近腹部的地方悬挂一个大球，使得宝宝蹬踢吊球，宝宝踢中吊球引起吊球晃动，这样能引起宝宝踢球的兴趣，使宝宝在快乐中得到锻炼，发展下肢力量，为以后的坐、爬、走奠定基础。如果宝宝还不会仰卧踢球，可以吊一个宝宝平时喜欢的会响的玩具，扶着宝宝的脚去踢，反复几次即可。

（三）漂亮宝宝照镜子

家长可以抱着宝宝站在镜子前面，让宝宝看看，告诉宝宝这是爸爸妈妈、那是宝宝。可以将宝宝的手举起来，摸摸镜子，再摸摸自己的耳朵、鼻子、眼睛，让宝宝认识自己的五官，逐渐发展自我意识，还可以教宝宝对着镜中人笑、说话，用手去抚摸镜中的人，还可以伸手到镜子背后寻找镜中人。

（四）和妈妈玩"藏猫猫"

"藏猫猫"是宝宝喜欢的游戏。用东西将妈妈的脸遮住，对宝宝说："宝宝，妈妈呢？"当宝宝正在奇怪妈妈在哪里的时候，妈妈将遮挡物移开露出脸来，这会使得宝宝很高兴。如果妈妈蒙着脸说话，宝宝可能会因为见不着妈妈而哭起来，因为宝宝这时候还以为失去了和自己一起玩的妈妈，而当妈妈又出现时，宝宝又会露出笑容。

（五）舔舔小勺子

4个月的宝宝可以吃一些辅食，如蛋黄泥。这时候如果宝宝学会了用勺子，将会张口舔食，而不是将勺中的食物用舌头顶出。因此，家长可以让宝宝学会用勺子，为添加辅食作准备。

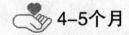

4-5个月

发展指标

扶住宝宝的腋下，宝宝能够站直，并且蹦跳；宝宝能够学会靠坐；宝宝仰卧时，将腿举起，眼睛能注视着腿；伸手抓物从不准确到准确，从拍打到主动

抓取，能够两手各抓稳一个物体；宝宝能够寻找掉下的玩具；喜欢做游戏，和爸爸一起举高高；能够自己吃饼干。

亲子教养策略

（一）宝宝蹦蹦跳

家长可以用手扶住宝宝的腋下，让宝宝在膝上学习蹦跳，刚开始时可以举着宝宝蹦蹦跳。渐渐地就可以不举着宝宝，宝宝也会自己在妈妈的腿上蹦蹦跳。蹦跳一会，家长可以站起来，紧握住宝宝的腋下将宝宝悬空提起，让宝宝摆动起来，摆动几次后，宝宝会随着家长摆动的方向进行配合，这样能锻炼宝宝的平衡能力。

（二）小脚丫真好玩

宝宝在仰卧时会用双手抓住脚丫把脚趾放入口中啃咬，因为这时的宝宝还不能分清什么是自己身体的一部分，拿到任何东西都会往嘴里送，并不会感到自己的脚趾与其他东西有什么不同。这是一个短暂的过程，等宝宝再长大一些，脚长了就不会再啃了，家长也不必大惊小怪。

（三）坐坐小沙发

可以让宝宝坐在有扶手的沙发或椅子上，让宝宝练习靠坐，家长可以给宝宝一定的支撑，慢慢地可以减少支撑的力量。这为以后宝宝能够不用靠垫，独自坐稳作准备。

（四）小手指指玩具

宝宝在上个月认识了一些物体后，可以让宝宝学会用手指物。鼓励宝宝在家长说物品名称时不但用眼睛去看，而且还能用手去指。在这个阶段，家长可以先抱着宝宝去触摸物体，告诉宝宝这是什么，然后过一会儿问宝宝："小花狗在哪儿呢？"宝宝可能就会用手指向小花狗。

（五）玩具哪儿去了

当宝宝的玩具掉到地上，发出响声时，宝宝的眼睛会在地上寻找。自从宝宝会玩"藏猫猫"游戏后，就已经懂得突然不见了的东西能够找回来。于是，宝宝听见地面上发出响声时，头转向地面用眼睛寻找掉下来的东西。

（六）宝宝能把东西拿稳啦

这个阶段的宝宝能够用拇指和其他4个手指一起，将物体拿稳。这个阶段宝宝的拇指和其他4个手指能够相对，而不是5个手指在同一方向上拿东西。家长可以让宝宝多进行抓握练习。而且在这个阶段宝宝能够两手各拿一个物体，并且将物体从一只手递到另一只手中。如果宝宝还未学会两手各拿一个物体，家长不要着急，可在桌面上放置2-3个物体，引诱宝宝两手各拿一个物体，并学习倒手。

（七）宝宝爱和爸爸玩举高高

宝宝很喜欢和爸爸一起做举高高的游戏，爸爸先把宝宝举高，然后再把宝宝放下。爸爸可以对宝宝说："宝宝，举高高哟。"宝宝将会使身体向上作出相应的准备，做这样的游戏能够锻炼宝宝的平衡能力。但在这一过程中，一定要注意安全，要将宝宝扶稳，不要做抛起和接住的动作，以免使宝宝受到惊吓和伤害。

（八）宝宝会自己吃饼干了

家长可以给宝宝一块饼干，并对宝宝说："宝宝，吃饼干。"刚开始可以帮助宝宝将饼干送到嘴里，几次后，宝宝慢慢地能自己将饼干放到嘴里，将饼干含软后吞咽。如果宝宝还不会，大人可以夸张地做动作，让宝宝进行模仿。

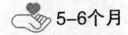 **5-6个月**

发展指标

宝宝能够独立地自己坐着；仰卧时，宝宝能动作熟练地从仰卧位自行翻滚到俯卧位；俯卧时，宝宝能够以腹部为中心进行旋转；宝宝能够把物体从一只手传给另一只手；宝宝开始认生，特别喜欢妈妈或是亲近的人，会伸手要家长抱；喜欢照镜子，将五官的名称与动作结合起来。

亲子教养策略

（一）我坐起来了

这个阶段的宝宝在上个月靠坐的基础上可以慢慢地独坐。刚开始宝宝可能头会往前倾，需要用手支撑。慢慢地宝宝能够将头竖立，不会总向前倾，也可以不必用双手支撑。家长不要太急于让宝宝独坐，这是需要有一个过程的，可以先扶着宝宝坐，然后让宝宝独坐。

（二）宝宝爬过来

这个阶段的宝宝可以用手和肘支撑自己的胸和头部，用腹部着床在原地打转或是后退。因此，家长可以用玩具在宝宝的前方逗引，把手放在宝宝的足底，帮助宝宝练习向前的爬行。宝宝一旦向前移动，就应该及时鼓励，给宝宝加油。

（三）宝宝的连续两次翻身

在宝宝学会从侧卧到仰卧或俯卧的基础上，可以让宝宝学习连续的两次翻身，即完成从俯卧到仰卧或是从仰卧到俯卧。先让宝宝趴在床上，用玩具放在宝宝的一侧，让宝宝侧翻，再把玩具放在宝宝的上方，让宝宝从侧翻到仰卧，从而完成俯卧到仰卧，多让宝宝练习几次，让宝宝学会自己翻身。

（四）宝宝喜欢哪一个

可以让宝宝坐着，在宝宝面前放一些能够让宝宝抓住的玩具。先让宝宝每只手都拿一件玩具，然后再给宝宝其他的玩具，观察宝宝是否会扔下手中的一件玩具，再拿起另外的一件玩具。

（五）宝宝传递玩具

家长在与宝宝玩玩具时，可以有意识地连续向宝宝的一只手递玩具，观察宝宝是否将玩具从一只手传到另一只手，如果宝宝不会，家长可以示范让宝宝将玩具在手中传递。可以反复练习，让宝宝掌握传递的本领。

（六）爸爸回来了

这个阶段的宝宝已经能够理解声音所代表的意义。当爸爸回家时，妈妈告诉宝宝："爸爸回来啦。"这时宝宝会马上朝门的方向转头看爸爸，而在爸爸的怀里听到"妈妈"时，宝宝又会转向妈妈，要妈妈抱。

（七）宝宝指一下眼睛在哪里

宝宝在认物的基础上，家长可以借助宝宝爱照镜子的机会，继续让宝宝照镜子玩。让宝宝照着镜子，指着宝宝的五官和宝宝的小手、小脚，教宝宝认识。如家长一边说着眼睛，一边用手指着宝宝的眼睛。反复几次，让宝宝学着自己去指眼睛。

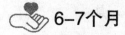

6-7个月

发展指标

宝宝能够自如地独自坐稳；能够连续地翻滚；腿部力量增大，扶着宝宝腋下，宝宝可上下跳跃多次；能够两只手同时抓住两个玩具，并且能够互相敲击；可以撕纸、扯去蒙在脸上或是物体上的覆盖物；能够用动作表现语言。

亲子教养策略

（一）在音乐中做宝宝体操

家长可以帮助宝宝练习婴儿操，主要来锻炼宝宝的上肢、下肢，为爬行、站立、行走等作准备。在欢乐的音乐伴奏下，家长喊着口号，与宝宝一起进行体操锻炼。在这一过程中，要注意宝宝的情绪，如果宝宝不是很配合，可以调整动作或停止锻炼，要循序渐进，不要强迫宝宝。

（二）"裹春卷"

这个阶段的宝宝在上个月能够连续两次翻身的基础上可以学习连续滚翻。父母可以用玩具引诱宝宝练习，将玩具放在远处，宝宝只有连续滚翻才能抓到；也可以用毛巾或床单把宝宝裹起来，家长拉着床单，宝宝顺着裹的反方向滚动。在进行活动的过程中，一定要注意宝宝的安全，事先清除障碍物以及避免宝宝从床上摔下来。

（三）我是小小敲击手

这个阶段的宝宝在能够双手各自握稳一个东西的基础上，能够敲击，使东西发出声音来，如宝宝一手拿着积木，另一手拿着小棒，宝宝能够用小棒敲击积木。宝宝能够双手拿东西，敲击比握稳又前进了一步，说明宝宝的手眼更加协调。

（四）找玩具

家长可以和这个阶段的宝宝玩找玩具的游戏。家长先把玩具在宝宝的眼前晃动，引起宝宝的注意，然后将玩具大部分盖住或全部盖住，宝宝能够将藏在枕头或布下的玩具找出来，有时还能够在鼓起来的地方寻找玩具。

（五）宝宝会"说"再见和谢谢

这个阶段的宝宝开始用手势来表示语言。当家人出去的时候，母亲可以抱着宝宝说"再见"，并握住宝宝的手摆动几下表示"再见"。有些宝宝也能学着大人拱手，表示"谢谢"，会摆手表示"不"，或者伸手表示"要"。用动作来表示语言，说明宝宝有与人交流的欲望。家长要经常鼓励宝宝做表示语言的动作，鼓励宝宝与人进行交流。

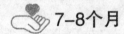

7-8个月

发展指标

这个阶段的宝宝已经能够坐着玩；爬行是这个阶段的重要任务，宝宝一般可以爬行，手脚协调的能力大大提高；宝宝的手指做精细动作的能力进一步发展，宝宝能够用手去捏取物品、按键、抠洞；手眼协调的能力提高，能够将眼睛看到的和自身动作建立联系，学会指认自己的五官。

亲子教养策略

（一）我爬我爬我爬爬爬

爬行对于宝宝的发展是至关重要的，可以促进宝宝的大脑发育、身体平衡以及扩大宝宝的视野。这个阶段的宝宝要学习手膝爬行。家长先让宝宝趴下，把头仰起，用手把身体支撑起来，把宝宝的腿轻轻弯屈放在宝宝的肚子下，在宝宝的面前放些会动的、有趣的玩具，提高宝宝爬行的兴趣。如果宝宝上肢的力量不能把自己的身体支撑起来，腹部不能离床，家长可以用一条毛巾放在宝宝的胸腹部，然后抬起，使宝宝的胸离开床面，用手抵住宝宝的足底，让宝宝练习爬行。

（二）我的食指本领大

这个阶段的宝宝能够用食指深入带有孔洞的盒子里拿取小东西，还喜欢抠转转盘，除此之外，还喜欢按灯和电视的开关。这个时候家长需要理解宝宝这种锻炼食指的活动，并提供一些用指转拨的玩具如转盘让宝宝练习。

（三）晒晒太阳

婴幼儿的生长发育需要阳光，婴幼儿适当地在阳光下活动，对于提高身体对外界环境变化的抵抗力有重要的作用。因此，家长可以根据宝宝的作息时间安排宝宝的户外活动。在夏季时，家长要注意不要让阳光直射宝宝的眼睛，也不要将宝宝露出的皮肤在阳光下晒得太久，以免灼伤皮肤。冬天晒太阳时要防止宝宝着凉。春秋季可以让宝宝的手臂、小腿、脚、臀部露出来。

（四）镜子里的宝宝是"我"

家长每天可以抱着宝宝照照镜子，让宝宝认识自己。逐一地让宝宝认识自己身体的各个部位。家长可以采取游戏的方式，如家长指着自己的鼻子说"妈妈的鼻子在这里，宝宝的鼻子在哪里？"刚开始帮着宝宝指出宝宝的鼻子，重复几次后，让宝宝自己指出来，逐渐帮助宝宝树立自我意识。

 **8-9个月**

发展指标

宝宝在这个阶段能够扶物站立起来，能够双脚横向跨步；能够将拇指和

食指配合起来捏取细小的东西，将物体放入盒内，再将其取出；用手势表示语言，动作种类增多并且精确；能模仿家长的动作；配合家长穿衣。

亲子教养策略

（一）我站起来了

这个阶段的宝宝在扶站时，能够慢慢站稳。因此不必双手扶，可以变成单手扶物，这时家长可以将球或其他玩具滚到宝宝身边，引诱宝宝蹲下来捡，宝宝会一手扶物将身子蹲下来，捡到玩具再站起来。

（二）把小碗放在小桌上

这个阶段的宝宝能将食指和拇指相对，捏住东西。刚开始时可能是食指和拇指扒取，慢慢发展到捏取。在桌上放一只小碗，家长先示范用食指和拇指将碗捏住，然后将食指和拇指松开，将碗放下。多做几次后，宝宝捏紧和放松的动作可以做得更精确，这样宝宝的精细动作就得到了很好的锻炼。

（三）宝宝喜欢模仿

和宝宝一起玩的时候，可以让宝宝模仿家长的动作。在日常生活中，家长可以让宝宝模仿拿勺吃饭，用杯喝水。刚开始可能宝宝分辨不清勺子的凹凸面，也有可能将勺掉下来，家长不必担心，可以让宝宝模仿自己，重复着让宝宝练习用凹面将食品舀起来。一次只教宝宝一个动作，反复进行练习。

（四）穿衣游戏

家长在为宝宝穿衣服时要懂得让宝宝配合。例如要将手伸到袖子里而不是由大人拿着宝宝的手硬塞进袖子里，如果硬塞的话，宝宝可能就会感到不舒服，甚至疼痛，因此宝宝可能就会逃避穿衣服。这时家长可以和宝宝玩穿衣游戏，帮助宝宝穿衣。可以用娃娃来替宝宝学穿衣服，将娃娃的胳膊提起来说"把手伸入袖子里"，让宝宝拿娃娃的胳膊伸进袖内，这时再叫宝宝也把胳膊伸进袖内。用做游戏的方法让宝宝学会穿衣服，能让宝宝在愉快的心情下学会穿衣服。

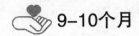 9-10个月

发展指标

这个阶段的宝宝能够扶物站立片刻，扶着物体或是家长牵着就能够行走，可以扶着物体蹲下捡拾玩具；宝宝的爬行能力有所提高，能够从以前的手膝爬行发展到手足爬行；宝宝手的动作更加精细，捏取物品的能力提高；宝宝能用手指表示自己1岁；宝宝会自己捧杯喝水，并配合家长穿衣服，会伸双手入袖。

亲子教养策略

（一）迈开人生的第一步

当宝宝能够一手扶着物体站立时，就可以学习拉手走步了。家长可以用一些有趣的声音和宝宝喜欢的玩具来逗引宝宝，鼓励宝宝扶着东西向前迈步。家长也可以站在宝宝的前面牵着宝宝的双手让宝宝向前走，也可以站在宝宝的后面同时与宝宝向前走。走了几次后，家长可以试着放开一只手，牵着宝宝朝前走。

家长牵着宝宝的手走到一定程度时，可以拉着小棍的一头，让宝宝拿着另一头，看到宝宝能走稳时，可以轻轻松手，但看到宝宝快站不稳时，要扶住宝宝，以免使宝宝害怕而不敢学走。当宝宝迈开人生第一步时，家长要给予鼓励，让宝宝体会到快乐。

（二）宝宝会回答自己1岁哦

当有人问宝宝"你几岁啦"，家长可以告诉宝宝竖起食指来表示自己快1岁啦。经过几次训练后，宝宝明白将食指竖起来能够表示"1"。家长可以通过日常生活中的其他方式来强化宝宝对"1"的认识，如问宝宝"你要几个玩具"，宝宝伸出食指表示1，那么家长就应该给宝宝1个玩具。

🖐 10-11个月

发展指标

这个阶段的宝宝能够手足爬高；能够扶着物体来回走；能够从站姿蹲下来，也可以从坐姿站立起来；手眼协调又进了一步，能把杯盖准确地放在杯上；能够用手扯开纸包取出纸包内的食物；能够拿着笔在纸上乱画；把东西装入容器内，再将它取出；会对盒子、瓶子的盖子感兴趣，并试图打开；会翻质地较硬的书页。

亲子教养策略

（一）我们来爬大山、穿山洞

这个阶段的宝宝爬行的技能已经较为熟练。家长可以面对面地蹲着或是跪在地上，互相手拉着手当做山洞，让宝宝从洞中钻过去，可以伴随着儿歌，让宝宝心情愉悦地玩钻洞的游戏。除此之外，还可以将被子包好当做小山，让宝宝爬着去翻越一座座的小山。利用游戏的形式让宝宝练习，不仅能锻炼宝宝的能力，还能调动宝宝的积极性。

（二）宝宝是"小画家"

这个阶段的宝宝会拿着笔学着画画。家长应该鼓励宝宝的涂鸦行为，这是画画的第一步。家长可以先握住宝宝的小手画，然后让宝宝自己画。这时家长要仔细看宝宝的手是用拳头握笔还是用3个手指握笔。握笔是画画和写字的基础，要纠正宝宝握笔的姿势。

（三）你的宝宝会翻书吗

如果之前经常和宝宝一起进行亲子阅读，拿着书给宝宝讲故事，宝宝能够明白将书打开并合上，而没有这样经历的宝宝可能只会双手拿着书倒来倒去，不会翻书。

因此，平时家长应该给宝宝买一些有趣的、画面生动的、字稍大的书，与宝宝一起分享阅读。在这一过程中，让宝宝感受到亲情的同时喜爱读书，并学会翻书。

（四）撕纸游戏

家长可以为宝宝提供一些纸，让宝宝学会撕纸。家长握住宝宝的小手，用一只手捏住纸，另一只手捏住纸并向相反方向用力。家长可以先向宝宝示范，然后让宝宝自己撕。

在这一过程中，家长不必强求宝宝一定要按某个方向撕，也不要刻意地规范宝宝的动作，只要宝宝能撕就行。撕纸对于发展宝宝的精细动作很有帮助，家长应该鼓励。

（五）用小勺子玩游戏

让宝宝学会用勺子吃饭一方面能锻炼宝宝的手眼协调能力，另一方面可以养成宝宝生活自理的习惯。刚开始时宝宝可能不知道勺子的凹面才能盛食物，或是盛上食物后勺子若翻转过来，食物会掉在地上。

这时候家长不要指责宝宝，也不要包办代替。应该鼓励宝宝，采取游戏的方式，先让宝宝练习用铲子铲沙子，或练习在碗里用勺子盛小球。

通过练习，让宝宝体会到只有凹面向上时才能盛东西。如果宝宝盛了东西，应该及时表扬宝宝："你把小球盛上来了，真能干！"这样的游戏重复几次，就能提高宝宝的动手操作能力。

11-12个月

发展指标

这个阶段的宝宝不必扶物就能自己站稳；能够独立行走几步；能够搭积木，搭好再推倒；能够打开盒盖，盖好盒盖；能用手握笔涂涂点点；能够试着自己穿衣服，自己戴帽子；能够随着儿歌表演动作。

亲子教养策略

（一）宝宝大胆走过来

宝宝如果能够独立地站稳，家长就可以鼓励宝宝练习独自行走。刚开始时家长不要离宝宝太远，等宝宝能走几步时，逐渐拉开距离。可以用一些有趣的玩具来吸引宝宝，调动宝宝走步的积极性。一定要注意宝宝的安全，循序渐进，当宝宝站不稳时，要扶住宝宝，以免宝宝摔倒。

（二）配对游戏

宝宝在前面几个月如果已经学会了认物，知道一些物体的名称，家长就可以和宝宝一起做配对游戏。可以在宝宝面前放几张图片，然后说出图片上物体的名称，要求宝宝按照名称找出与之匹配的图片。家长一定要对宝宝有信心和耐心，以免宝宝失去玩游戏的兴趣。

（三）宝宝学脱帽和戴帽

让宝宝自己学习将帽子放在头顶上，家长抱着宝宝在镜子前，宝宝可以看见帽子在头顶上的位置，如果放在头顶上帽子掉下来，家长要给宝宝示范，告诉宝宝要把帽子戴正才能戴得稳。先可以在镜子前戴1-2次，以后不必用镜子也能将帽子戴好。可以先用较挺的帽子给宝宝练习。学会戴帽子可提高宝宝的自理能力。

（四）听儿歌做动作

宝宝很喜欢随着大人念儿歌或唱歌时做动作。家长可以为某一首儿歌配动作让宝宝表演。之前家长先做示范，将儿歌背熟，每句做一个动作，每次背诵时重复动作，让宝宝说出押韵的一个字，使宝宝的动作与押韵配合，这是音乐节律和舞蹈动作的基础。每当宝宝做对一个动作时，要积极鼓励，使宝宝更有信心去学。

第三章 1-2岁聪明宝宝——快乐的探索者

> 在运动和游戏中探索，在探索中学习，是学龄前儿童生活的主旋律。1-2岁的宝宝也以其独特的方式对这个新奇的世界进行着探索。他们的行为特点是怎样的，他们又以怎样的方式来探索呢？家长朋友们，让我们一起来分享吧！

 身体运动篇

发展特点

1岁以后，宝宝的活动能力得到了迅速的发展。宝宝从最开始的扶着行走，到能够蹒跚地独立走几步，到能够走稳，再到倒退着走、踢着球走和跨越障碍走等各种不同的行走方式，以及扶着栏杆上下楼梯，并且能够独自在家具上爬上爬下。除此之外，宝宝在这个阶段开始学习跑步，能够从跟跟跄跄到慢慢地控制好自己的身体。在精细运动方面，宝宝的手指活动增多，动作也越来越精细，宝宝喜欢拼图、用笔画画、穿珠等等。

爬上爬下的"小猴子"

1岁半的君君喜欢到处攀爬，特别喜欢攀爬家里的一些家具，如椅子、床和沙发，有时可能还会爬到更高的地方。早晨起来刷牙时，一不留神君君就爬到盥洗台上，吃早饭时爬到餐桌上，妈妈带他去户外活动，他也在

楼梯上爬上爬下，真像一只小猴子！这让君君的妈妈感到很苦恼，很担心宝宝的安全。

教养策略

上例中君君到处攀爬，不是因为宝宝捣乱，可能是因为宝宝够不着上面的东西，也是宝宝有身体运动技能发展的需要。这时，家长一方面可以考虑为宝宝设置能够得着的桌子或洗漱台，让宝宝拿取东西比较方便，或告诉宝宝需要什么可以和爸爸妈妈说，让爸爸妈妈帮忙拿取。另一方面，家长可以让宝宝在监护下练习攀爬，锻炼宝宝的上下肢的协调能力和力量，培养对空间的感知能力，克服恐高的心理，可以带宝宝到户外专门的攀爬架上练习攀爬，也可以让宝宝爬爬楼梯。总之，在确保宝宝安全的前提下，可以允许宝宝攀爬一些器械，也可以在家中和宝宝做一些亲子游戏，为宝宝设置一些障碍，让宝宝爬上跳下以取得"宝物"等等。

宝宝在这个阶段的身体运动能力已经得到了很大的发展，因此家长可以和宝宝一起做一些亲子游戏来进一步促进宝宝的运动技能的发展，如走、跑、跳等等。家长可以自制一些玩具，如可以用纸折叠蝴蝶、小蜻蜓或飞机等，用线将蝴蝶、蜻蜓、飞机缠绕起来，家长手拿着这些小飞机在宝宝的胸前飞上飞下，并说着儿歌"飞机，飞机，飞啊飞，宝宝，宝宝，追啊追"，鼓励宝宝追着飞机跑，家长可以调整速度和离地面的高度，不断地吸引宝宝的视线，并鼓励宝宝抓住飞机。"飞机飞机，落下来，宝宝宝宝，赶紧抓住它。"

家长在整个游戏的过程中要用语言鼓励宝宝，让宝宝有追逐的兴致，同时不要对宝宝有过高的要求，注意宝宝的情绪，既促进宝宝运动能力的提高，又能让宝宝体会到成功的喜悦。家长还可以做一些星星挂在宝宝跳一跳就能碰着的地方，让宝宝跳一跳将星星抓住，同样也是要调整星星的高度，让宝宝体验到成功，保持做游戏的兴趣。通过做游戏促进宝宝能力的发展是这个年龄阶段宝宝发展的重要途径，家长应充分地挖掘游戏的材料，促进宝宝的发展。

球是宝宝比较喜欢的玩具，家长可以利用球来发展宝宝的运动能力。球类的游戏也有很多。投球、滚球、夹球、拍球等等都可以给家长和宝宝带来无穷的乐趣，家长可以将球扔过去，让宝宝将球捡回来；家长可以和宝宝玩投球的游戏，家长手举着一个塑料圈，引导宝宝将球投入圈内，圈的高度要适当进行调整，从低到高，锻炼宝宝的手眼协调能力；家长还可以将两腿分开当做"球门"，宝宝站在家长的对面，把皮球放在脚前，练习用脚踢进球门。

　　浴巾虽然是宝宝的生活用品，但家长也可以充分发挥浴巾的作用，以发展宝宝的运动能力。一种玩法是家长将浴巾平摊在地上，让宝宝睡在上面，家长将浴巾的两角握住，伴随着儿歌"摇啊摇，摇着宝宝飞上天"，家长要根据宝宝的反应调整摇摆的幅度和高度。通过这个游戏，锻炼宝宝的平衡能力和胆量。

　　另一种玩法是将浴巾横铺，让宝宝躺在浴巾的一边，家长和宝宝边说儿歌"卷啊卷，卷春卷，好宝宝，躺一边，妈妈推，宝宝滚，啊，春卷作好啦"边做卷的动作。家长将浴巾的一角掀好，让宝宝站起来，家长可以说"多美味的春卷啊，让妈妈咬一口"，妈妈就可以亲吻宝宝一下，增进家长和宝宝之间的亲情。

　　还有一种玩法是，将浴巾的两端系上节，家长各拿一端，让宝宝坐在浴巾的中间，双手扶着家长的胳膊或家长的腰，可以说说儿歌以增添游戏的趣味性，如"抬啊抬，抬啊抬，抬着宝宝上花轿"，可以根据宝宝的反应，左右或上下晃动，锻炼宝宝的平衡能力。浴巾的玩法有很多，细心的家长可以根据宝宝的特点去挖掘。

　　1岁以后，宝宝的手指更加灵活，需要更多的手指运动来发展宝宝的精细运动能力，帮助宝宝打造灵巧的双手。家长可以通过手指游戏来促进宝宝的发展，让宝宝的手指灵活起来，让宝宝的指尖流动着智慧。

　　和宝宝一起做手指操。家长给宝宝念一些儿歌，让宝宝边听儿歌边做手指动作，如"一、二、三、四、五，上山打老虎"，让宝宝学着家长把拇指和食指交替向上移动。

和宝宝一起穿珠。家长可以让宝宝练习穿珠、穿纽扣，准备一些珠子或纽扣以及一些彩色的绳子，让宝宝用漂亮的绳子将这些纽扣或珠子穿在一起，做成一串漂亮的项链。

和宝宝一起拼图。拼图是一种益智游戏。拼图不仅能锻炼宝宝的手眼协调能力，还可以锻炼宝宝的手指灵活性。家长在陪宝宝一起玩拼图游戏时应该保持平和的心态，从易到难，刚开始时不要求宝宝能拼多少块。从最简单的开始，先让宝宝仔细观察完整的图案，指导宝宝按照一定顺序观察，然后和宝宝一起将几片拼图拼成完整的画面。

除此之外，家长还可以在日常生活中锻炼宝宝的精细运动能力。如家里买了毛豆，可以让宝宝帮家长一起将毛豆里面的豆子一粒一粒地剥出来。还可以让宝宝自己学着系鞋带、扣纽扣。这既能帮宝宝养成生活自理的能力，又锻炼了宝宝的手指运动能力。

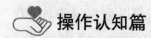 操作认知篇

发展特点

1岁之后，随着宝宝身体活动能力的提高和活动范围的扩宽，宝宝的探索的空间也随之扩大。1-2岁是宝宝吸收性思维的关键期。宝宝通过自己的身体对外界进行探索，探索不同物体之间的关系；对事物的有客观的认识，慢慢意识到暂时看不到的事物不代表那个事物就消失了。

家里的"小捣蛋"

2岁的天天对家里的物品如碗柜、抽屉、门锁、音响设备很感兴趣，经常会这里碰一碰、拧一拧，那里按一按、捏一捏。天天可能把纸篓里的东西全部倒出来，或者将一些可以触摸到的东西又放进垃圾桶里；天天还喜欢玩抽屉和妈妈的皮包，将抽屉打开，将里面的东西一一拿出来，或将妈妈包里的物品都

拿出来。这样一来，家里的东西就会很乱，变得一团糟，而且妈妈皮包里的东西会经常丢失，给妈妈的生活带来不便。家人会因此而感到烦恼，从而责骂天天，阻止天天的活动，然而天天的探索欲望是强烈的，因此经常会看见他反抗家人的情景，弄得家长和宝宝都不愉快。

教养策略

家长朋友，当你面对上例中天天的情况，你会怎么办呢？

首先家长要稳定自己的情绪，要理智地意识到这个年龄的宝宝喜欢探索，通过探索宝宝能发现事物之间的联系。通过拧收音机上的旋钮、按电视机的开关，发现自己的这一举动能够使得收音机发出声音，使得电视机出现图像，便会产生成就感；通过将纸篓里的东西倒空再将垃圾桶填满，宝宝就能理解这些容器与里面所装东西的关系。

其次家长要因势利导，利用宝宝的探索欲望来发展宝宝的能力。例如宝宝喜欢玩抽屉，家长可以为宝宝准备几个专用的抽屉，如一个抽屉放宝宝的衣物，一个抽屉放宝宝平时玩的玩具，确保抽屉里的东西对宝宝不会带来伤害。然后将宝宝的衣服、玩具分门别类地放进宝宝的专用抽屉里，让宝宝自由地去探索，拿出拿进。宝宝有了专用的抽屉后，家长可以利用抽屉适时地对宝宝进行教育，如在宝宝洗澡之前，鼓励宝宝自己去抽屉里拿衣物，锻炼宝宝的自理能力；宝宝从抽屉里拿出玩具，玩完后告诉宝宝并协助宝宝要把玩具放回抽屉里，养成良好的生活习惯；家长平时也可以利用抽屉来提高宝宝的分类能力，将宝宝的衣服、玩具等放在一起，让宝宝将不同的物品放在自己不同的抽屉里等等。

针对宝宝已经意识到客体永久性（暂时看不到的事物不代表那个事物就消失了），家长可以和宝宝一起玩"藏猫猫"游戏。"藏猫猫"的玩法也有许多种，不同的玩法可以培养宝宝的不同能力。

如对于已经能够走步但还走不太稳、胆子又比较小的宝宝，可以借助"藏

猫猫"来培养宝宝的行走能力。先让宝宝在一边玩，然后妈妈躲在离宝宝不远的门后，呼唤宝宝，让宝宝来找妈妈；可以将宝宝喜欢的玩具放在桌子上，蒙着宝宝的眼睛，让宝宝摸摸，再猜出这个东西是什么，可以提供不同质地的玩具供宝宝摸，培养宝宝通过触觉来感知物体的能力；还可以先让宝宝看看桌上排列的几个玩具，再让宝宝转过去，家长拿走一个玩具，或将玩具变换顺序，然后让宝宝转过来，问宝宝哪个玩具不见了或玩具有什么变化，培养宝宝的观察能力；家长也可以先将玩具藏起来，让宝宝去找，在找的过程中，可以按方位提示宝宝，从而培养宝宝的方位辨别能力等等。"藏猫猫"游戏能够给宝宝和家长带来无穷的乐趣，增进了亲情又培养了宝宝的能力。

💗 语言发展篇

发展特点

1岁多的宝宝可以听懂自己的名字，可以听懂一些简单的词汇；开始学说话，可以用简单的词汇表达自己的意思；喜欢听故事、念儿歌；喜欢进行角色表演的游戏。

教养策略

亲子阅读是家长和宝宝在一起增进亲情的途径。当宝宝拿着书爬上家长的膝盖和家长一起分享书中的故事时，家长自然会感到非常高兴和幸福。建议家长将亲子阅读作为家庭生活的一部分，一方面可增进亲情，另一方面养成宝宝喜欢看书的习惯。

家长可以为宝宝挑一些插图色彩鲜艳、印刷清晰、字号较大、与宝宝日常生活较为贴近的图书，如果有条件也可以购置一些具有生动的声音效果的图书，吸引宝宝的注意力。进行亲子阅读时，家长要为宝宝营造轻松的阅读环境，不要强迫宝宝去学多少知识，在这个阶段关键是让宝宝产生对阅读的兴趣。刚开始宝宝自己可能不会一页一页地翻书，而是翻开然后把书合起来，再重新打开看同一幅图画，家长关注宝宝翻的是哪幅画，过一会儿时间，可以问宝宝"小汽车在哪呢"。随着宝宝年龄的增长，注意力时间的延长，对语言理解的能力增强，父母可以根据图画内容为宝宝讲述所发生的故事，注意语言要生动，富有童趣，以吸引宝宝的注意力，也可以让宝宝发挥自己的想象力，通过图画书中的图画解读简单的故事。

角色游戏是宝宝比较喜欢玩的游戏。当宝宝全身心地投入角色游戏中时，家长要表现出肯定和赞赏。家长也可以加入到宝宝的角色游戏中，促进宝宝的发展。

宝宝一般都有过去医院的经历，受过打针、打点滴之苦，看见穿白大褂的医生就害怕。为了消除宝宝对医院和医生的恐惧，家长可以和宝宝一起玩假如我是医生的游戏。可以让家长当"病人"，宝宝当"医生"，让宝宝戴着听诊器给家长"看病"，作出诊断，开出药方，并嘱咐"病人"按时服药，好好休息，早日治好病。如果给家长打针，家长可以说："我很勇敢，我不怕。"这也可以鼓励宝宝以后打针时要勇敢些。

通过玩这个游戏，宝宝能认识医疗器械的名称和用途，能了解看病的程序，懂得医生是给病人看病的，打完针、吃完药后是可以治好病的，就不会难受。这样可以增长宝宝的见识，通过模仿医生给病人看病，也慢慢地熟悉医生这个职业，也教育了自己，反复几次后也能战胜对医生和医院的恐惧。还可以通过这个游戏，让宝宝明白一些健康常识，如家长告诉宝宝是因为自己饭前没有洗手所以肚子疼，让宝宝在情景化的游戏中感受到饭前洗手的重要性。

 社会性发展篇

发展特点

这个阶段的宝宝在社会性发展方面表现为喜欢模仿家长的行为；和小朋友

之间有简单的物品交往，还不是真正意义上的交往；有了最初的自我意识，可以把自己和物品区分开，可以意识到自己的力量。有了最初的独立性，会拒绝大人的帮助，愿意自己动手，而且可以做些简单的事情。

我是妈妈的小帮手

2岁的波波对妈妈所做的事情都比较感兴趣。妈妈在家里做家务时，他要帮妈妈干活，比如妈妈要洗衣服，他也要站在洗衣机旁边这里弄弄，那里拧拧。妈妈在厨房里准备午饭，他也要进厨房凑热闹，要帮妈妈洗菜、端菜。有时，还能看见他挥舞着拖把在地上拖来拖去。妈妈觉得波波越帮越忙，感到很烦恼。

教养策略

宝宝喜欢帮家长做家务的情况，说明这是宝宝在模仿成人的行为。如果采取一味地训斥宝宝的方式是不可取的，这一方面会使宝宝缺乏积累生活经验进行学习的机会，另一方面忽视了宝宝的劳动意识的培养。怎样才能既保护宝宝的这种干活的兴趣，又能顺利完成家务活呢？

让宝宝参与进来，让宝宝干力所能及的活是解决问题的途径。其实这个年龄段的宝宝可以在很大程度上参与洗衣服这项家务劳动。家长可以让宝宝将脏衣服放进衣筐里或让宝宝站在椅子上，（家长站在宝宝旁边）让宝宝将脏衣服直接扔进洗衣机内，让宝宝去按洗衣机的开关键，然后将甩干的衣服从洗衣机内拿出来。宝宝还可以帮着家长把干净的衣服一件件地放到抽屉里和衣橱里。这些活是宝宝可以帮助家长干的，并且在这一过程中，宝宝进行了捏、按等精细动作的训练，同时积累了生活经验，满足了宝宝想干活的欲望。

家长还可以利用宝宝喜欢模仿成人活动这一发展特点，因势利导地发展宝宝的能力。如很多宝宝，特别是女孩，都比较喜欢玩具娃娃。宝宝会学着妈妈的样子给玩具娃娃喂饭，并学着说"宝宝，乖，吃饭"，还可能边拍着娃娃，边哄着娃娃睡觉"宝宝，快睡觉吧"，还有可能领着娃娃去医院看病，并鼓励娃娃"别怕，要勇敢，打针不疼的"。

家长可以利用玩具娃娃，帮助宝宝强化日常生活习惯以及培养宝宝的怜爱之心。比如到了睡觉的时间，家长可以提醒宝宝说"娃娃困了，我们该带着娃娃一起去睡觉"；到吃饭时间，家长也可以提醒宝宝"娃娃饿啦，该吃东西了，我们一起和娃娃吃饭吧"。此外，家长还可以和宝宝一起照看娃娃，并提醒宝宝经常关心娃娃，天气转冷的时候，家长为宝宝换上了厚厚的衣服，这时家长可以提醒宝宝"是不是也应该给娃娃增添一件衣服，别让娃娃感冒啦"。家长为宝宝作出示范，激发宝宝的关爱之心。

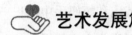 **艺术发展篇**

发展特点

这个阶段的宝宝会随着节奏鲜明的音乐自发地手舞足蹈，并努力配合鲜明活泼的音乐节奏做动作；能手握笔在纸上涂涂画画；喜欢色彩鲜艳的画面；能借助材料建造物品。

我是小小建筑师，我喜欢用积木搭建喜欢的城堡，喜欢用泥沙构建不同的造型；我是小小收藏家，我喜欢收藏色彩鲜艳的景区门票；我是小小绘画家，我喜欢用手中的笔画出我的七彩之梦；我是小小舞蹈家，我喜欢随着节奏翩翩起舞。

教养策略

每个宝宝都有艺术的潜能，他们都能够通过不同的方式表现美、创造美。通过艺术，让宝宝感受这个美的世界，在他们心中从小种下感悟美、欣赏美、创造美的种子。并且通过宝宝的兴趣爱好，发展宝宝的能力。

家长应该鼓励宝宝在沙滩上的探索活动，利用沙滩发展宝宝的能力。家长可以让宝宝体验一下沙子的质感，用手捏一捏，光着小脚丫走一走，丰富宝宝的触觉；还可以为宝宝准备一些玩沙的辅助工具，如小铲、小桶、模子、水壶等，或者准备一些瓶瓶罐罐，让宝宝先用铲子将沙子装进桶子、模子里，然后再倒出来，宝宝可能会对不同形状的沙堆感到新奇，通过宝宝不停地进行操作，在宝宝的脑海里建立起沙子、铲子、小桶、模子之间的关系。家长还可以同宝宝一起玩寻找宝藏的游戏，将一个玩具藏在沙堆里，让宝宝寻找，锻炼宝宝的观察能力，当宝宝找出玩具后会觉得非常高兴，家长要对宝宝进行鼓励；除此之外，家长和宝宝还可以在沙堆上修建城堡、水渠，锻炼宝宝的动手能力，感受当建筑师的乐趣。

家长可以利用积木让宝宝认识不同形状和颜色的积木，可以问宝宝："哪块积木的形状和妈妈手中的积木是一样的形状，你能找出和妈妈手中的积木一样颜色的那块积木吗？"在搭积木的过程中，家长可以先问宝宝想搭建什么样的造型，是城堡、火车、山洞还是大桥等等。然后协助宝宝一起搭建他们想要搭建的造型，鼓励宝宝在这一过程中自主创造，充分发挥宝宝的想象力，搭建出宝宝心中的童话世界。等宝宝搭完后，可以问宝宝搭的是什么，鼓励宝宝用语言表达出自己已经搭建好的这个造型是什么，家长还可以与宝宝一起为这个造型编一个故事，培养宝宝的语言能力。当宝宝看见自己搭建起来的造型时，心中也会有一种成就感，家长也可以夸奖宝宝的手真能干，可以搭出这么美的造型，从而增加了宝宝的自信心。如果宝宝没有意志力搭建自己心中的造型，家长也不要指责，可以以自己的作品告诉宝宝做事要善始善终。

面对小小"收藏家"，家长应该尊重宝宝的意愿，挖掘收藏的教育价值。收藏能够扩大宝宝的视野，不同的画片上面有不同的人物，不同的门票上有不同的名胜古迹，家长可以利用这些增长宝宝的见识。收藏还能让宝宝有一定的分类意识，家长可以让宝宝按照一定的类别对所收藏的物品进行分类，当然还可以让宝宝对收藏的物品进行讲解，了解宝宝内心的想法，培养宝宝的语言表达能力。

家长可以利用休闲时间带着宝宝接触大自然或人文景观，让宝宝多些收藏的机会，还可以时不时地让宝宝开办"收藏品展览会"，让宝宝讲解自己收藏的物品，对宝宝的这些藏品表示惊喜，为宝宝准备用于收藏的抽屉、柜子或瓶子等等，支持鼓励宝宝的这一行为，让宝宝有成就感。

面对小小"绘画家"，家长可以尽情地让宝宝去作画，不要刻意地去强调宝宝画得像不像，理解宝宝的每幅作品都是他内心世界的表达。给宝宝一支笔，让他随意地在纸上画，画出自己的心情，画出自己的想象。

面对小小"舞蹈家"，家长也尽可能地为宝宝创造条件，播放音乐，让宝宝舞动起来，舞出自己的感觉，舞出自己的好心情！

第四章　2-3岁聪明宝宝——越来越棒

　　运动和游戏是学龄前宝宝的学习方式。在玩中学，玩出了灵活的身体，玩出了学习的积极性，玩出了创造力，玩出了探索的欲望。2-3岁的宝宝探索的特点又是什么呢，家长朋友如何利用宝宝的特点来发展宝宝的能力呢？

 身体运动篇

发展特点

这一阶段宝宝的运动能力有了新的发展，他们不但学会了自由地行走，而且跑、跳、攀登楼梯或台阶等动作的运动技巧和难度也有了进一步的提高，能够越过小的障碍物，如门槛、楼梯、滑梯等等，有时他们还能爬到椅子上或沙发上。有的宝宝已经学会骑三轮童车、踢皮球等。这一阶段宝宝手的动作更加灵活了，能够比较准确灵巧地拿握物体。宝宝不再是用四个手指握着蜡笔，而是用手指尖拿，并能握笔在纸上随意画，有的能在纸上模仿画垂直线，或自由地随着手的移动画出线条，还能够通过捏泥、折纸等来锻炼手指的灵活度。

教养策略

一是和宝宝一起玩运动游戏。宝宝在这个年龄段中身体运动能力和认知能力都有很大的提高，所以家长可以综合多方面来为宝宝设计一些游戏。如"我来喂喂小动物"的游戏，就要求宝宝具有一定的钻、跑、平衡的运动能力以及一些常识。家长先自制几个大门洞（将纸箱打开箱底和箱盖），以及一些小动物的头像，如小狗、小猫、小兔等，还有自制的萝卜、骨头、鱼等，外加几个平衡木。

一一放好后，要宝宝站在起点上，每个起点上都有小动物们爱吃的食物，宝宝顺手从筐中拿出一种食物，按照食物去选择相应的小动物，然后要自己钻过"山洞"，跑向平衡木，再走过平衡木，要求不能从平衡木上掉下来，如果掉下来就得重返起点。走过平衡木后，宝宝将手中的食物投给相应的动物，再从旁边跑回来到起点，重复进行。

家长可以充分发挥自己的想象力，综合宝宝各方面能力发展的需求，根据宝宝的特点为宝宝设计游戏。

例如，琳琳的注意力不集中，运动能力也有些欠缺，不喜欢运动，琳琳的妈妈就为琳琳设计了"营救妈妈"的游戏，为了营救心爱的妈妈，琳琳必须听妈妈的指令，拿到妈妈需要的那个物品，如红色圆形的上面带有花点的皮球。宝宝必须听仔细了才能拿对，然后要越过障碍，趟过小河（跳过一个方格）、翻过一座山（翻过沙发）等等，去营救妈妈。家长要根据宝宝的特点设计游戏，让宝宝在游戏中锻炼，帮助宝宝发展能力。

二是和宝宝一起骑车。目前市场上有很多儿童骑的电动车，但两三岁的宝宝最好练习骑脚踏车。宝宝用手握车把控制住车前进的方向，两脚轮流踏车镫而使车前进。宝宝通过练习骑车，能锻炼平衡能力，学会控制自己的身体，学会使自己的手、脚、眼协调起来，如在拐弯时身体要向哪个方向倾斜。

在刚刚开始学骑车的时候，家长可以先让宝宝试着推车，推车比较熟练后，宝宝骑车的时候就可能会在较短的时间内运动自如，好像过去会骑车一样。在宝宝学骑车的过程中，家长一定要注意宝宝的安全，由于宝宝的骨骼还处于发育时期，骨质比较柔软和富有弹性，可塑性很强，因此在买回车的时候，家长要根据宝宝的身体状况，适当地调整车的高度，以免宝宝的腿变形。由于宝宝控制车的能力还不强，还不能够在繁忙的街道或路况不好的地方让宝宝练习骑车，家长可以选择在空旷的地方让宝宝练习。除此之外，家长也要控制宝宝骑车的时间，时间不宜过长，定期地检查宝宝的车，进行适当的维护。

三是和宝宝一起折纸。折纸是一项锻炼宝宝的手指灵活性的活动，同时又能发挥宝宝的想象力，并对几何形有初步的认识。宝宝刚开始学折纸，不要对宝宝做过多的要求，就可以给宝宝一些彩色纸，让宝宝自己摆弄，或跟着妈妈学一些基本的折纸要领。

如将一个正方形对角折，折成三角形。家长可以先教宝宝一些简单的造型，如一只小狗。宝宝和妈妈手中各拿一张正方形的纸，将正方形纸对角折，折成一个大三角形，再把大三角形的两个小角向内折，做成小狗的两只耳朵，再用笔画出小狗的眼睛和鼻子后就作好了一个狗头。这样宝宝学会了将正方形纸折成三角形，又把三角形折成了狗头，宝宝从这件作品中获得了成就感，为以后学习更复杂的折纸奠定了基础。

刚开始的时候，宝宝由于手指不灵活、不协调，可能折得比较慢、不熟练，家长不必着急，更不能说宝宝笨，否则宝宝可能就会对折纸缺乏信心而不

愿学习折纸，所以应该看到宝宝进步的一面，将宝宝的作品与他自己以前的作品比较，只要每天进步一点点就可以。

在折纸的过程中，家长还可以协助宝宝，帮助宝宝将纸对折整齐，也可以帮宝宝在纸上先画出虚线，让宝宝照着虚线折。这个阶段教宝宝折纸并不是要求宝宝能折出多么精致的作品，而是注重宝宝在折纸的过程中是否愉快，是否对折纸产生了兴趣。

四是和宝宝一起捏面团。家长可以在日常生活中利用材料发展宝宝的精细运动的能力。如在包饺子时可以给宝宝一个面团，让宝宝自由操作，发挥宝宝的想象力或家长捏出形状为宝宝做示范。当家长擀饺子皮时，也可以给宝宝准备一个小棍让宝宝把面团捏圆，再用小棍把面团擀平，学着家长的样子，往饺子皮里放入馅，再用手将饺子皮捏紧。

为了使这个过程具有趣味性，家长可以和宝宝一起念儿歌"擀擀皮，和和馅。捏捏饺子剁三下。煮一煮，翻一翻。捞起饺子晾一晾，尝尝饺子香不香"，也可以鼓励宝宝大胆想象，想象饺子像什么，饺子在水里煮时又像什么等等。

除此之外，家长还可以让宝宝去做自己想做的东西，可以做成小动物，也可以做成玩具娃娃等等，将面团变成不同的东西。家长引导宝宝做一些简单的操作，如将面团揉成一大一小的面团，可以让宝宝想一想这两个面团可以做成什么。可以做成一个不倒翁，或一个雪人，或给它加上两只耳朵变成一只小白兔。

如果将面团揉成一个个的小面团，那可以做成什么呢？可以作出一串糖葫芦，可以做成一粒粒的巧克力豆等等，如果宝宝想让作出来的东西更加好看，家长可以协助宝宝给面团着色。捏面团比较安全，家长和宝宝一起捏面团能够让宝宝插上想象的翅膀，发挥宝宝的创造性，让宝宝享受这段创作过程的快乐和亲子间其乐融融的美好时光，同时也让宝宝的手指更加灵活起来。

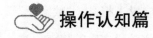 操作认知篇

发展特点

2-3岁的宝宝具有在行动中进行思维的特点，他们通过自己的操作活动来发现事物间的联系，通过具体的形象来感知数的概念。在行动中感知，在行动中思维，在行动中发现，在行动中学习。

未来的科学家——宝宝爱上拆卸与修理

3岁的烨烨很喜欢玩具小汽车，爸爸每次出差回来都会给烨烨买一辆小汽车，烨烨都高兴得不得了。烨烨一会儿推着玩具汽车在房间里行驶，钻过桌子，越过沙发，一会儿又嚷嚷着给小汽车加油。但过不了多久，烨烨的小汽车就残缺不全了。一次妈妈见烨烨在拆一个轮胎，心想这家伙又在搞破坏，好好的玩具车总这样不是少了一个轮胎，就是少了一扇门。"烨烨，你干什么呢？"妈妈问。烨烨受到了惊吓，望着那辆快被卸下轮胎的汽车哇哇大哭。过了一会儿，妈妈才知道原来烨烨是想给汽车换上一个方形的轮胎看看汽车能不能行驶。在幼儿园里，老师和小朋友一起探索得知方形的东西不能滚动，烨烨想回家试验一下。

教养策略

上例中的烨烨其实也在进行探索，探索不同形状的轮胎会不会使小汽车都行驶起来。这是一次多好的探究活动啊。面对着这一情景，家长应该试着理解宝宝、尊重宝宝，可以好奇地问："宝宝，你在干什么呢？"不要严厉地恐吓宝宝，扼杀宝宝可贵的探索欲望。家长可以参与到宝宝的探究活动中，可以提出自己的疑问，和宝宝一起探个究竟，寻找问题的答案。待寻找到答案后，要告诉宝宝要把东西复原，让宝宝养成爱惜玩具的好习惯。

作为家长，面对着这个年龄阶段宝宝的这些行为，首先要仔细地观察宝宝，问问宝宝这样做的原因。不要冒然地下结论，给宝宝贴上捣乱、"败家子"的标签。上例中的妈妈不了解探索、模仿和反抗是这个年龄段宝宝的特点。这可能是宝宝学习探究的一次机会，家长应该要尊重宝宝。

其次，家长还可以为宝宝创造探索的机会，为宝宝创设探索的条件。如家长可以在户外的阳光下和在室内的灯光下与宝宝一起游戏。当户外的天气比较好时，家长可以带着宝宝到户外活动。到户外，家长可以带着宝宝去寻找各式各样的影子，如大树的影子、烟囱的影子、房子的影子。家长还可以在太阳下作出各种手势，让宝宝猜各种手势的影子像什么，家长还可以模仿各种小动物走路的样子让宝宝跟着学，也可以让宝宝做动作，家长跟着模仿。

家长也可以和宝宝一起玩找影子和踩影子的游戏。家长可以带着宝宝在太阳底下跑来跑去，一会儿向前跑，一会儿向后跑，一会儿向左跑，一会儿向右跑，一会儿跑在大树下。让宝宝寻找影子在哪里，让宝宝去发现影子在不同情况下的位置，向左跑时影子怎么样，向右跑时影子怎么样，向前跑时影子怎么样，跑到大树底下影子又怎么样。除此之外，家长还可以领着宝宝玩踩影子的游戏，让宝宝踩家长的影子，家长可以根据宝宝跑的速度来调整自己的速度，可以限定一定的范围，家长和宝宝在这一范围内活动。在室内，家长可以和宝宝在灯光下玩影子游戏，如调节灯光的强度，让宝宝发现不同灯光强度下的影子的变化，不同材料的物品在灯光下的影子有什么不同等。

家长还可以根据宝宝的发展特点，借助具体的事物或情节发展宝宝的对数学概念的感知能力。比如，宝宝喜欢听故事，家长可以利用故事的情节来让宝宝学习计数。

琦琦的妈妈正在教宝宝数数，她拿来了一个小花猫的面具和三条鱼的图片。妈妈将鱼放在了画有水的纸上，并带上了小花猫的面具，接着给琦琦讲了小猫钓鱼的故事。一会儿，妈妈抖动了一下手臂说："快看啊，妈妈钓上了一条大鱼。"接着猫妈妈又钓上了两条大鱼,于是猫妈妈让小猫来数数今天一共钓了几条鱼。家长可以变换角色,让宝宝来当猫妈妈去钓鱼。

通过故事情节和道具来教宝宝数数,是宝宝容易接受的方法,这些直观的道具能让宝宝觉得很有趣,也能够调动宝宝的积极性。在游戏中学也是宝宝学习的方式,家长可以和宝宝一块儿玩摘苹果的游戏,妈妈可以自制几个苹果挂在一根长棍子上,让宝宝跳着去摘苹果。摘完苹果,要宝宝数一数今天收获了多少苹果。此外,家长还可以让宝宝在日常生活中去学习数数,将数数融入宝宝的生活,如吃饭时,让宝宝分碗筷;出去活动时,数数有多少台阶等等。家长可以充分利用身边的材料,挖掘身边的资源教宝宝学习数数。

 ## 社会性发展篇

发展特点

这个阶段宝宝的自我意识萌发,意识到自己和别人的不同,经常会说"我"和"不",具有以自我为中心的特点,他们思考问题的出发点来自他们自身,很难站在别人的角度来考虑问题,并很难理解别人的感受。宝宝可能还不会用语言来表达自己的内心情感,而是借助于肢体动作,在与伙伴交往时会出现一些摩擦。此外,这个阶段宝宝已经具有一定的规则意识,明白"不许"、"不能"的含义。

(一)喜欢说"我"和"不"的宝宝

2岁以后的宝宝喜欢说"我"和"不"。宝宝有了自己的需求和自己的情感后会经常说"我喜欢、我不喜欢"、"我想要、我不想要"。家长也会发现这个年龄段的宝宝经常对家长说"不",经常做家长不允许做的事情,违背家长的要求。其实这时候的宝宝已经向家长宣告自己要独立。2岁多的晨晨要自己吃饭,不要妈妈再喂饭,而露露则需要自己行走,不需要爸爸牵着等等,宝宝意识到自己已经可以自如地走来走去,可以手眼协调起来,会使用勺子,将饭

送到自己的嘴里。宝宝们觉得自己能行，自己已经长大了。宝宝们也有了自己的想法，凯凯千方百计地逃脱妈妈的阻拦，就想去沙滩上玩。

（二）这是我的玩具熊——自我意识的发展

两三岁的宝宝已经形成很强的自我意识，意识到自己不同于别人，意识到自己的需求。他们经常会说，这是我的玩具熊，这是我的爸爸，这是我的车子。"这是我的……"经常挂在宝宝的嘴边。2岁半的蒙蒙总是护着自己的玩具，一天妈妈的同事带着自己2岁的女儿晶晶来做客，妈妈拿了一个玩具熊给晶晶，蒙蒙就哭着闹"那是我的玩具熊、那是我的玩具熊"，妈妈极力地劝蒙蒙把玩具熊给妹妹玩一会儿，但蒙蒙却一个劲儿地哭闹。家长们也十分尴尬。

教养策略

针对宝宝自我意识的出现，经常会有说"不"的情况。家长应该怎么办呢？

这时候的宝宝虽然萌发了自我意识，身体也能自如地活动，渴望独立，但心理上还是需要爱和保护的。当宝宝需要独立地做事情的时候，家长可以权衡一下宝宝的能力，确保在没有危险的情况下，可以放手让宝宝做一些事情。如宝宝要自己吃饭，家长就不应该阻拦，应该夸奖宝宝真能干，如果怕宝宝把饭弄在地上，可以给宝宝少盛一些，等宝宝吃完了再盛。但如果宝宝要去玩插线板，这是有危险的，家长要立刻阻止，通过转移注意力的方式让宝宝做其他的事情。

针对宝宝出现的"什么东西都是我的"，不愿意与他人分享的现象，家长首先要意识到这是宝宝在这个年龄阶段的特点，不要夸大事情的严重性，不要与宝宝的道德水平联系起来。家长要采取一定的策略，如在上例中，蒙蒙的妈妈可以在客人来之前，先跟宝宝商量，并作出示范"一会儿王阿姨会带着晶晶妹妹到我们家来做客，妈妈请客人们喝水、吃水果，蒙蒙请晶晶妹妹玩玩具，好不好？"家长尊重宝宝，让宝宝在事先有所准备，而不是等客人来了，没有与宝宝商量就把宝宝的玩具拿给客人玩，而应鼓励宝宝像小主人一样去招待小客人。

家长还可以用游戏的方式引导宝宝，让宝宝当商店里的售货员，请晶晶当购物者，让宝宝的占有情绪以游戏的方式进行转移。

除此之外，在日常生活中，家长也要注意培养宝宝的与人分享的意识，如买回好吃的东西不是让宝宝一个人吃，而是家人一起吃，让宝宝明白东西需要大家一起分享。

其次，在日常生活中，家长要引导宝宝学会分享与合作。当宝宝拿着刚买的蛋糕要给你吃时，你也不要因为疼爱宝宝而把所有的都留给宝宝吃，应该欣然地接受宝宝的这一行为，给予宝宝赞扬，让宝宝感受到与人分享时能够带来双倍的快乐。当家里来客人时，家长也要以身作则，热情地接待来访的客人，拿出家里的食品与客人一起分享，让宝宝感受到爸爸妈妈的热情，潜移默化地影响宝宝，为宝宝树立分享的榜样。

家庭聚会的时候，家人拿着各式各样的东西来参加聚会，也可以邀请宝宝的伙伴，一起来共享大家带来的所有东西。如果宝宝不懂得将自己的东西分享给大家，宝宝也得不到其他人的东西，让宝宝获得自己想要的东西而得不到，以及不懂得分享就得不到其他人的东西的感受，以此来鼓励宝宝与其他人一同分享。

面对宝宝借助于肢体动作来表达自己的内心情感的情况，家长要弄清楚原因再对症下药。如宝宝打人的原因有很多，有时是因为要引起家长的注意。如当家里来客人的时候，妈妈和客人谈话，而忽视了对宝宝的关注，宝宝感到受了冷落，为了引起妈妈的注意，宝宝开始哭闹、打人。这时候妈妈不应责怪宝宝，应该鼓励宝宝与客人打招呼，与客人进行交流，也可以让客人欣赏宝宝的作品，让宝宝自己讲述作品是怎样做成的，这样宝宝就会觉得妈妈一直在关注着自己。

宝宝的模仿能力很强，有时候宝宝打人是模仿电视中的暴力行为，现在的一些动画片中也有很多的暴力场面，家长应该精选一些内容健康的动画片和电视节目，陪着宝宝一起观看，在观看的过程中应该和宝宝讲道理。宝宝喜欢打人有时是因为所在的家庭中有暴力行为，而宝宝受到这种不良的影响也会去模仿，所以家长也要以身作则，在家中为宝宝树立起文明礼貌的榜样。

还有可能是宝宝在高兴的时候，或是想和其他小朋友交流的时候不知道用其他的方式来表达，而是通过打人的方式来表达自己的意愿，家长也不应盲目地去指责宝宝，而是在弄清原因的基础上去引导宝宝用正确的方式和小朋友交往。除此之外，有些家长可能因为宝宝还小，当宝宝出现打人的行为时，没有及时制止，这样宝宝也会养成打人的习惯。所以家长要明白宝宝打人的意图，让宝宝明白打人是不正确的行为方式。

这个年龄段的宝宝已经萌发了规则意识，家长不要抱着"树大自然直"的心态，或是等到宝宝大了再有意识地去进行教育。习惯不是天生的，而是后天培养的，优良的习惯是宝宝一辈子的财富，只有具有优良习惯的宝宝才能走得远、飞得高。宝宝的优良习惯则需要从小开始培养。

家长不必对这个年龄段的宝宝讲大道理，而是要从日常生活中养成宝宝的优良习惯，在玩中培养宝宝的规则意识。家长可以在游戏中培养宝宝的规则意识，让宝宝遵守规则。

比如说在送小动物回家的游戏中，家长要求宝宝按照自己的指令，将小动物送回自己的家中，如把小白兔送回红色房屋中，把小狗送回黄色房屋中，把小猫送回蓝色房屋中。游戏中，宝宝做错了是正常的，家长要有耐心，允许宝宝犯错，但一定要指导宝宝将不同的动物送回各自的家中。再如在红灯停、绿灯行的游戏中，家长和宝宝各拿一个方向盘，家长说"开车啦"，可以和宝宝一起发出嘀嘀的声音，将车开走。当家长说"红灯"，家长和宝宝必须停下来；当家长说"绿灯"，家长和宝宝可以继续开车前行。等宝宝熟悉游戏规则时，可以让宝宝来当指挥，控制红灯和绿灯。通过这个游戏培养宝宝的交通规则意识。在游戏结束后，家长也要帮助宝宝养成将玩具放回原处的意识，和宝宝一边念着儿歌"小玩具，要回家，别着急，我把你给送回家"，一边将玩具放回原处。

 ## 语言发展篇

发展特点

2-3岁是宝宝语言发展的关键期。宝宝的词汇量明显增加，更倾向于用语言和家长交流。句子反映的内容更加丰富，不再仅仅涉及当前存在的事物或当前的需要，还能涉及一些当前不存在的、过去经历过的或者将要发生的事。

去"星际市场"购物

2岁之前的宝宝在玩角色扮演游戏时，可能更多的是一种模仿，模仿现在发生的事。但3岁的宝宝在玩角色扮演游戏时能用语言去描绘以前发生过的事，并表现出主题。睿睿比较喜欢去家附近的一个叫做"星际市场"的百货市场，因为妈妈经常带他去那里购物。一天，睿睿斜挎着一个包，里面装了钱包和一个购物袋，并带着一个玩具娃娃，让玩具娃娃坐在他的玩具汽车里面，并对玩具娃娃说："宝宝，作好啦，爸爸带你去市场买几条小金鱼和一个鱼缸。"于是睿睿开动了汽车，围着家里的客厅转了一圈。到达"星际市场"后，睿睿抱着玩具娃娃，找到了卖金鱼的店铺，学着妈妈的样子和卖鱼人讲价："这鱼能便宜一点吗？"讲好价、付完钱、买完鱼后，睿睿骑着车带着玩具娃娃回家了。在这个游戏中，去"星际市场"购物是游戏的主题，情节已经比较完整，而且去"星际市场"是有自己的目的的，即买鱼。从出门前背包、开车到在市场找到卖鱼的店铺、讲价付钱、回家都是同一件事情的不同部分，并且用语言表达了之前发生过的事。

教养策略

2-3岁是宝宝语言发展的关键期。家长应该为宝宝搭建语言学习的平台，建构语言学习的环境，给予宝宝丰富的语言刺激。

一是和宝宝一起做语言类的游戏。在听力方面，家长可以和宝宝一起玩辨音游戏，让宝宝听声找物。在词汇方面，家长可以和宝宝一起做"神奇的口袋"游戏，家长在口袋里放入各种各样的生活用品或学习用品，引导宝宝去在袋子里摸，当宝宝伸手摸出一个东西来时，要宝宝说出物品的名称，并简单地说出该物品的用途。

二是和宝宝一起共享美好的读书时光。书是人类进步的阶梯，书中包含着财富，阅读带给人智慧。如果家长能够在宝宝小时候陪同宝宝阅读，则给予了宝宝开启智慧之门的钥匙。和宝宝一起阅读，给宝宝讲故事，让宝宝翻书，针对一些重要内容向宝宝提问，这种方式能让宝宝感受到亲情，能够给宝宝带来阅读的快乐，能够使亲子共读成为一种享受。亲子共读也能营造阅读的氛围，让宝宝感受到家长也是爱读书的，家长给宝宝作出了阅读的榜样。

在亲子共读时，家长要观察宝宝的反应，与宝宝进行互动。由于宝宝的思维很活跃，易于联想，所以家长在和宝宝阅读时，讲到和宝宝的经历中相似的地方时，宝宝会说出自己的经历，这时候家长不要打断宝宝，而是鼓励宝宝把想说的话说出来，将自己的经历加入到正在讲的这个故事中。此外，家长还可以鼓励宝宝顺着故事的情节编故事，让宝宝自己去思考。如果宝宝预测的内容和书中的一样，则可以鼓励宝宝："你真棒，看样子你能当编导啦。"如果宝宝预测的内容和书中不一致，家长也可以赞扬宝宝："宝宝，真聪明，能想出这么富有想象的故事。"

三是和宝宝一起用语言来表演故事情节。辉辉的爸爸妈妈和姥姥就在和她一起扮演《小红帽》的故事。辉辉让爸爸扮演大灰狼，妈妈扮演小红帽，姥姥扮演外婆，并在客厅的地上撒上了一些用彩纸作好的鲜花，让妈妈拿着一个篮筐，里面放上了一个小纸盒，代表姥姥最爱吃的糕点，还不忘给妈妈戴上了一顶红色的太阳帽。这时候，音乐响起来，辉辉安排妈妈出场，并要求妈妈高兴一点儿，要跳起来，等到大灰狼出场时，辉辉要求爸爸不能笑，要像大灰狼一样凶猛。一家人就在辉辉的指导下演出了一场"戏剧"《小红帽》，辉辉作为导演，要了解剧本，还要明白用恰当的语言来表达不同的角色，将语言表达的效果发挥出来。

 艺术发展篇

发展特点

这个阶段的宝宝对色彩很敏感，对丰富有趣、色彩鲜艳的画面很感兴趣。虽然这个阶段的宝宝有一定的想象，但想象过程是没有目的的，宝宝在创作之前是不知道自己想要完成一个怎样的作品。对节奏、音响、律动表现出兴趣，宝宝的音感比较敏锐，能够随着节奏手舞足蹈。

教养策略

怎样和宝宝一起享受绘画？家长可以先让宝宝对色彩发生兴趣，让宝宝去感受不同的颜色，在房间里或户外带着宝宝感知颜色。还可以和宝宝一起玩颜色游戏，如家长拿着两种不同的染料，让宝宝看好这两种染料的颜色，然后将两种染料搅拌，让宝宝观察染料的颜色发生了怎样的变化。如果宝宝觉得有意思，可以鼓励宝宝自己去调出喜欢的颜色。

两三岁的宝宝画画是一种无意的涂鸦。家长可以采取多种形式让宝宝去感受画画，不要求宝宝画得有多好，只须宝宝大胆地去画就行。

家长可以先让宝宝感受一下物体，如可以先让宝宝看看橘子、摸摸橘子、闻闻橘子，调动宝宝的多种感官去感受橘子后，再让宝宝画出自己心中的橘

子。家长还可以先画好一部分，让宝宝观察画中缺少了哪一部分，然后再让宝宝把画补全，如画一个未画完的人脸，给宝宝一支笔，让宝宝自己去想想这个人缺少什么部位，让宝宝添上。家长还可以给宝宝画一个圆圈，让宝宝自己去发挥想象，在这个圆圈上添上几笔，能将这个圆圈变成什么。

画画是源于自己内心的感受，因此家长在宝宝画画的过程中，不要用条条框框束缚宝宝，将自己的想法、观念硬性地灌输给宝宝。让宝宝凭借着自己纯洁的心灵、清澈的双眼，用稚嫩的双手画出自己的画。家长们，让宝宝想象的天空蔚蓝一些吧，不要被迷雾所遮挡！

怎样和宝宝一起感受音乐？首先音乐从听中开始。家长可以让宝宝聆听周围美妙的声音。可以是自然界的风声、雷雨声、流水声，各种昆虫、鸟类、家禽发出的叫声；可以是各种器乐的声音、厨具发出的声音、交通工具的声音；可以是家中亲人、客人发出的说话声。

家长还可以让宝宝演奏音乐。让宝宝用小木棒敲击翻过来的桶、锅、盆、陶器以及各种能敲击出悦耳声音的用具，玻璃瓶也是不错的乐器。家长让宝宝将珠子、豆子装进瓶子里，摇一摇，发出清脆的声音，也可以让宝宝用筷子、勺子在瓶口、瓶身、瓶底上敲，可以给每个瓶子装上不等量的水，让宝宝敲击，感知不同水量的敲击声音有什么不同；让宝宝去感受不同乐器发生的声音，敲打不同的乐器，如鼓、木鱼等等。

家长可以和宝宝一起做具有节奏、律动的游戏。如家长可以和宝宝一起玩找房子的游戏，宝宝和家长随着音乐的节奏在一排排的塑料圈里走，等音乐停止，家长和宝宝都要找到一个圈站好。家长还可以让宝宝坐在自己的膝盖上，一边念有节奏的儿歌，一边使宝宝身体上下颤动，让宝宝感受音乐的节奏。

最高境界的画是来源于感受，出自于内心，是自然情感的流露。宝宝的心灵如同高山上的泉水般纯净，就让宝宝用自己清澈的眼睛画出美的感受，去涂抹出自己的七彩世界吧！

音乐能激发起人的情感，能愉悦人的心情，能激活人的思绪，能引起无限的遐想。家长朋友们，你可以不懂音乐，但从现在开始，你不必对音乐望而生畏，只要你是个积极向上、热爱生活的人，并且不想错过任何教育宝宝的良机，那么就带着宝宝走进音乐的殿堂吧，你会惊奇地发现，原来音乐离你是这样近！

Part 3

0—3岁聪明宝宝的"睡眠密码"
Fine Sleeping Is Absolutely Necessary

　　人生1/3的时间都是在睡眠中度过的，其重要性不言而喻。对处于人生起步阶段的婴儿来说，睡觉时间的早晚、睡眠时间的长短以及睡眠质量的好坏都直接影响着宝宝的身体发育和心智发展。良好的睡眠可以促进宝宝的生长发育，提高宝宝智力和体力，增强宝宝的抗病能力，而不好的睡眠将严重阻碍宝宝的生长发育和其他方面的发展。

　　"睡商"（SQ）这一概念是近年来由美国学者提出来的，主要是指一个人的睡眠质量和其智力及健康状况的比例，是反映一个人睡眠质量高低的标准。高"睡商"的人，往往拥有高质量的睡眠，能在睡眠过程中让身体和大脑得到合理的休息，促进新陈代谢，恢复体力。而低"睡商"的人则睡眠质量低下，往往有入睡困难、多梦易醒、彻夜失眠等问题，一觉醒来仍疲乏无力。还有的学者把睡商与智商及情商都看成是一个人成就完美人生所必不可少的能力。最新研究还发现，长期睡眠不足可以引起一系列的机体损坏，包括思考能力减退、警觉力与判断力下降、免疫功能低下、内分泌紊乱等。所以，家长要从婴儿时期就重视宝宝"睡商"的培养，让宝宝能睡得够、睡得好。

第一章　睡出来的聪明

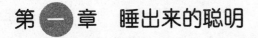

　　足够的睡眠是宝宝生长发育和健康成长的先决条件之一。宝宝在睡眠过程中氧气和能量的消耗最少，有利于消除疲劳，恢复体力；内分泌系统释放的生长激素比平时增加三倍，有利于生长发育和大脑成熟。睡眠质量好的宝宝反应敏捷、学习能力强、精力旺盛。所以，为了让宝宝更健康、更聪明，家长要细心关注宝宝的睡眠，尽早帮助宝宝养成良好的睡眠习惯，让宝宝一生拥有优质的睡眠。

 良好的睡眠是宝宝成长的"美餐"

　　睡眠是人的生存需要，也是宝宝健康成长的基本需要。俗话说，"爱睡的宝宝长得快"。这话是有科学道理的。睡眠对一个宝宝的生长发育起着至关重要的作用。为什么睡眠对宝宝来说这么重要呢？因为人在夜间睡眠的时候，大脑中的脑垂体会分泌出大量的荷尔蒙，荷尔蒙是一种生长激素，生长激素是一种由下丘脑分泌的蛋白质，可以促进骨骼、肌肉、结缔组织和内脏的生长发育，可以使宝宝的生长发育速度比清醒的时候增加三倍，可以使人体骨骼生长，宝宝就长个儿。相反，如果宝宝得不到充足睡眠的话，荷尔蒙分泌就会减少，宝宝的生长发育速度也会明显减慢，就会造成身材矮小。

研究还表明，生长激素的分泌在人体深睡一小时以后逐渐达到高峰，一般在晚上10点至凌晨1点为分泌的高峰期。专家建议，宝宝睡觉时间最迟不能超过晚上9时，一般以晚上8时前睡觉最合适。这样，既保证了充足的睡眠，又不会错过生长激素的分泌高峰期。对于处于生长发育高峰期的婴儿来说，睡眠质量的好坏更不容忽视。不爱睡觉的宝宝的身高一般低于同龄的宝宝。只有睡好了，宝宝才能够精神饱满、食欲旺盛，才能够健康快乐地成长。所以，要想让宝宝长得快，充足的睡眠是必不可少的。每一个父母都应该学会引导宝宝睡眠，培养宝宝良好的睡眠习惯，创造良好的睡眠环境，从而提高宝宝的睡眠质量。

温馨小贴士

不同的宝宝因个体差异，睡眠时间会有所不同，不能片面地横向比较，而要看睡眠时间对他的身高、智力有没有影响。最好半个月到一个月测一下宝宝的身高和体重，以后两三个月测一次（如果他还是睡得少的话），看看他与同龄宝宝相比是不是差不多。宝宝睡眠时间是否充足，生长发育状况是一个可以参考的指标。

睡眠不足影响大脑发育

睡眠对婴儿的智力发育作用重大。科学研究证实，生长素的数量和脑内蛋白质合成的速度有直接关系。生长素分泌得越多，脑内蛋白质合成的速度越快，脑细胞的功能也就越强。从婴幼儿时期到青春期前期，生长素在睡眠时的分泌最旺盛。对于学龄前和学龄宝宝而言，晚上9点至次日上午9点所分泌的生长素数量是白天12个小时的三倍，特别是在晚上9点入睡后的70分钟，可出现一个分泌高峰。这就是说，充足的晚间睡眠有利于确保大脑发育，反之，如果晚间睡眠不足，则智力水平也会相对较低。而对于婴幼儿而言，除了晚间睡眠外，还需要白天的睡眠来补充。

许多科学研究都证实了充足睡眠和智力发展的关系。有研究发现，婴儿在熟睡之后，脑部血液流量明显增加，因此睡眠还可以促进脑蛋白质的合成及婴儿智力的发育。宝宝如果睡得好，醒来时精力充沛，白天就能接收更多的信息，大脑因受到较多的刺激而得到发展。宝宝如果睡得不好，醒来时精神不好，昏昏欲睡，就不容易接受周围的事物，大脑也就失去了接受刺激的机会。

美国有一个睡眠研究所，经过反复研究发现，宝宝每晚少睡 1 小时，其智商要降低一个百分点。假设宝宝的智商是 100，如果每天少睡 2 小时，以后他的智商将会降至 98，甚至还会继续下降。法国的一项研究则发现：七八岁学龄儿童的学习成绩与睡眠时间长短有很大关系。每晚睡眠少于 8 小时的孩子，学习成绩普遍偏低。相比之下，每晚睡眠达到 10 小时的孩子，76％的成绩中等，11％的成绩优良，仅有 13％的跟不上班。相关研究还发现，即使轻度的睡眠不足也会对宝宝的大脑发育产生影响，造成认知和语言功能不健全。美国路易斯维尔大学雷切尔·瓦夫特领导的研究小组证明，如果宝宝每天睡眠不足，那么 7 天时间会使他的神经认知功能受到影响。

 用黄金理念打造优质睡眠

宝宝的睡眠质量直接影响智力发展、学习成绩乃至今后的长远发展，优质睡眠将使宝宝受益终生。那么什么样的睡眠才称得上是优质睡眠呢？作为一项最新科学研究成果的黄金（GOLDEN）理念为优质睡眠作了形象的诠释。

G（Generous）——充足的睡眠

充足的睡眠是优质睡眠的首要条件。专家建议，新生儿的睡眠总量每天应为 20 小时左右，且白天和夜间睡眠量要相等；婴儿（2 岁前）的夜间睡眠应为 12-15 小时，每日白天小睡 1-2 次，每次长度为 30 分钟至 2 小时，且从出生后第 9 个月起，应建立起稳定的睡眠规律；学龄前宝宝每晚睡眠时间应为

11-13 小时，白天不用睡觉；学龄宝宝每晚睡眠时间应为 10-11 小时，白天不用睡觉。

O（Overnight）——整夜的睡眠

整夜睡眠理念强调了夜间而非白天睡眠的重要性，即便对于婴儿，白天也不宜睡得过多。为确保夜间睡眠时间，家长在白天可以适当有意弄醒婴儿，或逗他多玩一会儿，以调整睡眠的黑白颠倒。整晚睡眠之所以重要是因为它直接影响宝宝生长素的分泌。21 点至凌晨 1 点一般为生长素分泌的高峰期，而生长素的分泌又只有在深睡 1 小时以后才会逐渐进入这个高峰期，所以宝宝如果睡得太晚，就会错过生长素分泌的高峰期，身体和智力必然也会因此受到影响。专家建议，10 岁以内的宝宝，家长一定要督促他在晚上 21 点前睡觉。

早睡的习惯应该从宝宝出生时就注意培养。家长应注意临睡前不要让宝宝过度兴奋，除了刺激性药物外，在睡眠前也要避免宝宝食用含咖啡因的食物或饮料。另外，临睡前，可以对宝宝进行睡前按摩，以缩短其入睡时间。对于年龄较大的宝宝，家长可以通过一些方法培养他早睡，例如可以通过拨快闹钟"骗"他早点睡觉。而一旦宝宝的生物钟建立起来并且稳定后，每天到了该睡的时间，宝宝就会自然入睡。

L（Lasting）——持续的睡眠

有关临床研究表明，那些夜间睡眠中断次数较多或睡眠中断时间较长的宝宝，白天活动的时候反应迟缓，对学习过的东西记忆模糊或者很难察觉周围环境的变化。因此，家长需要努力保证宝宝夜间持续睡眠的时间。为了确保宝宝睡个持续的好觉，家长可以尝试给宝宝建立一套较为固定的睡前模式：在宝宝睡前给他洗个热水澡，换上宽松舒服的睡袍；上床前 1 小时给宝宝喝杯牛奶；不要让宝宝忍饥入睡，也不要让他睡前吃较多肉类和甜食；宝宝睡觉前要让他上一次厕所；宝宝上床后，给他讲段睡前故事，同时也可以播放固定的催眠曲，如《摇篮曲》或其他舒缓柔和的轻音乐；等宝宝睡着后关好卧室的灯，此后不要再打扰他。每天按时进行这套睡前模式，有利于宝宝养成固定的睡眠习惯。

另外，对于婴儿要特别注意夜间少给他换尿布。睡眠专家们对使用传统布尿布和优质纸尿裤的两组婴儿的夜间睡眠情况进行了长期的跟踪观察后发现，使用传统布尿布的婴儿中有超过 50% 的人每晚需要更换尿布超过 3 次，42% 的婴儿每次尿布被更换后，需要 5～15 分钟才能重新入睡。而另外一组婴儿穿着优质纸尿裤，夜间被更换尿裤的次数明显减少，婴儿的夜间睡眠中断频率也随之明显减少。由此可见，使用传统布尿布是打断婴儿夜间睡眠的主要原因，家长应尽量给宝宝使用优质纸尿裤。

D（Deep）——深度的睡眠

宝宝的正常睡眠状态分为深睡眠和浅睡眠。宝宝在深度睡眠时呼吸有规则，没有任何自发性的运动，也是妈妈最喜欢看到的睡样——深沉、香甜；而在浅睡眠时呼吸不规则，而且手脚还会不时地乱动，有时还会有感觉眼睛微开、嘴巴嘟囔几句、翻身、蹬被等现象，但这些也都是宝宝正常的睡眠现象。新生儿时期，婴儿的浅睡眠和深睡眠各占 50%，我们常见到婴儿睡着时有微笑、皱眉、吸吮等动作，这就是婴儿在浅睡眠期。婴儿的浅睡眠期到深睡眠期周期很短，而且次数多，不太能分清昼和夜，特别是出生的第一个月。随着婴儿的成长和脑神经的发育完善，婴儿的总睡眠时间相应减少，渐渐养成夜里长睡、白天小睡的节律，浅睡眠期到深睡眠期的周期也相应延长，深睡眠时间占总睡眠时间的比例相应提高。

科学研究表明，宝宝深睡眠期间，脑血流量明显增加，这能促进脑蛋白质的合成和智力的发展。深睡眠阶段是宝宝学习和记忆能力发展的黄金期。这就进一步证明了前面所述的保证宝宝连续夜间深度睡眠的重要性。专家认为：12～24 个月的宝宝应一夜睡到天亮，白天小睡 1～2 次。

E（Effective）——有效的睡眠

有效的睡眠是指能够真正让宝宝身体及大脑充分休息和充分恢复的睡眠。有效睡眠的标准综合了前面提到的四种睡眠的特点，即充足的、整夜的、持续的、深度的睡眠。

N（Natural）——自然的睡眠

自然的睡眠是指遵循宝宝睡眠的自然生理规律，减少人为因素对宝宝睡眠的干扰，这是确保宝宝科学睡眠的核心。

宝宝要睡多久才合适

充足的睡眠对于宝宝的生长发育是非常关键的，因为在睡眠中，内分泌系统释放的生长激素比平时多三倍。有的观点认为，不管宝宝什么时间入睡，只要他睡眠的总量够了就可以。这种观点是片面的，除了睡眠时间总量充足外，宝宝何时入睡也很重要。入睡时间不同，深睡眠和浅睡眠所占的比例就会发生变化。入睡越晚，则浅睡眠所占的比例越多，深睡眠的比例越少，而生长激素主要是在深睡眠时期分泌的。所以，家长尽量让宝宝早点入睡，最晚不能超过 21 点。

每一个宝宝在不同的年龄阶段和不同的环境中所需要的睡眠时间都是不同的。不同宝宝的睡眠时间的长短可能差别很大。有些宝宝会一次睡很久，有些宝宝则喜欢不时地打一个瞌睡；有些宝宝睡眠十分规律，有些宝宝的睡眠则没有任何规律可循。

宝宝每天应该睡多久才科学呢？专家指出，新生儿时期，宝宝每天大约需要 20 个小时的睡眠，除了吃奶之外，几乎全部时间都用来睡觉。随着宝宝年龄的增长，睡眠时间会相应缩短。1 个月大的宝宝晚上应睡足 10 个小时，加上白天的 8 个小时，一天保证有 18 个小时左右的睡眠时间。到了两三个月的时候，睡眠时间为 16-18 个小时；4-6 个月的宝宝所需要的睡眠时间大约是 15-16 个小时；7-12 个月的宝宝，睡眠时间需要 14 个小时左右。1-2 岁的宝宝每天需要睡眠时间差不多 12-13 个小时左右。3 岁左右的宝宝一天的睡眠时间大概是 11-12 个小时。但是不同的宝宝在睡眠时间上是存在个体差异的，不能完全强求一致。有些宝宝虽然睡眠时间少，但精力旺盛，食欲良好，没有一丝困倦的表现，父母也就不必过于担心。

0-3岁宝宝睡眠时间表

年龄组	每天总睡眠时间	夜间睡眠时间	备注
新生儿	19-20小时	11-12小时	每3-4小时要醒来吃奶一次，日夜一样。
1-3月	16-18小时	11-12小时	日间醒来时间渐长。
4-6月	15-16小时	10小时	应训练晚间睡眠
7-12月	14-15小时	10小时	上下午各小睡一次，昼夜节律逐渐形成。
1-2岁	12-13小时	10小时	午睡一次。
2-3岁	11-12小时	10小时	午睡一次。

 ## 什么样的睡姿最舒服

如果你看过在幼儿园睡觉的宝宝，你会发现宝宝们的睡姿各不相同。有的宝宝仰着睡，有的宝宝趴着睡，有的宝宝喜欢侧卧，究竟哪一种睡姿更好呢？其实这并没有科学的定论，它们各有优劣。

仰卧睡姿

一般中国的父母都习惯于让婴儿采用仰卧的睡姿，因为仰卧时便于父母直接观察婴儿脸部的表情、呼吸、有没有吐奶等等，而且仰卧时宝宝的身体不受约束，非常灵活。但是仰卧时宝宝容易发生呕吐，由胃反流到食道的食物会聚积在宝宝的咽喉处，不易由口排出，较易呛入气管及肺内，发生危险，从而对宝宝的呼吸不利。另外，由于受重力影响，喉部会阻挡呼吸气流自由进出气管

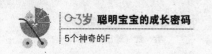

口，一旦气流阻力增大，宝宝在仰睡时呼吸就会有杂音（鼾音），造成呼吸困难，对原本呼吸就不顺畅的婴幼儿不合适。

趴卧睡姿

父母普遍认为，婴儿趴着睡容易阻碍呼吸，引起窒息。婴儿猝死综合征与趴着睡的睡眠姿势有关，特别是脸朝下的俯睡最危险。婴儿一般不会自己翻身，并且不能主动避开口鼻前的障碍物，如果枕巾、被褥堵住宝宝的鼻口，可能引起窒息。但是，也有人提出趴着睡的好处。趴着睡有助于胸廓和肺的生长发育。因为趴着时宝宝的胸部压迫床，床的反作用力正好按摩宝宝的胸廓，能提高宝宝的肺活量。这时，宝宝如果发生吐奶时，也会顺着嘴角流出，不会因呕吐物吸入气管而发生窒息。早在妈妈子宫里的时候，宝宝就保持腹部向内、背部朝外的蜷曲姿势，这是一种最自然的自我保护的姿势，宝宝在出生后采取趴着睡的姿势，会让他感觉更安全、睡得更熟，有利于神经系统和大脑的发育。但趴着睡的宝宝易窒息，特别是新生宝宝，由于头颈无力，很容易就被毛毯、被子堵住口鼻而无法呼吸。所以，不建议新生宝宝采取趴睡的姿势。如果让宝宝趴着睡，父母一定要在旁边看着。

侧卧睡姿

宝宝的身体很柔软，手脚又很短，所以不容易形成侧睡的姿势，需要用被子、枕头等靠着背部才能摆成侧睡的样子。侧卧最好采用右侧位，这样能避免心脏受压，又能预防吐奶，特别是刚吃完奶后宝宝更应右侧卧，因为胃和十二指肠的接口幽门位于右侧，所以右侧卧位可以使奶更容易进入十二指肠，不容易溢奶，有利于消化吸收。另外，右侧卧位时宝宝漾奶的话，能够从嘴角流出来，而不至于吸入气管。但是始终朝一侧睡，易发生两侧脸部发育不对称以及歪扁头，也有可能造成斜视，而且宝宝不容易维持侧卧姿态。所以，宝宝总是侧卧睡也挺累，侧卧的姿势不好保持。

专家提示，宝宝睡眠时要提防以下两种情况：

一是蒙睡。宝宝头部蒙在棉被下有两大危害：一个危害被窝内湿度较高，加上宝宝代谢旺盛，容易诱发"闷热综合征"，导致宝宝大汗淋漓，甚至发生虚脱。另一个危害可能引起呼吸困难或者窒息。

二是热睡。为给宝宝保暖，有些家长尝试使用电热毯。殊不知电热毯加热速度较快，温度也较高，会增加宝宝显性失水量，引起轻度脱水而影响健康。

因此，宝宝不宜使用电热毯。若要用也只可睡前通电预热，待宝宝上床后切断电源，切忌通宵加热。使用过程中，如果宝宝出现了哭声嘶哑、烦躁不安等表现，说明身体可能脱水，应马上给宝宝喝些白开水，通常就会平静下来。

总之，婴儿的三种睡姿各有长短，1岁以内的宝宝要仰卧、俯卧、侧卧三种姿势交替睡，每天不能总固定一个姿势。父母要根据宝宝的特点和不同情况，交替选择适合宝宝的睡眠姿势。但是，婴幼儿最好采取侧睡，以免在趴着睡时因压住口鼻而发生婴儿猝死症；或者仰睡时因吐奶而呛着宝宝。不过当宝宝睡眠时，父母也应该经常检查宝宝的睡眠状况。在宝宝还不会翻身时，父母应帮助宝宝翻身，变化姿势。在宝宝自己会翻身后，就让宝宝自己选择睡姿，使宝宝养成适宜他的睡眠姿势。无论哪种睡姿，只要宝宝感觉舒服、睡得安稳就可以。

 ## 帮宝宝养成睡眠的好习惯

忙碌了一天，爸爸妈妈想休息了，宝宝却不肯按时睡觉，爸爸妈妈岂能不烦恼？专家提醒，要从一开始就培养宝宝良好的睡眠习惯。有的家长认为，"小时候不必强调他的睡眠习惯，等入园前调整过来就行了"。实际上，0~1岁是宝宝睡眠行为形成的关键期，24小时的昼夜节律一般在1岁以内就已经确立了。但有很多父母是到自己要上班了、宝宝要上幼儿园了，才想到去调整宝宝的睡眠习惯。而宝宝的睡眠习惯一旦形成，再想纠正就比较难了。所以，最好从宝宝一出生，就开始有意识地培养其良好的睡眠习惯。

第一，制订并严格遵守固定的晚上睡觉和白天小睡的时间。

建立一个固定的睡前程序对你和你的宝宝都有好处。在你的宝宝刚出生时，决定宝宝晚上什么时候睡觉，只要观察他有没有疲倦的表现就可以知道了，比如揉眼睛、拉耳朵等等。现在，宝宝大一些了，你应该给他制订一个明确的睡觉时间，以及白天小睡的时间，调整好宝宝的睡眠习惯。稳定有序的生活习惯有利于宝宝健康成长，当宝宝能够知道接下来会发生什么的时候，他会更有安全感。要确保你的宝宝喜欢你的这些睡前程序的内容。比如，如果宝宝不喜欢洗澡，那么就把洗澡时间改在白天早些时候。如果宝宝更喜欢咬书，而不是听你读书的话，你也可以唱歌给他听。

此外，宝宝上床睡觉的时间最好是在晚上 19：00-20：00 之间。再晚的话宝宝很可能会因为过度疲倦而难以入睡。如果你能让宝宝白天的作息也保持规律，那么他晚上睡觉就会更容易些。如果宝宝每天在大致相同的时间小睡、吃饭、玩耍，以及作好睡前准备，他就会更容易顺利入睡。你也可以制订白天小睡的时间，每天在固定的时间让宝宝小睡一会儿。只要能够保证宝宝有充足的睡眠，这两种方法都是可以的。

值得注意的是，一旦给宝宝规定好上床睡觉的时间就不要改变了。即使有时候爸爸刚好进家门或者有亲朋好友来做客，也不允许宝宝多待一会儿。时间订得越明确，宝宝就越容易按时去睡觉。不要把"天黑了"当做宝宝上床睡觉的标准，因为夏天时白天比冬天长，这种说法会引起麻烦。

第二，开始形成一套固定的睡前程序。

如果你还没有这样做，那么现在就是开始建立一套睡前程序的好时机。睡前程序可以包括以下部分（或全部）内容：给宝宝洗个澡、换新睡袍准备睡觉、陪他玩一个安静的游戏、给宝宝读一两篇睡前故事、唱一支摇篮曲、亲吻宝宝道晚安。只要任何适合家庭情况的睡前程序都可以，要坚持每天在同一时间、以同样顺序完成。规律有序的生活将有利于宝宝健康成长。

第三，早上把宝宝叫醒，帮助他建立生物钟。

如果宝宝早晨过了平常醒来的时间还在睡，你最好把他叫醒，这有助于他建立起每天的生物钟。宝宝需要养成有规律的作息习惯，并通过白天的小睡补充睡眠。每天早晨在同一时间叫醒宝宝，会让他的睡眠更有规律。

第四，确保让宝宝有充分的机会自己入睡。

自己入睡是宝宝具有独立能力的体现，要让你的宝宝有机会锻炼这一重要的技能。在宝宝睡着以前把他放到床上，并尽可能不要让他养成依赖于摇晃或喂奶才能入睡的习惯，否则他在半夜醒来后很可能会哭闹，并且需要你帮忙才能再次入睡。如果宝宝哭闹，大多数专家建议父母这时要至少等几分钟，看宝宝是不是真的很难过，真的需要你的帮助。在中国，很多家长习惯于摇晃着哄宝宝入睡。如果宝宝每次都这样入睡的话，他就没有机会学习自己入睡了。你不妨试试在宝宝有困意的时候，把他放在床上，看看他自己能不能睡着。如果宝宝用哭声来反抗，在他身体健康的情况下，可以让他哭一会儿。连续几天这样做以后，他可能就学会自己入睡了。不用抱着、哄着让宝宝睡觉对很多家长来说是一个很大的解脱。

第五，让宝宝明白"时间到了"。

对宝宝讲清楚睡觉的具体时间，比如"电视剧结束后，我们就上床睡觉去"。你也可以用彩纸做一个钟，大表盘上分别标上游戏、睡觉和讲故事的时间，用指针告诉宝宝现在到了做什么事情的时间。或者，把纸钟放在闹钟旁边，纸钟的指针指向睡觉时间，当两个钟的时间一样时，宝宝就知道该睡觉了。

第六，宝宝从准备活动中获得安全感。

就像我们做运动之前要热身一样，宝宝入睡也要做些准备活动。在睡前至少一小时，不宜让宝宝进行大活动量和兴奋的活动，待宝宝逐渐安静下来后，再让宝宝自己躺在床上入睡。不要把宝宝抱在怀里哄着入睡。睡觉之前，你可以同宝宝聊聊白天发生的事情和他对明天的打算，告诉他把第二天要穿的衣服取出来，也可以在睡觉前给宝宝讲故事或做游戏。如果每天睡前都这样，宝宝会知道做完这些事就该睡觉了。

要注意创造良好的睡眠气氛，此时不宜谈论令宝宝不愉快的话题或发脾气。先做常规的睡前准备工作，如刷牙、上厕所、脱衣服等，宝宝也因此而作好了睡觉的心理准备。然后播放一些柔和的轻音乐或催眠曲，让宝宝自己选择临睡前要看的书或要讲的故事，但一定要"约法三章"，讲完一个故事就睡觉，不能破例。入睡前应将灯光调暗，待宝宝睡着后再关灯。对此，父母可在第二天早晨表扬宝宝自己入睡的行为，以促使宝宝自觉养成好习惯。

第七，尊重宝宝的某些"恋物"行为。

宝宝在熟悉的环境中会感到有安全感，更能安心睡觉。他喜欢从某种固定的程序或物品中获得安全感。有的宝宝喜欢每晚睡觉时把洋娃娃放在床上，还给它盖上黄色的毯子；还有的宝宝喜欢把机器人玩具放在身旁。

第八，睡前活动不要太剧烈。

剧烈的游戏和打闹会影响宝宝入睡，所以你要提前半小时让宝宝进行一些安静的活动，这样他才能慢慢放松下来，进入睡眠状态。你可以陪他一起看看书，讲讲故事，听听柔和的音乐。白天不要让宝宝玩得很累，这样晚上他也不容易入睡，而且睡着后往往会有遗尿的情况发生。睡前不要做剧烈活动，尽量不讲新故事、看新书，以免宝宝过度兴奋，难以入睡。

第九，睡前灯光要柔和暗淡。

柔和暗淡的灯光容易使人安然入睡，所以有必要营造温馨、舒适的家庭环境，让宝宝感到宁静和安全。

第十，饮食合理清淡。

晚饭不要吃得太多、太饱，睡前1-2小时内不要进食不易消化的食物，睡前不要喝太多水。

第十一，试着限制宝宝白天的睡眠时间，以一次小睡不超过3个小时为好。弄醒宝宝的办法多种多样：打开衣被换尿布、触摸皮肤、挠脚心、抱起说话等。

第十二，白天有规律地外出玩耍，使宝宝适度疲劳；白天睡眠时室内光线不要太暗，可适当有响动。夜间则提供较暗和安静的睡眠环境，帮助宝宝区别昼夜；夜间喂奶最好不开亮灯，说话用耳语。

温馨小贴士

宝宝夜间睡前八步曲：

一是喝杯牛奶暖呼呼。

二是刷牙洗脸洗澡澡。

三是抹些香香皮肤美。

四是妈妈按摩身体好。

五是拉屎撒尿解决好。

六是翻翻小熊和小猫。

七是还听妈妈讲故事。

八是音乐伴我入梦乡。

第二章 0—1岁聪明宝宝的"睡眠密码"

熟睡中的宝宝，睡容安详宁静，这应该是世界上最美妙的情景了。对于大多数初为父母的人来说，这也是很多时候求之不得的情景。0—1岁的宝宝要从刚出生时不分昼夜地睡觉到逐渐形成有规律的睡眠模式，这其中的过程既有对父母的挑战，也是对小宝宝成长的考验。

0-1岁宝宝的睡眠行为

新生儿的睡眠

刚出生的小宝宝没有白天和夜晚的概念。新生儿每天大约会睡20个小时左右。他通常会一口气睡上2-4小时，然后饥肠辘辘地醒来。刚开始的时候，他会不分昼夜地睡觉和吃奶。虽然小家伙仍然会在晚上醒来要奶吃，但他一次睡眠的时间已经明显延长了，有可能长达3-4个小时。同时，他醒着的时间也变长了。他逐渐建立并习惯夜间睡得多而白天睡得少。虽然有些宝宝早在6周大时就能睡整夜觉，但是大多数宝宝在5-6个月之前还不能整夜安睡。

怎样教宝宝认识白天和夜晚呢？专家认为，在宝宝2周大时，你就可以开始教他区分白天和夜晚了。在白天，当宝宝醒来的时候尽量多陪他一起玩耍，午睡时让宝宝在有光线的屋子里小睡，也不用特意减少日常的生活噪音，比如电话铃声、电视音量或洗衣机嗡嗡声。如果宝宝在需要吃奶的时候仍然在睡觉，你要揪揪宝宝的小耳朵和鼻子叫醒他，多跟宝宝说话，要让整个吃奶气氛轻松活跃。晚上，让他在黑暗、安静的房间里睡觉。睡觉前给宝宝洗个澡，换上干净的睡衣裤，让他明白夜间睡眠和白天小睡的区别。当小家伙半夜醒来吃奶时，尽量将声音放低或保持安静，不要对着小宝宝说话或唱歌，并且将灯光调暗一些。不久，宝宝就会开始意识到是晚上睡觉的时间，自然就会安安稳稳地睡觉了。

温馨小贴士

当小宝宝还在妈妈子宫里的时候，妈妈走路时产生的运动感会让他安静下来并很快入睡。所以新生儿仍然喜欢轻轻的摇晃和摆动，但不要摇得太厉害。把他包裹在包被里，同样也可以让他产生又"回家"了的感觉。

2个月宝宝的睡眠

这个年龄段的宝宝比起刚出生时的睡眠时间已经有所减少，每天平均15-16个小时，且大部分睡眠时间会在晚上。在白天，宝宝醒着的时间相对延长，不过他还是需要睡三四次觉才行。在晚上，2个月的宝宝一般还不能一觉睡到天亮，大部分宝宝还是需要在晚间吃奶的。虽然这时候宝宝的生活开始有了一定的规律，却也经常有变化。家长要顺应宝宝的变化来饮食作息，不必过早为宝宝设立规矩。

温馨小贴士

不少小宝宝刚醒来时会有一点儿哭闹，这是很正常的。在这个年龄段，当宝宝哭的时候你应该查看一下，不过你应该让他哭一小会儿（大约5分钟），他或许会自己平静下来重新入睡的。

4个月宝宝的睡眠

4个月大的宝宝的平均睡眠时间大约是每天14-15个小时，其中晚上要睡9-10个小时。白天的时候会睡三次觉，每次2-3个小时。宝宝很快就要过渡到在白天有规律地睡两次了，这样在晚上就会有更长的睡眠了，白天宝宝醒着的时间会更长。

宝宝3-4个月大时，你可能仍然要在晚上起来给宝宝喂奶。等宝宝长到6个月大时，你就可以和宝宝一起睡整夜觉了。对于4个月大的宝宝来说，建立固定的睡眠模式是十分重要的，所以要尽量保证每天的日间小睡和夜晚就寝的时间和方式都相同。这不一定严格要求宝宝，只要每天坚持就行。

但是，宝宝到底能不能睡上一整夜，还取决于他有没有养成良好的睡眠习惯和睡眠规律。

Part 2

温馨小贴士 ···

也许你的宝宝现在已经会翻身了，有可能在自己的小床里挪来挪去。你可以考虑买一个包被式的被子，否则的话他很可能会把自己挪到被子外面来，而且会被冻醒。购买前要仔细确认包被是不是阻燃材料制作的。

6 个月宝宝的睡眠

6 个月大的宝宝每天平均睡眠时间大约 14-15 个小时，通常白天上下午各一次小睡，每次约 1-2 个小时。这时几乎所有的宝宝都可以一觉睡到天亮了，宝宝已经不再需要在夜间吃奶。在宝宝还不能用语言参与到决策中来之前，爸爸妈妈还来得及决定到底想让他在哪里睡觉。坚持固定的睡眠模式可以帮助宝宝睡一整夜的好觉。

温馨小贴士 ···

在宝宝还醒着的时候把他放到床上，这样宝宝就可以练习在自己的床上入睡。如果宝宝还不肯安静入睡，就给宝宝一个他最喜欢的软玩具，这能帮助他平静地入睡。

9 个月宝宝的睡眠

9 个月大的宝宝通常在晚上会睡 11-12 个小时，并且白天通常会睡两次，上下午的小睡常是 1-2 个小时。虽然在这之前宝宝都可以一觉睡到天亮，但是在这个年龄，宝宝会在半夜的时候醒来，然后把房间里所有的人都吵醒。与以前不同的是，当他醒来以后，他就会想起你来，甚至放声大哭。如果宝宝已经习惯了在摇晃和大人的怀抱中入睡，是迁就他还是让他学习自己重新入睡就看你的决定了。如果他哭闹的话，你可以先观察一段时间，让他有机会自己平静下来。如果他哭闹得更厉害了，你应尽可能安静平和地让他安静下来；如果你还是想要他今后定期睡在自己床上的话，就尽量不要去抱起他，否则会让宝宝对此形成依赖。

温馨小贴士

当宝宝生病时，通常会睡得久一些，但不超过 1 小时。现在，一定要确保宝宝的小床围栏结实且安全，因为宝宝很快就会站着从小床上下来的。

1 岁左右宝宝的睡眠

到了 1 岁，宝宝基本上学会了走路、说话和自己吃饭，这些都让他十分兴奋，在这个时候宝宝可能想让你陪他多玩一会儿而不愿意睡觉，除非他困得打瞌睡了。他可能会逗弄你，想让你过来抱他，或者磨磨蹭蹭想多玩一会儿。但是你还是要坚持你制定的睡眠模式，因为这对宝宝以后形成良好的睡眠习惯非常有用。1 岁宝宝每晚会睡 11-12 个小时，然后在白天再睡两次，每次 1-2 个小时。

不过，每个宝宝的睡眠时间的长短是不同的。许多宝宝会选择一个他们的"最爱"帮助他们平静入睡。这是帮助宝宝学会独立睡眠的一个办法。但是，最好不要给宝宝使用安抚奶嘴，使用安抚奶嘴的宝宝到了这个年龄也应该戒掉了。

温馨小贴士

你也许会注意到宝宝下午的小睡时间比前几个月缩短了一点，也许他醒后会自己在小床里玩一会儿再叫你。在他的小床里放几个他最喜爱的玩具，鼓励他继续这么做。不过一定不要给他太大的玩具，否则他很快就会踩着玩具从小床围栏里爬出来的。

 巧选宝宝的卧具

对于婴儿来说,在一天之中大多数的时间是在床上度过的,即使宝宝到了3岁,每天的睡眠时间也在12小时左右。所以,宝宝的卧具是否合适,对他的生长发育具有很大的影响。

床

刚出生的婴儿可以睡在摇篮里,3个月以后要考虑宝宝的骨骼发育情况,尽量让宝宝睡小木床比较好。专为儿童特制的木床,其硬度一般比较适合儿童的骨骼发育。太软的床则容易加重婴儿脊柱的弯曲度,容易形成驼背或侧凸畸形。床垫的大小应与床的尺寸大致相同,这样宝宝的手臂、腿部或头部才不会陷入边缘的缝隙中。婴儿的小床应该有护拦,以防婴儿摔出来。护栏的高度如果低于婴儿身长的2/3时,就要注意防止宝宝爬出。为婴儿准备的小床的护栏要相对密一些,因为稀疏的木栅或金属栅有可能卡住婴儿的头、胳膊、腿等部位。宝宝能够爬出护栏时,就需要换更大的床或调整床的尺寸了。

宝宝床应该紧挨着墙或在离墙50厘米左右的地方放置,避免宝宝跌落后夹在墙和床之间而发生窒息。床下地面可铺上毯子等软垫,以防宝宝跌落时碰伤头部和身体。

褥子

婴儿的小褥子最好使用白色或浅色的棉布做罩,以便于及时查看宝宝的大小便颜色。褥子应用棉花填充,有人认为用腈纶棉易洗易干也未尝不可,但是纯棉的通气性和舒适保暖性更好一些。小褥子上不要再放塑料布,一是防止婴儿翻动时塑料布蒙住他的头;二是防止塑料不透气,使婴儿出现红臀等情况。家长还可以给婴儿再准备一些软软的小棉垫,当婴儿尿湿后及时更换。

枕头

3个月以内婴儿的脊柱还没有形成自然弯曲，因此可以不用枕头。这样可以使婴儿的头部自然下垂，并且触及床面，颈部和下巴能够自然完全伸张，呼吸道因此不会受压。3个月后，由于婴儿的颈部开始向前弯曲，胸部逐渐向后突出，因此用枕头将婴儿头部垫高，使颈、肩和胸部处在同一水平上。在天气比较热、宝宝穿得比较少的时候，将纯棉的大毛巾对折，就可以当做宝宝的小枕头了。婴儿的枕头中央最好有根据头形设计的凹陷，这样符合婴儿头后部较凸出的特点。但要随着婴儿的成长，及时调整枕头的高度。在天气比较冷、宝宝穿得比较多的时候，枕头较适宜的高度为3~4厘米，还应该根据宝宝具体的情况来调整枕头的高度。父母在为宝宝选择枕头的时候，最好选择形状扁小的，枕头的长度最好与宝宝的肩膀同宽。枕头外面应该是纯棉软布，里面最好选择轻便、柔软的枕芯，也要注意透气性和吸湿性。千万不要选择过硬的枕头，宝宝这个时候的囟门还没有长好，过硬的枕头可能会使宝宝的小脑袋变形。

给婴儿枕头选择枕芯也有学问，枕芯质地应柔软、轻硬、透气、吸湿性好。可选择秫草籽、灯芯草、蒲绒作为充填材料。农村常用的荞麦皮也是很好的填充物，千万不要用泡沫塑料或腈纶、丝棉做填充物。枕套可选择全棉布制作。

温馨小贴士

我国民间习惯使用小米、高粱甚至绿豆为婴儿填制枕头，认为这样可以使头骨长得结实。这些枕头都很硬，为的是让婴儿将头睡平，脑袋的外形长得更美观。其实，这种做法并不利于宝宝的发育。婴儿的颅骨可塑性大，囟门和颅骨缝尚未完全闭合，长期使用过硬的枕头容易造成头颅变形，使脑袋扁平，或一侧脸大、一侧脸小，影响外形美观，甚至会影响脑部发育。此外，过硬的枕头还会影响婴儿的睡眠质量，长期睡在硬枕上，婴儿的脑后头发会由于磨擦而出现一圈秃发，这种枕秃并不一定是由于婴儿缺钙的原因引起的。

被子

小被子是宝宝盖身保暖的重要卧具，被套应选用保护宝宝柔嫩肌肤的100% 纯棉面料制成，它能给宝宝提供温暖舒适的睡眠空间。新生儿因为体温控制力还不强，必须格外注意保暖。

小被子的里和面应选择柔软、通气、吸汗性能好的材料，如浅色的全棉软布或全棉绒布做里，内衬新棉花。被子要根据婴儿的身长而特制，太长太大不仅盖起来沉重，妈妈抱起时也会拖拖拉拉很不方便。特别是在婴儿会翻身后，被子太长还容易裹住婴儿而窒息。所以，婴儿的小被子应隔一段时间后适当加长、加宽。被子不必太厚，太厚则会在换尿布时反而易使婴儿受凉，可做一两床稍薄的贴身盖，再做一床稍厚的，为宝宝更换。

宝宝稍大一点儿后，和大人的保暖需求基本是一样的。如果觉得宝宝湿乎乎的，满身是汗，就可以减少盖的被子。同时还应注意保持被褥清洁，每周最少晾晒两次，每月最少拆洗 2~4 次；厚薄应随季节不同和室内的温度变化而及时调换。

衣物

宝宝的皮肤比较稚嫩，贴身穿的小睡衣应该选择质地柔和的材质，应柔软舒适、干净卫生、透气性好、吸汗，最好选用柔软的纯棉制品。新买来的衣物和用品最好用清水洗一遍再穿。宝宝睡觉时要选择穿稍微宽松肥大的睡袍。

由于宝宝要经常换尿布，睡觉时最好穿容易换尿布的衣服。有很多地方的习俗是给婴儿裹"蜡烛包"，即将宝宝裹起来睡觉，这是很不科学的。这样不仅使宝贝感觉不舒服、烦躁、睡眠不安宁，还可能影响血液循环，甚至影响宝宝的生长发育。有时妈妈觉得给宝宝穿得挺多的，可宝宝的小手还是凉凉的，这可能是衣服穿得太紧，影响了血液循环。

为宝宝营造良好的睡眠环境

正常情况下，宝宝睡眠时应该是安静、舒坦，头部微汗，呼吸均匀无声。有的家长以为只要安静就能让宝宝安稳睡眠，其实这只是一个方面。良好的睡眠环境对宝宝的生长发育非常重要。环境不当，宝宝则无法安眠。那么，怎样给宝宝创造一个良好的睡眠环境呢？

首先，室内空气新鲜。由于宝宝正处于生长发育的旺盛时期，大脑细胞发育所需要的氧气相对比成人多。所以，宝宝的卧室中要保持空气新鲜，最好开窗通风，但要避免对流风以免宝宝伤风感冒。即使在冬季，也应该时常打开门窗通风换气。另外，成人不要在卧室里抽烟、喝酒或喷洒味道浓烈的香水、空气清新剂等，以免影响宝宝的睡眠质量。

其次，宝宝的睡眠环境要相对安静。大多数婴儿在睡觉时能够习惯家人的谈话声、笑声以及适当的电视机和音响的声音。所以，只要环境不是特别嘈杂，没有突发的尖锐噪声，婴儿的睡眠一般不会受到影响。如果宝宝从小习惯于在过分安静的环境中睡眠，那么反而一点儿响动都可能把他惊醒。因此，家长可以在宝宝睡眠的时候，用小音量播放一些轻柔优美的音乐，一方面可以促使宝宝安然入睡，同时也能锻炼宝宝在周围有轻微声音时睡得安稳。

再次，宝宝睡觉时需要柔和的光线。在白天，家长要把窗帘关好，晚上最好熄灯。虽然宝宝会因为害怕黑夜而不敢入睡，但是如果宝宝长期在亮光下睡觉，可能导致睡不安稳，睡眠时间缩短，影响生长发育的速度，同时还有可能使宝宝分不清白天和黑夜，打扰正常的生活秩序。

最后，宝宝的睡眠还需要舒适的温度，那就是20℃-24℃的温度。新生儿卧室的室温在18℃-22℃为宜，太冷、太热、太干燥或有蚊蝇叮咬，宝宝都不能安稳入睡。过于干燥的空气会使宝宝的呼吸道黏膜变干，抵抗力下降，

也可发生呼吸道感染，故需注意保持室内一定的湿度。宝宝居住的环境，湿度保持在 50%～60% 为佳。如有空气加湿器更好，冬季时也可在暖气片上放些干净的湿毛巾，夏季时地面上洒些清水。

值得注意的是，宝宝的睡眠用品要舒适，盖的东西要轻、软、干燥。被褥、枕头要清洁舒适，被褥应每 1～2 周晾晒一次，床单每 1～2 周清洁一次。如果室内温度不合适、被褥太厚等，都会使宝宝感觉不舒服而哭闹。

宝宝睡觉时，父母大都习惯轻手轻脚，生怕惊醒了宝宝，其实大可不必。婴儿一般都具有适应外界环境的能力。宝宝的睡眠环境不能太安静，否则以后有一点儿声音就会影响宝宝的睡眠。

事实上，想将宝宝的睡眠完全处于安静的环境下几乎是不可能的，也完全没有必要。

宝宝在妈妈肚子里早已习惯了有声音的环境。宝宝在妈妈腹中的几个月间，时常都会听到某些声音，如妈妈的心跳声、妈妈肚子的咕噜声、妈妈的话语声等等。这些声音就像宝宝的成长曲，陪伴着宝宝来到世界上。现在，可能会因为少了这些背景声音而使宝宝难以入眠。这时，你可以轻轻地哼唱，放一些柔和的音乐等。在这些有声响的环境中，宝宝可能睡得更香。所以，新妈妈所要做的是，通过细心观察，了解什么样的声音以及多大的音量是宝宝可接受的，并仔细观察宝宝对各种声音的反应，采取一些必要措施。例如你发现宝宝在睡梦中很容易因为某一些声音而惊醒，那就尽量控制这些声源，如电话铃和门铃等。

独睡还是和父母一起睡

宝宝一般都喜欢偎依在妈妈怀里入睡，妈妈也许会觉得这样才能让宝宝感受到母爱。但是，和妈妈一起睡真的就是爱宝宝吗？

专家认为，在新生儿时期，妈妈正是身体需要恢复的时候，母婴同床可以使妈妈在床上为宝宝换尿布、喂奶等更方便，并且还可以增加母子亲情。但是专家提醒，母亲是成人，呼吸比较深，肺活量比较大，一次吸进的氧气比较多，呼出的二氧化碳也比较多，在小的环境内，宝宝吸入的氧气就相对较少，易造成缺氧，从而影响宝宝的睡眠和大脑发育。另外，母婴同床睡时，母亲的动作也可能影响宝宝的睡眠。还有更可怕的是，母亲太累了，喂奶的时候自己睡着了，容易压着宝宝，给宝宝带来生命危险。

因此，专家建议从宝宝一出生就应积极地鼓励他独自入睡，并养成习惯。即使是新生儿，也不应与妈妈同睡一个被窝。长期母子同床会令宝宝出现一种"恋母"心理，到了幼儿园甚至上小学的年龄，与妈妈分离还会感到很困难。所以，在家庭条件允许的情况下，给宝宝专门备一个儿童床，放在母亲的床旁边，这样母亲比较方便，同时不影响宝宝的睡眠，并且有助于宝宝建立归属感及安全感，养成他独立而不依赖家长的习惯。

培养宝宝独睡习惯一般从1岁开始，因为此年龄段的宝宝入睡较快，并有了一定程度的自主意识。宝宝到3岁以后可单独睡一个房间，因为3-4岁宝宝的独立意识开始萌生，这样做对培养宝宝心理上的独立能力及日后适应社会的能力很有好处。利用这些特点鼓励宝宝独睡，宝宝较易接受。家长让宝宝独睡时应该和宝宝讲清楚分开睡的原因，表明宝宝已经长大了，而不是爸爸妈妈不再爱他了。

同时，要为宝宝布置一个舒适、温馨的睡眠环境，让宝宝充满新鲜感。值得注意的是，培养宝宝独睡的过程也要循序渐进地进行，才能保证宝宝形成独睡的习惯。

此外，如果父母睡前能给宝宝唱唱儿歌、说说童谣、讲讲故事，也会增进亲子感情，有益于宝宝的智力发展。

让宝宝独睡，培养宝宝的独立品质，是宝宝成长过程中重要的发展目标。在一定的时候让宝宝学会独自睡觉，是父母的职责，也有利于宝宝身心的健康成长。

温馨小贴士

1. 给宝宝买一个棉布小动物玩具，或者把他自己喜爱的一个小枕头给他，让宝宝可以抱着自己的这些"最爱"安然入梦。

2. 如果宝宝独自睡着，却在夜里啼哭，你应该赶快来到他的身边，让宝宝知道他是安全的。

3. 给宝宝寻找独睡成功的榜样。家长可以当着自己宝宝的面，询问别人的宝宝跟谁睡，并表现出惊喜的样子说："你真行！一个人睡一个房间，好勇敢啊。"再带着宝宝参观一下小房间和小床，赞美小床柔软、房间漂亮等。

4. 如果宝宝第一次成功地在夜里独睡，父母可以给他一个小奖励作为鼓励。如果宝宝在夜里又要到父母的床上睡，不要责备宝宝，也不要因为惊讶而高声叫喊。要平静地把宝宝带回他自己的床上，帮他盖上被子，陪他一会儿，让他感觉到安全。

5. 当宝宝年龄稍大，在替宝宝选购睡眠用品时，尽量让宝宝自己选择他喜欢的款式和花色，同时还应该让宝宝自己决定如何布置他的房间。

让宝宝有机会自己入睡

有专家建议，宝宝长到6~8周时就开始让他自己入睡。美国费城儿童医院睡眠障碍中心副主任、宝宝中心美国网站睡眠顾问、《整晚安睡》一书的作者之一朱迪·明德尔的建议是：在宝宝困倦但还清醒的时候就把他放到床上。在中国，很多父母都习惯于拍着、抱着让宝宝睡，睡着后再把他放到床上睡。但是，明德尔不建议摇晃着哄宝宝入睡，或让他边吃奶边入睡（即使在6~8周这个阶段）。明德尔认为，宝宝正在学习建立他们的睡眠习惯。如果父母在最初的8周里每晚都是摇晃着哄宝宝入睡的话，那么宝宝长大以后也会习惯要用同样的方式才能入睡。这就意味着，在以后的日子里，哄宝宝睡觉就会成为家长每天要执行的一项"艰巨"任务了。

在美国和英国，如果宝宝不能自己入睡，有些爸爸妈妈会采用一种所谓"哭出来"的方法，也就是在宝宝有困意时，把宝宝放在床上，让他自己入睡。如果他开始哭，就让他哭一阵，但坚决不能将宝宝抱起来哄他入睡。这种方法很有效，宝宝会连续几天在入睡时哭闹，以后便逐渐养成安安静静地自己入睡的习惯了。

那么怎样才能帮助宝宝自己入睡呢？当你准备让宝宝自己入睡时，你要问自己：这样做宝宝觉得有安全感吗？你和宝宝间的亲密与信任关系是让宝宝自己入睡的前提条件。此外，还要注意循序渐近地培养宝宝自己入睡的习惯，家长千万不能因一时心急而给宝宝的心理带来不良影响。

所以，如果想让宝宝服服帖帖地独睡小床，以下的准备和技巧是不可少的。

第一，在睡觉前的1.5-2个小时，宝宝需要你和他一起安静地度过。睡前过度兴奋或过度疲劳，都可能给宝宝入睡带来困难。

第二，家长在宝宝似睡非睡的时候，把他放在小床上。否则，宝宝中途醒来发现和入睡时的情景不一样会感到害怕而啼哭。

第三，开始的时候，宝宝可能会哭着反抗。你可以轻轻地将他的被子盖好，过两三分钟去看看他，这样重复几次，每次你返回去看他的时间逐渐从3分钟延长至5分钟、7分钟……直到他自己睡着为止。

0-1岁聪明宝宝睡前亲子游戏

亲子游戏不仅有利于促进宝宝智力的发育，还能密切亲子关系。在游戏的过程中，宝宝会感受到爸爸妈妈是爱他的、理解他的，知道他需要陪伴，给他安全感。睡前安静的亲子游戏，不但可帮助宝宝早点进入梦乡，更有利于密切亲子关系。

6个月大的宝宝是建立亲子关系的高峰期，亲子游戏则是建立亲子关系的媒介，一旦错过高峰期，再想和宝宝建立关系，则要花上更多的时间，并且不一定能达到良好的效果。

睡前儿歌（3个月的宝宝）

睡前，家长轻柔地对宝宝说一些爱的话语，非常有助于宝宝入睡。

玩法：家长可以说："晚安，我的宝贝。"或者"睡吧，睡吧，睡吧小宝宝。"当家长说话的时候抱着宝宝，抚摸宝宝的脸和手。当家长把宝宝放进床里的时候，继续说并不断抚摸。

家长轻轻前后摇晃宝宝，同时轻柔地说出儿歌：可爱宝宝，妈妈抱抱；亲亲摇摇，摇摇亲亲，一起来睡觉。

优点：有利于宝宝节奏感的培养，使宝宝在妈妈甜美的儿歌和睡前节奏中入睡。

月亮上的人（6个月的宝宝）

玩法：抱着宝宝一起看月亮。当你指着月亮的时候说："月亮。"当你给宝宝朗诵下面的儿歌的时候，强调"月亮"这个词。

一个人站在月亮上，从上向下看，他说："地球上的宝宝，现在都想睡觉了。"夜晚静悄悄，夜晚静悄悄，宝宝睡大觉，宝宝睡大觉。当你说"夜晚静悄悄"和"宝宝睡大觉"的时候，抱着宝宝走到床边。你把宝宝放在小床上，还要不断地重复这些话。

优点：把月亮、夜晚和睡觉联系起来，提高宝宝的观察力、记忆力，有利于宝宝安静入睡。

婴儿按摩操（9个月的宝宝）

玩法：洗完澡后即可进行，妈妈先倒些按摩油在宝宝手上，让他感受不同的触觉，接着帮宝宝按摩身体，妈妈可和他玩认识身体的游戏，边按摩边对宝宝说："头在上面，脚在下面，这是左手，这是右手。"按到哪里就说出该部位的名称，并告诉宝宝："这是肚子，这是小屁屁，哈哈，妈妈摸到你的肩膀喽！"

优点：按摩的过程可让宝宝练习运动自己的肢体、促进手部动作。按摩操能促进宝宝对自己身体的感觉，给宝宝充分的触觉刺激，而且可更加密切亲子关系。

温馨小贴士

需要提醒家长的是，在19:00-21:00这段时间，宝宝的警觉度与活动力都会渐渐地缓和下来，因此游戏一定不能太激烈，要通过游戏让宝宝安静下来。

第三章 1-2岁聪明宝宝的"睡眠密码"

1-2岁的宝宝由蹒跚学步到独立行走，活动范围逐渐增大，活动量也随之增多，身体需要充分地得到休息。但宝宝的大脑还没有发育完全，容易兴奋，也容易疲劳，所以睡眠对于宝宝来说仍然非常重要。

 ## 1-2岁宝宝的睡眠行为

这个年龄的宝宝一般每天需要13-14个小时的睡眠，每天小睡1-2次，每次1-1.5个小时，夜里至少保持睡够10个小时。不同的宝宝需要

的睡眠时间也不一样，所以你必须弄清楚最适合宝宝的睡眠时间是多长。

但是，对于1岁半的宝宝来说，生活实在是太有趣也太紧张了。睡觉是他最不愿意做的一件事情，也许还会跟你吵闹。这时，你要注意在宝宝入睡前0.5~1小时让他安静下来，睡前不要玩得太兴奋，坚持你为宝宝制定的睡眠程序，让宝宝按时睡觉。

不同的宝宝需要不同的睡眠时间。不过总的来说，2岁宝宝每天需要12~13个小时睡眠。通常，宝宝会在晚上睡10小时，或许会在下午睡1~2小时。

2岁宝宝有时会尝试挑战常规，主要是想测试一下爸妈是不是一定认真地让他去睡觉。关于睡觉前的争执在这个年龄段仍然常见，宝宝既不愿意离开你，也不愿意结束让他兴奋的一天。该怎么办呢？继续坚持你为宝宝制定的睡眠时间和睡眠准备，这不仅能让宝宝安然入睡，还能培养宝宝良好的睡眠习惯。

睡眠时间到了，如果宝宝拒绝上床睡觉，你一定要态度坚决，在睡眠上要坚持原则。

下面这些方法可以帮你更加顺利地让宝宝入睡：

一是晚饭后让生活节奏慢下来。这样可以比较容易地过渡到睡眠时间。如听听故事、音乐或做一些安静的游戏，此时千万不要让宝宝到处跑了。

二是让宝宝上床睡觉前的活动尽量简短。洗澡、刷牙、上厕所，这些活动不应该超过半小时。如果时间延长一点的话，宝宝又会开始兴奋起来，而你就又要开始劳累了。

三是注意作好睡前准备。这个年龄的宝宝活动量大，为了晚上睡得好，身体充分得到休息，作好睡前准备很重要。比如不要在睡前剧烈活动，不要讲新故事或看新书，以免兴奋过度而影响睡眠质量；洗一个热水澡，时间不要太长，10分钟即可；另外，还要嘱咐宝宝睡前排尿排便。

四是给宝贝换件宽松的睡袍。这样，不仅可以让宝贝感到宽松、舒服，同时睡袍会成为晚上睡觉的标志物，对促进宝宝形成良好的睡眠习惯有好处。

如果宝宝睡觉时还在床上用奶瓶吃奶或含着奶嘴，那样对宝宝的牙齿和耳朵都不好。此外，一旦宝宝养成这个坏习惯，那么他会一直需要奶瓶和奶嘴才能入睡，即使是在半夜醒来后也是这样。如果在此之前你没有下决心的话，现在是帮宝宝改掉这个坏习惯的时候了。

温馨小贴士

在宝宝的床上放一本书或一件不会发声的玩具，在宝宝醒后可以自己玩一会儿。这时，如果宝宝早醒了可能会不再入睡。他还不能够理解 "起得太早了"，不过你可以告诉他要在自己的床上待到能看到窗户外面开始有光线或者直到你对他说 "早上好"（或者其他的一些早上起床的特定信号）。

 帮宝宝建立固定的睡前程序

夜深人静时，父母大都希望看到宝宝安详熟睡的样子，香香的、甜甜的，让人顿生怜爱之情。良好的睡眠对宝宝的生长发育非常重要。那么，怎样才能使宝宝拥有甜美的睡眠呢？专家认为，帮宝宝建立一套固定的睡前程序非常重要。

虽然你已经建立了一些睡前程序，包括给宝宝洗个澡、陪他玩一个安静的游戏、给宝宝作好上床睡觉的准备、为他读一两篇睡前故事或唱一支摇篮曲，你都要确保每天在同一时间、以同样的顺序进行。婴儿天生是喜欢秩序的，如果从出生开始就为他们安排一套完整的睡前准备程序，那么他们会感到很舒适并乐于配合。当你的宝宝意识到这种一致性时（其实，宝宝喜欢自己能够意料到的程序和安排，而不是毫无目的、没有计划和规律的生活），宝宝接受起来会更容易和自然。这一套睡前程序也是一种信号，告诉宝宝该准备上床睡觉了。

一是给宝宝营造良好的睡眠环境。宝宝睡眠时的室温最好在 20℃左右，不要有强烈的光照，被褥不要太软，而且透气性要好，再摆放一些宝宝平时喜爱的玩具在他身边以让他安稳入睡。

二是按时睡觉。专家建议，宝宝入睡时间最好别超过21时。儿童身高与生长激素的分泌有着重要关系，而生长激素的分泌有其特定的节律，即人在进入慢波睡眠（深睡）1小时以后逐渐达到高峰，一般在22时至凌晨1时为生长激素分泌的高峰期。宝宝睡眠要有规律，不能等到疲惫不堪之后再准备入睡。因此，你如果希望宝宝长得高，宝宝睡觉时间最迟不能超过晚上21时，使宝宝尽快进入慢波睡眠，别错过生长激素的分泌高峰期。

三是睡前提早1小时进入睡眠准备状态。在睡前至少1小时要调整好宝宝的情绪，不要让宝宝进行兴奋的活动和看电视，然后进行刷牙、上厕所、脱衣服等睡前固定程序，宝宝也因此而作好了睡眠的心理准备。同时，家长播放一些柔和的轻音乐或催眠曲，让宝宝自己选择临睡前要看的书或要讲的故事。入睡前应将灯光调暗，待宝宝睡着后再关灯。

家长不要让宝宝睡前太兴奋，如果宝宝在睡觉前有一个习惯性的哭闹前奏，不要急于使宝宝入睡。父母应该平时留心，掌握宝宝的睡眠习惯，帮助宝宝建立起一个良好的睡眠反射习惯，在哭闹前奏开始之前就可以作准备，逗他笑，让他心情愉快。然后才可以帮宝宝脱衣服。

四是合适的室温、厚薄适中的被褥、宽松的衣服。室内温度太冷太热，衣服穿得过紧过多，或者被子太厚，都会使宝宝觉得不舒服，影响睡眠质量。

五是饮食要正常，睡前不要让宝宝过饱或饥饿。太饱或太饿，宝宝都会睡不踏实。很多妈妈看到宝宝哭醒会以为宝宝饿了，然后就给宝宝喂奶，这不是一个好的习惯，更不要过早给宝宝补钙、补营养品。只要坚持平衡膳食的原则，如每天吃1-2杯牛奶或配方奶粉，加上蔬菜、水果、豆制品中的钙含量也可足够满足人体所需，不必另外再补充钙片。

意大利科研人员研究发现，睡前给宝宝喝一杯温牛奶，可以帮宝宝顺利进入梦乡。牛奶有镇静安神的作用，可以提高宝宝的睡眠质量。意大利热那亚市女研究员罗塞拉·阿瓦洛内曾撰写一份研究报告说，人们日常食用的牛奶等食物，其中含有一定数量的起镇静安神作用的物质。阿瓦洛内也认为，除牛奶外，大豆、谷类等食物也具有显著的安神功效。因此，睡前给宝宝喝一杯温牛奶可以帮助宝宝较快进入梦乡。

六是给宝宝洗个澡。在宝宝睡前半小时，给他洗温水澡，做全身按摩，使血液流向躯干与四肢，使宝宝较容易入睡。将宝宝的身体打湿，用掌心轻轻揉搓至全身，直至身体微微发红，但力度不能太大，也不能太轻，沐浴露可以隔天用一次，用清水冲干净后涂上润肤露，取一块大毛巾将宝宝全身包住，擦干后放进睡袋里。整个过程要快，室温调节在大约25℃左右。

七是宝宝睡着前别离开。宝宝躺下后，父母不要立刻走开。在光线昏暗的房间里，父母用轻缓的声音和他说话、唱歌、讲故事等，舒缓宝宝的情绪，有助于宝宝入睡。如果妈妈在宝宝闭上眼睛后就马上起身去做其他事情，而这个时候很有可能宝宝并没有真正睡着，你一走开宝宝就醒了，这样几次后，你就发现宝宝更不容易睡着了。正确的做法是，看见宝宝闭上眼睛，将刚才进行的活动延续一会儿。然后不妨坐在宝宝身边找本书看看，过一会儿再离开，这样可以和宝宝之间建立起足够的信任感，让宝宝知道他是安全的。

 陪伴宝宝睡眠的"小伙伴"

通常宝宝睡觉的床上有很多自己的"小伙伴"，如安抚奶嘴、玩具、毛巾等。目前对于安抚物，人们并不讨论是否要使用的问题，而是讨论用哪种安抚物比较好一些。

有的宝宝不吃奶嘴就睡不着觉，形成了条件反射，只有吃奶嘴才能够入睡。事实上，吃奶嘴对小孩的口腔发育不利。如果总吃奶嘴，会引起宝宝牙齿排列不齐，两个上门牙往外凸，影响美观。宝宝大了之后会影响他的自信心，对他的心理健康产生影响。如果宝宝吃奶嘴现象非常厉害，一直吃到3岁，给

宝宝带来的伤害会更大。儿科口腔医生认为长期使用安抚奶嘴会影响宝宝上下牙之间的开合，影响宝宝牙齿的美观。

其实，安抚奶嘴这些"助睡"方法是你而不是宝宝自己想出来的。短时间内，这些方法好像效果很好，其实它妨碍了宝宝学会自己入睡。比如毛绒玩具，如果体积较大的话，容易让宝宝睡觉时窒息，大一些的宝宝可能借助这些东西爬到床外。毛绒玩具、毛巾这类物品很容易滋生细菌，1岁内的小宝宝又很爱舔咬东西，当然就很容易吃进脏的东西。

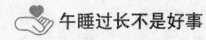

午睡过长不是好事

有些家长认为，白天能让宝宝多睡点觉正好可以弥补晚上的睡眠不足，尤其是应该让宝宝养成午睡的好习惯。睡过午觉后，宝宝不会有精神疲倦、烦躁不安的表现，吃饭也香，能为下午和晚上的活动储备充足的体力和精力。所以，宝宝一定要睡午觉。1岁以下的宝宝通常要睡2次午觉，到了1岁以后，宝宝就只要睡一次午觉了。但是，午睡过长不是好事。有研究发现，午睡过长不仅会影响宝宝晚间的正常睡眠，而且会削弱他的大脑活动，影响其心智发展。

美国南密西西比大学的约翰·哈斯和他的同事在对738名2-12岁宝宝的睡觉习惯进行调查后得出结论：白天午睡的宝宝，夜里入睡时间会推迟39分钟，到周末会推迟得更晚。这些宝宝晚上会觉得较难入睡，睡眠质量不好，早上起床也很费劲。

一定年龄阶段的宝宝需要的睡眠时间差不多是固定的。宝宝睡够了自然不再有睡意。有些宝宝夜里睡眠少的原因也不难发现，可能是因为他们白天午睡过长；如果这些宝宝需要较长时间的午睡，可能是他们夜里睡眠少的缘故。因此，如果宝宝午后困倦，午睡一定要适度，不要影响晚上的正常睡眠，以免形成恶性循环，影响心智健康。为避免宝宝晚上不肯上床或早睡睡不着，满周岁之后，白天午睡时间不宜超过3个小时。

使宝宝拥有良好的午睡习惯，家长还应注意以下几点：

一是要坚持午睡。父母应当给宝宝规定一天的作息时间，使宝宝吃饭、睡觉、活动都按一定的时间进行，这是培养宝宝良好生活习惯的重要条件。规定的时间经过多次反复形成条件反射。这样坚持下去，到午睡的时间宝宝就会产生睡意，并慢慢养成自动入睡的习惯。

二是要用正确的方法安排宝宝午睡。到午睡的时间，你可以提醒宝宝"该午睡了，睡醒再玩"，使宝宝形成一种概念，即午睡和吃饭一样，是一天生活中不可缺少的内容之一，而不是可做可不做的事情。在宝宝做得好时，要及时鼓励。

三是要为宝宝创造良好的睡眠环境。新鲜的空气是使宝宝很快入睡的重要条件，室内温度不宜过高。

四是要合理安排睡眠时间。午睡时间不能过长，以免影响夜间的睡眠。一般1-3岁的宝宝白天睡2个小时左右为宜，夜间睡10-11个小时，共睡13个小时。

怎样应对"夜哭郎"

有些宝宝在夜间熟睡时会突然惊醒，两眼直视、表情紧张、大声喊叫啼哭却唤不醒，几分钟后复又入睡，使年轻的父母惊慌不安，不知所措。由于宝宝的大脑神经系统发育不成熟，控制能力较差，导致睡觉时易出现夜惊等现象。随着年龄的增加，这些现象就会慢慢减少。但是，经常夜哭不仅会使宝宝睡眠不足而影响其生长发育，也影响到家人的休息。宝宝一般不会无缘无故地哭，引起夜惊啼哭的原因很多。所以，宝宝夜哭要引起家长重视，首先要静下心来，认真仔细地进行观察，分清宝宝夜哭的原因。

在排除了宝宝不是因为饥饿、衣服过紧、大小便等等原因外，宝宝在睡着后突然大声啼哭在医学上称为婴儿夜间惊恐症。如果他哭个不停，可能是哪里不舒服。如果宝宝没有疾病，一般是由于白天受到不良刺激，如惊恐、劳累等引起的。婴儿睡觉时四肢抖动，一般是白天过度疲劳所引起的，不必担心。需要注意的是，婴儿睡觉时听到较大响声而抖动是正常反应；相反，若是毫无反应，而且平日爱睡觉，则当心可能是耳聋。如果宝宝的某些营养素如钙缺乏时，也容易出现夜惊。缺钙、血钙降低会引起大脑植物性神经兴奋性增高，导致宝宝夜醒、夜惊、夜间烦躁不安，睡不安稳，建议最好到医院做下血钙检查。所以在宝宝日常的饮食中，家长要注意添加含钙丰富的食物。如果夜惊现象比较严重的话，建议及时到医院去检查。

另外，婴儿睡眠时哭闹，时常摇头、抓耳，有时还发烧。婴儿可能是患了外耳道炎、湿疹或中耳炎。父母应该及时检查婴儿的耳道有无红肿现象，皮肤是否有红点出现，如果有的话，也要及时到医院去检查。

温馨小贴士

1.帮宝宝建立良好的夜间睡眠习惯，如不开灯，室内空气流通，睡姿正确，睡前不要吃过多的东西、不看电视等，以使大脑正常发育并得到充分的休息。

2.建议父母在宝宝睡前1小时不要陪宝宝子做激烈或兴奋的游戏，以免宝宝因过度兴奋而难以入睡。

3.白天不要让宝宝玩过于刺激的游戏或活动，如在游乐场玩得太兴奋等。

4.除了生理和身体上的原因，父母就要尽量避免那些可能引发夜惊症的事情发生，减轻宝宝心理的压力和紧张。在上床后，家人应亲切地陪宝宝说说话、共同听一段轻松的音乐、美妙的故事等，也往往能让宝宝平静地入睡。

5.缺钙是导致小宝宝睡觉不安稳的首要因素之一，解决方案就是给宝宝补钙和维生素D，并多晒太阳。

6.白天适度增加宝宝的运动量，这不仅可以增强宝宝的体质，还能促进脑神经递质的平衡，而且宝宝白天的活动多，晚上也容易因累而睡得深，从而提高睡眠质量。

1-2岁聪明宝宝睡前亲子游戏

每天宝宝睡觉前的时间往往很难打发，家长可以和宝宝一起做睡前游戏，通过游戏提高宝宝的各种能力，帮助宝宝逐渐恢复平静状态，让宝宝更好地入睡。忙碌了一天的家长，还可在游戏中和宝宝亲密接触。

认识夜晚（1岁–1岁半的宝宝）

玩法：在天花板上贴上星星、月亮，让宝宝躺在床上并把灯关上，接着用儿歌的方式，带宝宝认识夜晚。家长可唱："天黑了，灯亮了，所以星星月亮出来了，小鸟回家了，宝宝睡觉了！"

优点：陪着宝宝渐渐进入梦乡，增进亲子感情。

手指谣（1岁半–2岁的宝宝）

玩法：家长用一只手握着宝宝的手腕，另一只手的拇指和食指轻轻揉捏宝宝的五个手指，并且依次唱："大拇哥，二拇弟，中三娘，四小弟，小妞妞，看戏。手心、手背、心肝宝贝。"到"心肝宝贝"时整个抱住宝宝。

优点：培养语言能力，手部触觉刺激，增进亲子关系。

温馨小贴士

家长在和宝宝进行睡前游戏时切莫心急，要带着一颗放松的心，把时间完全留给宝宝。这段睡前游戏时间应是完完全全属于家长和宝宝的，既不可分心，也不可有被强迫的感觉，否则很容易就会失去耐心。家长先要调整好自己的心情，再开始选择合适的游戏。至于游戏时间的长短，则视宝宝当天的状况而定，假如宝宝当天比较累、情绪不太稳定，游戏时间可以短一点，大概控制在15-20分钟即可。2岁前宝宝的注意力很短暂，半个小时的睡前游戏时间已经足够了。

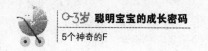
第四章　2-3岁聪明宝宝的"睡眠密码"

2-3岁的宝宝由于日益熟练的语言能力、活跃的想象力以及身体运动能力的发展，使得宝宝的日常生活比以往更加忙碌，从早上睁开眼睛到晚上入睡前几乎都难以安静。而此时让宝宝安静入睡，对家长来说更是一个不小的挑战，但是家长还是要利用每天晚上简单平静的睡前常规活动让他安静入睡。

2-3岁宝宝的睡眠行为

2-3岁的宝宝通常需要 11-12 小时的夜间睡眠时间，白天需要睡 2-3 小时的午觉。大部分宝宝会在晚上 19 时 -21 时入睡，早晨 8 时左右起床。此时，从表面上看宝宝的睡眠周期接近成人，但是与成人相比，宝宝还要经历更多次浅睡眠和深睡眠的转换。因此，在一整夜的睡眠过程中，宝宝短暂醒来的次数要比成人多。

但是，宝宝 3 岁时比 2 岁时午睡更多变，并且有时不睡午觉。3 岁宝宝需要睡多久取决于这一天的活动，是否生病了，生活规律的改变及他正经历的成长发育。每个宝宝需要的睡眠时间因人而异，无论宝宝一天睡多久，那都是他需要的，并且晚上会以做梦的形式表达出来。宝宝做梦还可以帮助他应对生活中的挑战。

有的宝宝可能喜欢开灯睡觉，这就需要家长注意了。如果宝宝不开着灯就不能睡觉，则换一个可以调节亮度的灯，让宝宝自己来调节。当宝宝把灯光调暗的时候，要表扬他，这样几个星期后，宝宝就会适应昏暗的灯光了。家长也可以在几个星期的时间里逐渐降低灯泡的瓦数。

 ## 宝宝的睡眠问题

充足的睡眠是宝宝健康成长所必需的。但是近来宝宝却睡得不踏实：打鼾、磨牙、做噩梦……一系列问题打扰着宝宝的睡眠，宝宝的睡眠质量严重下降。究竟是什么影响了宝宝的睡眠？

鼾声四起

在生活中，睡觉打鼾的宝宝不少见。有人认为，打鼾说明宝宝睡得香。其实鼾声背后可能隐藏着疾病的信号。宝宝偶尔打鼾可能是由感冒引起的，感冒痊愈后，打鼾的症状就会消失。但如果宝宝经常打鼾，可能是由于睡姿不好、肥胖、扁桃体肥大或其他原因，影响了鼻咽部通气造成的。在醒着的情况下，有些宝宝也会出现鼻堵、张口呼吸的现象。时间长了，对宝宝的脑发育会造成一定的危害。如果家长发现宝宝睡觉时经常出现打鼾的现象，千万不要误以为是宝宝睡得香，应该引起一定的重视，最好带宝宝到医院的耳鼻喉科检查一下，找到宝宝打鼾的真正原因，及时治疗。

家长欲改善宝宝打鼾可从以下几点着手：

一是让宝宝翻个身，改变一下睡觉姿势。试着将头侧着睡或趴着睡（即一边脸贴床面，但勿遮口鼻），此姿势可使舌头不致过度后垂而阻挡呼吸通道，或许可减低打鼾的程度。

二是详细身体检查。请儿科医师仔细检查宝宝的鼻腔、咽喉、下巴骨部位有无异常或长肿瘤，或宝宝的神经、肌肉的功能有无异常。

三是帮宝宝减肥。如果打鼾的宝宝肥胖，先要想办法减肥，减少口咽部的软肉，使呼吸管径变宽。变瘦的身体对氧气的消耗可减少，呼吸也会变得较顺畅。

四是手术治疗。如果鼻口咽腔处的腺状体、扁桃腺体或多余软肉确实肥大而阻挡呼吸通道，严重影响正常呼吸时，可考虑手术割除。

"磨牙霍霍"

宝宝睡觉爱磨牙有许多原因，有可能是宝宝的肚子里有蛔虫，或是宝宝缺钙，也有可能是精神紧张和发生咬合障碍，还有的宝宝是因为白天过于兴奋导致睡觉磨牙。如果宝宝的肚子里有蛔虫的话，它会在身体内释放多种毒素，也会排放代谢物，这些都会在宝宝睡觉时刺激大脑，并使咀嚼肌收缩。缺钙的宝宝也会在睡觉时咬牙，所以家长平时要为宝宝提供含钙丰富的食物。不少宝宝睡前玩得过于兴奋，或看了刺激性的电视节目，使得精神紧张，睡觉就会磨牙。

宝宝睡觉磨牙很容易使牙齿磨损，也有可能损伤牙周组织，还会使牙齿的咀嚼肌疲劳，因此要尽早发现，及时到医院对症治疗才行。

稍睡就醒

宝宝睡觉爱醒的话，有可能是因为白天吃得太多引起的。有研究表明，如果新生宝宝白天喂奶次数过多过频，超过了11次，晚上就特别容易醒，而且3个月后，这种情形会更加明显。

有些宝宝因为正处于浅睡眠状态，整个睡眠状态并不安静，眼球在眼皮底下快速运动，偶尔就会睁开眼睛，还会发出啼哭的声音，所以宝宝并不是真正醒了，这时爸妈只要用手轻拍宝宝就可以了，宝宝自然会再次进入梦乡。如果此时爸妈以为宝宝醒了，就抱起宝宝喂奶，或采用其他各种方法安抚宝宝，宝宝反而会不高兴。

可怕的噩梦

婴儿也会做梦，有时候他们会因为做噩梦而出冷汗，呼吸和心率加快，并表现出惊恐。还有的婴儿会突然在熟睡中尖叫并哭喊起来，这叫做夜惊。夜惊大多由心理因素所致，如突然被送到一个陌生环境，或者熟悉的人突然离开等。婴儿出现噩梦或夜惊，父母不用过于担心。不过频繁出现噩梦和夜惊的婴儿应及时请医生进行诊断，看看是否存在疾病。如果宝宝做噩梦，父母就应该注意以下几点：

一是查清噩梦源。了解宝宝白天看见了哪些可怕的东西。向宝宝讲清不要害怕的道理，消除恐惧心理，免得再做噩梦。

二是有的宝宝怕黑也做噩梦。宝宝在睡觉前见到窗外一些树或其他东西的黑影，就会想象是可怕的东西，带着这样的恐惧入睡自然要做噩梦。因而，你可以在白天带宝宝在窗外转一转，让宝宝知道并没有什么可怕的东西，不过是些树和其他东西的影子罢了。

三是宝宝初次离开家长，一个人在房间里睡觉，因害怕孤独也会做噩梦。你一方面向宝宝讲清自己一个人睡的好处，鼓励他独自入睡；另一方面在宝宝入睡前打开房门，让他能听到父母的说话声，让他感到父母就在身边，宝宝也就能安心睡觉了。

如果遇到宝宝做噩梦，你最好能及时走到宝宝身边，因为做梦时人多处于半睡半醒状态，你只须轻轻拍拍他，让他知道父母在他需要的时候总会在身边，宝宝就会很快入睡。

走出哄宝宝入睡的7个误区

现在，有许多年轻父母怕宝宝哭闹，竟把宝宝搂在自己怀抱中睡觉，或者放在摇篮里摇晃，或者开着灯睡觉。专家指出，这不仅影响宝宝的睡眠，还会对身体带来伤害。以下是父母在哄宝宝睡觉时常见的误区。

误区1：半夜起来检查宝宝尿床

对哺乳期的婴儿，家长经常半夜起来检查宝宝有没有尿床，这样做会破坏宝宝的连续睡眠。其实只要选用吸湿性强的优质纸尿裤，家长就可以放心让宝宝享受不被打扰的睡眠。

误区2：刻意制造极度安静的环境

这样做会使宝宝一有"风吹草动"就难以入睡，或是在睡熟中被惊醒。其实，宝宝是能够在一定噪音背景下入睡的，家长过分地谨小慎微反而不利于培养宝宝的抗干扰能力。

误区3：给宝宝盖过厚的被子

怕宝宝冻着故意给他盖上厚被子，殊不知被子太厚往往过重，甚至可能引起呼吸不畅，同样影响宝宝的睡眠质量。而让宝宝从小就在过分温暖的环境中入睡还可能降低人体对寒冷的抵抗力，致使宝宝长大后弱不禁风。

误区4：摇着宝宝睡觉

有的妈妈喜欢一边拍宝宝一边嘴里哼童谣；有的妈妈喜欢抱着宝宝边抖动边来回走；有的妈妈则喜欢把宝宝放在摇篮里使劲摇。这些习惯一旦养成，即使宝宝已经可以一个人睡觉，他也非要用这些方法才能入睡。一旦停止了拍、抱、摇后，他睡了不久就会醒来。长此以往，宝宝更会养成娇气、胆小、任性的脾气，会影响他的正常心理发育。

误区5：搂着宝宝睡觉

有的父母喜欢搂着宝宝睡觉，殊不知"搂睡"影响血液循环。"搂睡"时宝宝更多吸入了妈妈呼出的废气和被子里的污秽气体，对身体不利。搂着宝宝限制了宝宝睡眠时的自由活动，难以舒展身体，会影响正常的血液循环。如果妈妈睡得过熟，不小心堵塞了宝宝的鼻孔，还可能造成窒息等严重后果。

误区6：夜间开灯睡觉

有的父母为了方便夜间照顾宝宝，往往将灯通宵开得很亮，这对宝宝是很不利的。由于宝宝的神经系统尚处于发育阶段，适应环境变化的调节机能差，夜间光亮会改变人体适应白昼黑夜的自然规律，导致睡眠时间缩短，影响宝宝生长发育。此外，睡觉时开强光灯，宝宝将来患近视眼的概率要比正常宝宝高。

　　误区 7：半夜摇醒宝宝喂奶

　　一般刚出生的宝宝睡眠时间长，即使是初为父母的人都有心理准备。但是有的爸爸妈妈怕宝宝饿了，往往会强行摇醒宝宝喂奶。专家提醒父母不要强行摇醒宝宝喂奶。初生宝宝睡得越多表示他的健康情况越好，父母应该高兴才是，因为一个不适或消化不良的宝宝，是不会睡得太沉的。到了四五个月以后，宝宝每天的总睡眠时间会减少，父母更不应为了硬性遵从喂奶时间而弄醒他了。

 ## 怎样应对宝宝不良的睡眠习惯

　　许多宝宝睡觉时都有一些不好的习惯，让爸爸妈妈很烦恼。据一份调查显示，大约有 20% 的 1-3 岁的宝宝存在睡眠问题。宝宝的不良睡眠习惯主要有以下几个方面：

睡不安稳

　　"我的宝宝每晚睡觉总睡不稳，翻来覆去的，睡上一两个小时就开始动，一分钟不到就又转向另一边。要不把她抱起来拍一拍，她醒来就哭；拍一拍放下，睡上一两个小时又开始动了。不知道为什么宝宝总是无法达到熟睡状态？"

　　专家解析：婴儿还做不到一觉睡到天亮。

　　人类睡眠有快速眼动睡眠和非快速眼动睡眠两种基本形态。两种睡眠形态多次交替进行，宝宝睡眠也遵循这个规律。不过，他们的快速眼动睡眠比成人要多。新生儿的快速眼动睡眠占整个睡眠时间的 1/2，3 岁时占 1/3，成人则占 1/4。有研究认为，儿童正是通过快速眼动睡眠，使得大脑得以发育成熟。

　　你可以这样做：细致区分宝宝的睡眠动静。

在宝宝有动静的时候，你先静下心来听一听，什么声音是睡眠时发出的，什么声音表明宝宝睡醒了，他需要你。如果宝宝只是翻身或哼哼一会儿，但没有醒，你只须轻轻地把手放在宝宝身上；如果宝宝还安静不下来，你可以轻轻地抚摸或拍拍他。另外，宝宝频繁翻身的其他可能原因有床垫不舒服或被子太厚、睡觉时穿的衣服不舒服、睡前吃得太多。

另外，如果你的宝宝晚上入睡困难，或在夜里睡不安稳，他也许是太疲倦了。确保他没有太晚睡觉（正如我们前面所说的，过度疲倦的宝宝同样也会出现睡眠问题）。白天的小睡也是同样道理，如果你耽搁了太长时间才让宝宝小睡，他就很难进入梦乡了。

一定要抱着才睡

"我的宝宝就算是在闭着眼睛的时候几乎都可以知道我是不是真的在抱着她，当我认为她真的睡着了，然后轻轻地把她放下，她马上就哭。于是再抱起重来。"

专家解析：宝宝的睡眠分为深睡眠和浅睡眠两种状态。对婴儿来说，深睡眠和浅睡眠基本各占50%，而且是不断交替的。深睡眠时，宝宝处于完全休息状态，除了偶尔的惊跳和极轻微的嘴动外，没有其他活动。浅睡眠时，宝宝的手臂、腿和整个身体经常会有些活动，脸上还可能会做怪相、皱眉、微笑等等。

你可以这样做：深睡眠时再轻轻放下。

抱着睡确实可以让宝宝获得一种安全感，但也容易让宝宝形成依赖。等到宝宝大一点，我们想改变有时会很困难。建议你从现在开始，慢慢让宝宝在婴儿床上睡觉，逐步培养独立入睡的能力。

上床睡觉磨蹭

"每天晚上，我让儿子上床去睡觉，他总是会说再玩一会儿，再玩一会儿……好不容易把他劝到床上去了，他还非要我给他讲故事，否则就不肯睡。

故事讲了一次又一次，一点睡意也没有，每晚都要折腾到11点多，太烦人了！"

专家解析：宝宝不愿睡觉总有许多理由，如果他睡得晚，但早晨仍然能够在固定的时间醒来，你就没有必要非得按照育儿书上来要求他了。你只须注意，不要让精力过剩的宝宝干扰别人。宝宝不肯睡觉可能会有如下原因：喜欢玩；想看电视；想让妈妈在身边陪他；怕黑；担心自己不能醒过来；害怕一个人睡觉。

你可以这样做：让宝宝按时上床睡觉。

虽然没有一个宝宝会主动要求上床睡觉，但是你一定要让宝宝养成按时上床睡觉的习惯。如果你不想以后为宝宝睡觉磨蹭而烦恼，就不能让宝宝在这件事上有选择的余地。语气一定要坚定，你哪怕稍稍一松，机灵的宝宝便会"乘虚而入"。

一是把睡眠时间一点点地提前。当宝宝找各种借口推迟上床时间时，你可以先做一些合理的让步，但是到时间就要关灯，说到做到。晚睡习惯不可能一下子调整过来。逐渐就可以找到宝宝最佳的睡眠时间了。

二是珍惜睡前故事时光。比如一起聊天、读书，让你给他按摩后背，或者安安静静地和你在一起。对宝宝来说，这些都是非常重要的睡前例行活动。不要觉得这是一种负担。

三是不要用白天的小睡弥补夜间睡眠的不足。你需要坚持，好让宝宝的生物钟调整到最佳的睡眠状态。

没有芭比娃娃陪着就睡不着

"芭比娃娃是宝宝的最爱，尤其是睡觉的时候，一定要搂着芭比娃娃睡，没有芭比娃娃就睡不着，这样对宝宝好吗？"

专家解析：宝宝在2-3岁这个阶段还会缺乏安全感，往往通过抚弄某种物品，替代自己被妈妈爱抚的美好感受。安慰物可以让宝贝的内心安定，然后才能放心睡觉。

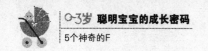
你可以这样做：这种对安慰物的依恋，对宝贝不会产生什么害处，父母不要限制，以免不利于宝贝的心理发展。

一般到 5 岁时，随着宝贝的心理发展，逐渐会淡漠这种习惯。需要提醒的是，保持安慰物的干净。

1 岁多的宝宝就懂得看大人脸色，家长不能把让宝宝睡觉当是任务或工作，或有"宝宝睡了我就比较轻松，就可做自己的事情"的想法。2-3 岁的宝宝正处在探索环境的阶段，他会觉得爸爸妈妈要我赶快睡觉一定是有什么好玩的，宝宝会因为好奇而不想睡。因此，家长在陪伴宝宝入睡时，动作、语调都应放慢，由第一个活动到刷牙洗脸，而后上床玩静态的小游戏，每天都要有规律地进行。

2-3岁聪明宝宝睡前亲子游戏

2-3 岁的宝宝自我意识逐渐增强，语言和运动能力比以前有更大的发展，在宝宝睡觉前和他玩些认识自我的安静小游戏，可安定宝宝活跃的情绪，帮助宝宝尽快进入睡眠。

下面的两个游戏可供家长参考：

手指游戏（2-3 岁的宝宝）

玩法：

1 个手指头呀，（伸出右手的 1 个手指头）

1 个手指头呀，（伸出左手的 1 个手指头）

变呀变呀，（两手在胸前做绕圈动作）

变成毛毛虫呀。（两手的 1 个手指头做弯曲伸直的动作）

2 个手指头呀，（伸出右手的 2 个手指头）

2 个手指头呀，（伸出左手的 2 个手指头）

变呀变呀，（两手在胸前做绕圈动作）

变成小白兔呀。（两手的2个手指头放在头顶做兔耳朵）

3个手指头呀，（伸出右手中间的3个手指头）

3个手指头呀，（伸出左手中间的3个手指头）

变呀变呀，（两手在胸前做绕圈动作）

变成小花猫呀。（两手放在嘴边做小猫的动作）

4个手指头呀，（伸出右手的4个手指头）

4个手指头呀，（伸出左手的4个手指头）

变呀变呀，（两手在胸前做绕圈动作）

变成花蝴蝶呀。（两手交叉做翅膀扇动的动作）

5个手指头呀，（伸出右手的5个手指头）

5个手指头呀，（伸出左手的5个手指头）

变呀变呀，（两手在胸前做绕圈动作）

变成大老虎呀。（两手做虎爪向前扑的动作）

优点：有助于宝宝认识自己的手，模仿动物作出形象的动作，初步形成对数的认识。

摸摸你的鼻子（2-3岁的宝宝）

玩法：让宝宝摸自己的鼻子、下巴、眼睛、膝盖、头发、耳朵和胳膊肘。朗诵下面的儿歌并表演：摸摸鼻子，摸摸下巴，游戏开始啦。摸摸眼睛、摸摸膝盖，现在假装你要打喷嚏。摸摸头发，摸摸耳朵，现在摸摸你甜蜜的嘴唇。摸摸胳膊肘，把它们弯一弯，游戏真好玩……

优点：有助于宝宝对自己的身体有所了解，并逐渐培养宝宝认识自己身体的各个部位。

温馨小贴士

　　在玩游戏时，家长的主导性不宜过强，每种游戏都不止一种玩法，切莫把自己的标准及习惯套用在宝宝的身上，应该试着倾听宝宝的心声，只要宝宝喜欢的玩法没有伤害性，都可以放手让宝宝去尝试。

Part 4

0—3岁聪明宝宝的 "饮食密码"
Food And Drink Can Not Be Ignored

　　养育一个健康又聪明的宝宝，可以说是父母最大的心愿。饮食是宝宝日常生活中的重要组成部分。宝宝出生后，爸爸妈妈最关心的恐怕也是宝宝吃的问题。宝宝生长发育需要哪些营养？吃什么会让宝宝既聪明又健康？其实，从胎儿期开始，宝宝大脑的发育就一路领先。

　　有研究表明，宝宝的大脑在出生的时候就发育完成了25%，到3岁时已经发育完成了90%。3岁前是宝宝大脑发育的黄金时期。这一时期如果注意营养的摄入，将大大有利于脑结构的分化与成熟，为其今后的智力发育奠定坚实的基础。

　　宝宝的智力发展离不开食物，均衡的营养是宝宝大脑发育的物质基础。充足的脂肪可使脑功能健全；充足的维生素C可使脑细胞敏锐；充足的钙质能使大脑持续工作；碳水化合物是脑活动的能量来源；蛋白质是脑细胞从事复杂智力活动的基本物质；B族维生素可预防精神障碍；维生素A能促进大脑和视力发育；维生素E能保持大脑的活力……

　　所以，爸爸妈妈必须抓住宝宝大脑发育的黄金时机，为宝宝的成长注入充足的营养动力。

第一章 "吃"出来的聪明

会吃的宝宝更聪明！有研究表明，决定脑功能优劣的因素，虽然与遗传、环境、智力训练等有关，但80%以上还是取决于婴幼儿时期提供给宝宝的营养。宝宝的大脑发育是"一次性完成"，不可重复的。其实，要让自己的宝宝"吃出聪明来"一点也不难。许多研究表明，家长若注意选择宝宝所吃的食物，作好营养上的调理，对宝宝的智能提升能起到事半功倍的作用。

让宝宝聪明的营养元素

充足而均衡的营养对宝宝的成长来说是必不可少的。那么，食物中的哪些营养元素在发挥着使人聪明的作用呢？首先父母应该了解哪些营养元素与大脑发育密不可分；其次，父母还要知道哪些是最好的健脑食物。综合专家的研究成果，现列出以下10种让宝宝聪明的营养元素。

蛋白质——宝宝大脑发育的物质基础

蛋白质被称为生命的物质基础，是脑细胞生长及制造神经递质的物质，在记忆、语言、思维、运动、神经传导等方面都有重要作用。充足的蛋白质是保证大脑从事复杂智力活动的基本物质。蛋白质广泛存在于动物性食物（鱼、禽、畜、蛋、奶）和植物性食物（豆类、谷类）中。因此，宝宝食谱中的鸡蛋、肉类、奶类和豆制品是不可少的。

脂肪——宝宝聪慧过人的"秘密武器"

脂肪包括动物性脂肪和植物性脂肪。脂肪是大脑细胞的重要组成成分，它在发挥大脑的精巧功能方面具有重要作用。给大脑提供优良丰富的脂肪，可促进脑细胞发育和神经纤维髓鞘的形成，并保证它们具有良好功能。充足的脂肪不但能使人精力旺盛，还能促进脑功能的发育和发展。富含脂肪的食物有植物油、芝麻、核桃仁、自然状态下饲养的动物及其他坚果类食品。

碳水化合物——宝宝大脑运转的不竭动力

碳水化合物又名糖类，是脑细胞活动的基本能源。儿童摄取糖类，原则上应以淀粉类食物为主，辅以枣、桂圆、蜂蜜等含糖食物，切忌过多直接摄取砂糖及砂糖食品。

矿物质——宝宝大脑运作的催化剂

矿物质是不可缺少的营养素。矿物质在人体内不能合成，必须从食物和饮水中获得。宝宝智力发展需要且比较容易缺乏的矿物质有钙、铁、锌等。

钙——强身健齿

充足的钙质能提高大脑活动的持久性，预防脑力疲乏，宝宝缺钙则会影响骨骼及牙齿的生长发育。奶和奶制品是优质钙的主要来源。豆类、绿色蔬菜、鱼虾和坚果类也是钙的良好来源。所以要让宝宝获得充足的钙，奶类及其制品、虾皮、紫菜、鱼类以及芝麻酱等应是家庭餐桌上常见的食物。

铁——造血原料

铁是人体的"造血原料"。缺铁可严重降低血红蛋白的生理活性，影响大脑中营养素及氧的供应，使宝宝疲倦、乏力、无神，学习困难，严重时可导致缺铁性贫血。食物中的铁主要来自动物性食物中的血红素铁，以及植物性食物和乳制品中的非血红素铁。4个月后胎儿期储存的铁元素已用尽，尤其要注意从辅食中补充铁。铁的主要食物来源有动物血、肝脏、肾脏、大豆、黑木耳、菠菜、坚果、瘦肉、蛋黄等。

锌——智慧元素

锌被誉为"智慧元素"，对宝宝的脑细胞发育和智力水平都有显著促进作用。但锌也是宝宝们非常容易缺乏的元素之一，缺锌会导致宝宝注意力不集中，严重的会引起多动症。因此，对处于成长发育高峰期的宝宝，家长要有意识地为他们补充锌。锌广泛存在于贝壳类海产品、红色肉类、动物内脏、坚果类等食物中。其中核桃是为宝宝补充锌的不错选择。

维生素——健脑的好帮手

维生素作为人体的"微量营养素"，虽然需要量很少，但却是维持生命活动所必不可少的。根据是否溶于脂肪和水可分为脂溶性维生素 A、D、E、K 和水溶性 B 族维生素、维生素 C。

维生素 A——脑、眼动力机

维生素 A 是人体必需的营养素，对大脑发育和学习记忆功能具有重要作用。维生素 A 参与视觉形成，缺乏维生素 A 可使暗适应能力下降，导致夜盲症和干眼病，严重可致失明，对儿童来说尤为明显。富含维生素 A 的食物有动物肝、鱼肝油、禽蛋、全奶等动物性食物；胡萝卜、韭菜、芒果等深绿色叶类蔬菜及橘黄色蔬菜或水果。

维生素 B——聪明保护神

B 族维生素是一种调节神经功能和营养神经细胞，并预防精神障碍的物质。维生素 B_1 具有维持神经系统正常功能的作用，缺乏时会导致记忆力下降，影响脑的正常功能。主要食物来源有粗粮、瘦肉、内脏、豆类、坚果类及酵母制品等。所以，让宝宝适当吃些粗粮也可以补充维生素 B_2。

维生素 B_6 对中枢神经发育至关重要，如果缺乏会使中枢神经发育迟缓，智力低下。谷类和蔬菜是它的主要来源，绿叶蔬菜类和豆类含量相对较高。

维生素 B_{12} 是素食者最容易缺乏的维生素，也是红血球生成不可缺少的重要元素。如果严重缺乏，将导致恶性贫血，影响对脑中血液的供给。所以，爸爸妈妈千万不要怕宝宝长胖而不给吃肉。维生素 B_{12} 可以从动物肝脏、瘦肉、鱼类、蛋、牛奶等食物中获得。

另一种 B 族维生素胆碱被称为"记忆因子"，与宝宝的记忆力密切相关，它是合成乙酰胆碱的必要元素。乙酰胆碱是人脑细胞的一种神经传导物质，其含量越高，传达速度越快，记忆力就越强。如花生、全麦面包等含有大量的胆碱。

总之，如果缺乏 B 族维生素，会导致精神状态不稳定，大脑活动就会受影响，可出现迟钝、焦躁不安、思维混乱等症状。富含 B 类维生素的食物有未经加工的粗粮、核桃、芝麻、蘑菇等。

维生素 C——大脑润滑剂

维生素 C 又称抗坏血酸，可以疏通神经管道，从而使大脑对外界的刺激更加敏感。充足的维生素 C 能使儿童大脑灵活、智力发展。有研究表明，人的智商与血液中维生素 C 的含量密切相关。新鲜蔬菜和水果是维生素 C 的主要来源，包括西红柿、柿子椒、菜花及各种深色叶菜，以及鲜枣、草莓、西瓜、橘子、葡萄、猕猴桃等水果。

维生素 D——骨骼增长剂

维生素 D 是维持身体钙质和磷质的主要元素，能促进身体对钙的吸收，起到强身健骨的作用，若缺乏则不利于钙质的吸收，导致软骨病。维生素 D 主要存在于蘑菇、鱼肝油、牛奶、蛋黄和植物油中。

维生素 E——健康小卫士

维生素 E 可防止脑细胞的老化，促进脑细胞增生与活力。富含维生素 E 的食物有坚果、麦类、甘薯、莴苣、肝、植物油等。

DHA——成长脑黄金

众所周知，DHA 又称脑黄金，是宝宝脑部发育的关键营养素，大量存在于视网膜及大脑皮质细胞中，有助于宝宝的大脑和视力的发育。人们常说宝宝吃鱼会聪明，因为鱼类尤其是海鱼含有丰富的 DHA，鱼肝油、贝壳类等海洋动物也富含 DHA。

不同食物中的聪明密码

既然使人聪明的营养元素来自食物，要聪明就得多吃健脑益智的食物。那么，哪些食物是健脑益智的呢？不同的食物中有不一样的聪明密码。我们在综合已有研究的基础上，大致归纳为以下几种：

蛋类

蛋类不仅是极好的蛋白质来源，而且蛋黄中的卵磷脂经吸收后释放出来的胆碱能合成乙酰胆碱，乙酰胆碱能显著改善宝宝的记忆力。此外，蛋黄在宝宝的益智食物中必不可少，蛋黄中铁、磷的含量较高，也有利于宝宝的脑发育。

蛋黄含蛋黄素、卵磷脂等脑细胞所必需的营养，能给大脑带来活力，能充分提高大脑的工作效率。鸡蛋中的蛋白质接近人体蛋白质，是最理想的优质蛋白之一。如果宝宝每天早餐能吃一个鸡蛋，便能强身健脑，保持旺盛精力。

坚果类

坚果一直被认为是健脑佳品。坚果中含有的油脂多以不饱和脂肪酸为主，它富含亚油酸、亚麻酸，尤其是杏仁中锌元素的含量很高，常吃对大脑思维、记忆和智力活动有益。

生活中常见的坚果有以下一些：

核桃：核桃含有丰富的磷脂和优质蛋白质，对脑细胞生长有益，可促进大脑皮质的发育。

杏仁：杏仁是维生素E的最佳天然来源之一，它富含磷脂，但是中医认为杏仁有微毒，不宜多食。

瓜子：常见的有葵花子、南瓜子和西瓜子。葵花子富含不饱和脂肪酸及胡萝卜素，西瓜子含有丰富的锌，同时有健胃功效。吃瓜子应尽可能选择原味的瓜子，因为外裹的各种香料不但会增加热量，还会使人口干舌燥。

松子：含有丰富的维生素A和维生素E，以及人体必需的脂肪酸、油酸、亚油酸和亚麻酸。

榛子：含有大量不饱和脂肪酸，以及维生素A、维生素B_1、维生素B_2、烟酸等，经常吃可以明目、健脑。

花生：含有人体所必需的氨基酸、多种维生素和矿物质，可防止早衰和提高智力，促进脑细胞的新陈代谢，保护血管，防止脑功能衰退，对宝宝的大脑发育和身体健康有很大帮助。花生若与全麦面包、蔬菜、水果等搭配吃，口味更佳。但是按照西方的科学观点，1岁以前的婴儿不吃花生和花生酱，因为这是容易引起过敏的食物，尤其是婴儿，一旦过敏后果会比较严重。父母有花生过敏史的婴儿要到3岁后才可尝试花生。

温馨小贴士

可以将杏仁、核桃、松子、榛子等磨成粉状，拌入色拉、菜中或撒在饭上，这样不但可以增加口感，还可以充分吸收坚果的营养。

适当的咀嚼也有利于视力的提高。1~3岁的宝宝每天可以吃20~30克左右的坚果。坚果类食物油性大，宝宝消化功能弱，如果食用过多的坚果就会"败胃"，引起消化不良，甚至出现"脂肪泻"。

海产品

鱼类中富含钙、蛋白质和天然的不饱和脂肪酸以及DHA，能制造出优良的脑神经元细胞膜。鱼类又含有许多健脑的矿物质，能成为大脑运行的催化剂。有专家认为，淡水鱼所含不饱和脂肪酸没有深海鱼高，而且目前中国的淡水鱼养殖水域污染较严重，因此建议有条件的宝宝多食用深海鱼。海带、紫菜等提供了辅助生长发育所需的微量元素碘、铁等，是一种帮助宝宝健康成长的佳品。虾皮中含钙量也极为丰富，宝宝适量吃些虾皮，对增强体质和防止软骨病都有帮助。

牛奶及乳制品

牛奶含有丰富的钙和蛋白质，可给大脑提供所需的各种氨基酸，还含有身体所需的多种维生素和矿物质。宝宝适量饮用牛奶，能增强大脑的活力。

大豆类

大豆含有优质蛋白质和不饱和脂肪酸等营养物质，儿童每天吃一定数量的大豆或大豆制品，能增强大脑的记忆力。

动物肝脏及瘦肉

含有丰富的优质蛋白和维生素A、维生素B_2，并含有大量的胆碱和铁。

胆碱可以改善大脑的记忆力，铁则可以使红血球运输氧气的能力加强。瘦肉中富含丰富的铁，同时还有帮助提高记忆力的锌等矿物质，是一种很好的健脑食品。

玉米

玉米含有大量的营养保健物质，除了碳水化合物、蛋白质、脂肪、胡萝卜素外，还含有核黄素等。玉米中的维生素含量是稻米、小麦的 5-10 倍，每 100 克玉米能提供近 300 毫克的钙，几乎与乳制品中所含的钙差不多。对宝宝来说，早餐喝玉米粥是个不错的选择。

美国多所大学和研究机构经过多年研究证实，3 岁前的宝宝早餐喝玉米粥，长大以后的成绩明显比其他宝宝要好。1969 年 -1977 年研究人员在危地马拉让宝宝们早餐吃玉米粥，并且混合了脱脂奶粉和糖，其他一些宝宝则喝传统的英国燕麦粥。2002 年 -2004 年，研究人员返回危地马拉，从学校的考试成绩中收集信息。结果显示，那些儿童时期喝玉米粥的学生，在阅读理解和非语言认知测试中获得的分数更高。

小米

小米中含有丰富的蛋白质、脂肪及钙、铁和 B 族维生素等营养成分，因此被人们称为宝宝的健脑主食。

栗子

栗子中含有丰富的卵磷脂、蛋白质和锌，有助于提高思维的灵敏性。

黑木耳

木耳含有脂肪、蛋白质、多糖类以及矿物质和维生素等营养成分，能净化血液，健身补脑，也是儿童补脑健脑的佳品。

大枣

大枣中富含维生素 C，维生素 C 能使大脑功能敏锐，促进脑细胞兴奋，被称为天然维生素 C 丸。因此适当吃大枣非常有利于宝宝的大脑发育。

水果

苹果中含有能增强记忆力的苹果醇素。家长尽量让宝宝吃新鲜苹果，而不要吃高温加工过的苹果脆片，以及加入添加剂的苹果汁。现榨苹果汁最好洗净连皮一起榨取，并让宝宝在十分钟内饮完，防止苹果醇素氧化。

紫葡萄是少有的紫色水果之一，富含抗氧化剂，能补肝肾、益智，但宝宝每天的食用量最好控制在 200 克内，以免摄入太多糖类而影响对正餐的摄取。

香蕉含有丰富的矿物质，并含有丰富的钾离子，也有一定的健脑作用。

杏含有丰富的维生素 A 和维生素 C，可以改善血液循环，保证大脑供血充分，从而增强大脑的记忆力。

蔬菜

卷心菜、芹菜和苦瓜不但有丰富的维生素，也有健脑作用。西红柿、红薯、南瓜、胡萝卜、菠菜等深色蔬菜富含丰富的抗氧化剂，保持大脑的健康活力。金针菇含有多种氨基酸和钙、铁、磷等微量元素、维生素等，能增强记忆，是开发宝宝智力的必需食品之一。洋葱能稀释血液，改善大脑的血液供应，从而消除心理疲劳和过度紧张。

 ## 捍卫宝宝的食品安全

我们很多人都不清楚自己和宝宝平常吃的加工食品是否安全。然而，据有关食品推销员反映，我们眼睛看到的、嘴巴尝到的并不是真实的、原汁原味的。漂亮的颜色、诱人的味道都可以由添加剂变出来。宝宝年龄小，解毒功能和免疫能力还没有发育健全，甚至一些对成年人来说无害的成分，也会影响到宝宝的健康。因此，宝宝的食品安全问题不容忽视！

近年来，琳琅满目的婴幼儿食品如雨后春笋般涌现，宝宝的零食费用已成为家庭的重要开支项目之一，并且占宝宝膳食中的比例越来越大。但由于多数家长缺乏这方面的知识，加上媒体和广告的渲染，往往不能正确选择。儿童食品的消费中存在着一些健康安全方面的问题，不能不引起人们的重视。

问题一："三精"未引起高度重视。

"三精"指食品添加剂中的糖精、香精和食用色精。"三精"在食品中的使用是有国家标准规定的，只要生产者按照国家规定标准添加食品添加剂，产品就是安全的。但是如果宝宝毫无节制地进食含有添加剂的零食，食之过量就会引起副作用。所以，要尽力避免宝宝进食含糖精、香精和色精较多的零食，或有限度地进食。

问题二：多吃营养滋补品。

不少家长认为，给宝宝吃补品会促进生长发育，提高宝宝的智力，因此会选购各种营养滋补剂，如含有人参、鹿茸、阿胶、冬虫夏草、花粉等的营养品。然而，宝宝生长发育所需要的营养素主要是通过日常生活中的一日三餐获得的。儿童保健专家认为，健康儿童一般不需另外吃营养滋补品，这是因为经常给宝宝吃营养滋补品会养成一种不平衡的饮食习惯，影响正常均衡饮食中营养物质的摄取，长期大量服用可造成儿童肥胖症和性早熟等不良后果，而且补品内的激素会使宝宝骨骼提前闭合，影响宝宝身高。

问题三：给宝宝喝饮料。

受媒体和广告的影响，家长往往用"钙奶、果奶、优酸乳"之类的乳饮料代替牛奶，用果汁饮料代替水果和水给宝宝解渴。殊不知，两者之间有着天壤之别。饮料根本无法代替牛奶和水果的营养。不少家长往往混淆乳制品和乳酸菌类饮料。市售饮料营养成分表明,饮料中都加入了一定量的食用香精及着色剂、防腐剂等配料,这些添加剂若摄入过多会对宝宝有副作用。另外,喝饮料可给人饱腹感,妨碍宝宝正餐时的食欲。大家都知道,最好的饮料是白开水。帮宝宝养成喝白开水的习惯,不仅容易吸收,而且可以帮助身体排出废物。

问题四:吃大量巧克力、甜点和冷饮。

儿童大多都喜欢甜点冷饮、香脆的膨化食品和方便面等等,但是这些食物中蛋白质、维生素、矿物质的含量都不足,同时为了突出其美味的口感会加入不同的食品添加剂和大量糖分,可引起儿童虚胖、营养不良等症状。甜味是人出生后本能喜爱的味道,其他味觉则是后天形成的。如果一味沉溺于甜味之中会造成宝宝的味觉发育不良,无法感受天然食物的清淡滋味,甚至影响到大脑的发育。

问题五:经常食用膨化食品。

油炸薯条、雪饼、薯片、虾条、虾片、玉米棒等膨化食品虽然口味鲜美,但从成分结构看都属于高油脂、高热量、低粗纤维的食品。长期大量食用膨化食品会造成油脂、热量摄入高,粗纤维摄入不足。若运动不足,会造成人体脂肪堆积,导致肥胖。如果经常给宝宝食用膨化食品,会影响正常饮食,导致多种营养素得不到保障和供给,易出现营养不良。膨化食品中含有的高盐、高糖、高味精等添加剂将使宝宝成年后易患高血压和心血管病。

此外,建议家长最好选择有质量保证的、安全的食品给婴幼儿食用。如果经济条件允许,可以到正规商场选购经过国际或国家认证的、有质量保证的婴幼儿食品厂家的产品。

警惕伤脑伤身的食物

重视宝宝的饮食和营养质量,使所摄营养尽量充足、均衡,是科学育儿的新要求。俗话说:物极必反。任何事情做过头都会走向反面,饮食也是如此。

科学合理的饮食能为宝宝的智力提供物质基础，不合理的饮食或过量摄入垃圾食品不但会使宝宝在遗传、教育等方面的智力优势丧失，还会伤及宝宝的大脑和身体，是需要每一位家长注意和警惕的。

警惕"三高"

成人当中常见的"三高"，如果不注意也会降临到幼小的宝宝身上。

蛋白质摄入过多。蛋白质虽然是维持人体新陈代谢的首要营养素和人脑从事复杂智力活动的物质基础，但是 3 岁前的宝宝年龄尚小，消化系统和胃肠功能较弱，过量摄取奶及奶制品、精肉、鱼肉等富含蛋白质的食物后，会引起消化不良、厌食。尤其人工喂养的宝宝更应该注意这一点。

脂肪摄入过多。

富含脂肪类的食物质软味美，宝宝尤其喜爱，又因宝宝对脂肪油腻感不如成人敏感，所以常不知不觉地超量进食，体内脂肪渐渐堆积，便出现了一个个"小胖墩儿"，还影响钙的吸收，并且成年后罹患心脑血管疾病和糖尿病的可能性增大。

糖类摄入过多。宝宝天生喜欢甜食，特别是人工喂养时摄糖过多，会使糖分转化为脂肪而发胖，出现龋齿、消化不良、厌食等症状或疾病。近年来有一种被称为"嗜糖性精神烦躁症"的现代病在增加。这些宝宝情绪亢奋，经常哭啼吵闹、摔摔打打、斗气顶嘴，注意力不集中，学习成绩不好。因此，不能让宝宝过量摄糖，是家长应该牢记在心的。

远离垃圾食品

除此之外，家长还应注意生活中不宜让宝宝多吃的食物，以免对宝宝智力造成损伤，引导宝宝主动远离垃圾食品。

一是高糖食品，有些家长会给宝宝买果冻吃，也很受宝宝欢迎。但是果冻不是用纯正的水果汁加糖制成的，而是用香精、增稠剂、甜味剂、色素等调制而成，这些物质对人体没有多少营养价值，多吃会增加宝宝肠胃负担，容易使宝宝兴奋。泡泡糖也容易造成肠胃疾病，还会损伤宝宝的牙齿。儿童食用巧克力过多，也会使中枢神经处于异常兴奋状态，容易产生焦虑不安、心跳加快、食欲下降等不良反应。

二是腌制类食品。包括咸菜、榨菜、咸肉、咸鱼、豆瓣酱以及各种腌制蜜饯类的食物，都含有过高盐分，不但会引发高血压、动脉硬化等疾病，而且会损伤脑部动脉血管，造成脑细胞的缺血缺氧，造成宝宝记忆力下降、反应迟钝。

各种咸鱼都含有大量的二甲基亚硝酸盐，摄入体内后一部分转变为具有致癌物质的二甲基亚硝胺。有关研究显示，如果10岁前开始吃咸鱼，成年后患癌症的危险性比一般人高30倍。

三是过鲜食物。研究表明，含有味精的食物将导致1周岁以内的宝宝严重缺锌，而锌是大脑发育最关键的微量元素之一。因此即便宝宝稍大些，也应该少给他吃加有大量味精的食物，如各种膨化食品、鱼干、方便面等。

四是煎炸、烟熏、烧烤食物。鱼、肉中的脂肪在经过200℃以上的热油煎炸或长时间曝晒后，很容易转化为过氧化脂质，而这种物质会导致大脑早衰，直接损害大脑发育。

烤羊肉串等烟熏、火烤食品，在熏烤过程中会产生致癌物，儿童若常吃这类食品，致癌物质可以在体内积蓄，使成年后患癌症的概率增加。油条、油饼在制作时要加入明矾作为涨发剂，而明矾（三氧化二铝）含铅量高，常吃会造成记忆力下降、反应迟钝，因此不能让宝宝养成以油条、油饼作为早餐的习惯。另外，速食店的炸薯条、炸鸡肉，超市的包装西点等也尽量少让宝宝吃。

五是含铅食物。铅是对人体有害的金属之一，铅进入人体会损害神经、消化系统和造血功能。儿童对铅的解毒能力弱，常吃多吃后极易发生慢性铅中毒，影响智力的发育。爆米花、腌制皮蛋、啤酒中含铅较多，传统的铁罐头及玻璃瓶罐头的密封盖中，也含有一定量的铅，因此这些"罐装食品"也要让宝宝少吃。

六是补品。人参等补品有促性激素分泌的作用，这类补品会使宝贝骨骼提前闭合，不长个儿，性早熟。

七是可乐、汽水等碳酸饮料。可乐饮料含有一定量的咖啡因，对中枢神经系统有兴奋作用，也是宝宝多动症的病因之一。而汽水会降低宝宝胃液消化力和杀菌力，并且容易胀气，影响正常食欲。

温馨小贴士

应少给宝宝吃在非自然条件下栽培与饲养的动植物，食品添加剂和加工食品也尽量少给宝宝吃。加工食品破坏了食物所含的营养成分，降低了营养价值。而食品添加剂中往往加入了化学物质，如人造色素、香料等，它们可引起不良反应，直接危害脑细胞，扰乱注意力。

助眠食物帮宝宝睡聪明觉

良好的睡眠对宝宝的大脑发育具有不可估量的意义。对于生长发育期的宝宝来说，"吃"和"睡"是他们生活的重要组成部分。会吃会睡，宝宝才更聪明！那么，哪些食物有利于宝宝睡眠？如何让科学的饮食帮助宝宝拥有更良好的睡眠？

常见的助眠食物主要有以下几种：

一是牛奶。牛奶中含有色氨酸，这是一种人体必需的氨基酸，有助眠作用。牛奶还富含乳糖、氨基酸、亚油酸、亚麻酸以及丰富的矿物质和维生素，这些物质对缓解脑细胞的紧张状态有益。临睡前给宝宝饮用温牛奶。

二是小米。小米中含有丰富的色氨酸，色氨酸能促进大脑神经细胞分泌出一种使人欲睡的神经递质。另外，小米含丰富的淀粉，食后使人产生温饱感，

可以促进胰岛素的分泌，提高进入脑内色氨酸的含量。如果宝宝睡眠不好，可以熬小米粥给他吃。

三是水果。水果中含有果糖、苹果酸以及浓郁的芳香，可诱发机体产生一系列反应，生成血清素，从而有助于进入梦乡。

四是大枣。大枣含蛋白质、糖、维生素C、钙、磷、铁等，有补脾安神的作用。可用大枣给宝宝煲汤、煮粥。

五是核桃。核桃富含脂肪、蛋白质、卵磷脂和微量元素，其中脂肪和蛋白质是大脑最好的营养物质，有治疗神经衰弱、健忘、失眠、多梦等作用，故有"健脑之神"的美誉。生食熟食均可。

此外，在睡前要尽量避免给宝宝食用油腻、刺激、易胀或辛辣等不利于宝宝入睡的食物。

饮食好习惯有助宝宝入睡

宝宝进食晚餐的习惯也是影响睡眠的重要因素。

一是不宜过饱。如果晚饭吃得过饱，或在睡觉前吃零食，食物未完全消化就上床睡觉，会增加胃肠负担，容易导致难以入睡。

二是不要饥饿。饥饿同样会使宝宝难以入睡，也不利于宝宝夜间的成长。吃一些含蛋白质的食物，可以避免宝宝半夜饿醒。千万不要让宝宝饿着肚子入睡。

三是不宜食用过多肉类。鸡、鸭、鱼、瘦肉等摄入过多常常会影响胃肠道对食物的消化吸收。如果晚餐摄入了大量的肉类，可适当活动一下，如带宝宝散散步或做做游戏，以促进食物的消化与吸收。

四是时间安排合理。晚餐和入睡的时间安排是否合理，与能否顺利入睡有十分密切的关系。一般来说，晚饭最好安排在睡前4小时左右，可以让食物充分消化吸收。吃饱就睡会让废气滞留，影响睡眠。

第 二 章   0-3 个月聪明宝宝——单纯哺乳期

> 经过十月怀胎，宝宝终于来到了爸爸妈妈身边。当你抱着娇嫩的小宝宝，你心中千丝万缕的母爱化做甜甜的乳汁，送进宝宝的小嘴中。当你感觉到宝宝幸福地偎依、甜甜地吸吮、响亮地吞咽时，这个世界上最幸福的人就是你了。那么，怎样才能在宝宝的头 3 个月中提供最好的乳汁呢？

母乳：最天然的益智食物

英国剑桥大学营养学家对 300 名 7-8 岁的儿童作了智商测验，并与婴儿的食谱相对照，发现吃母乳长大的儿童智商普遍较高，平均比吃代乳品长大的同龄儿高出 10 分之多。

美国儿科学会认为，人奶是所有婴儿首选的喂养方式，包括早产儿和患病的新生儿……我们建议母乳喂养应至少持续 12 个月，之后是否继续进行应根据母婴双方的共同意愿决定。

都说母乳喂养的宝宝健康又聪明，这话一点也不假。这要从母乳的营养成分和功能说起。母乳是婴儿成长中最自然、最安全、最完整的天然食物。母乳中含有婴儿成长所需的所有营养素和抗体，营养成分比例最合适，特别是母乳含有 3.8% 的脂肪，除了供给宝宝身体热量之外，还满足宝宝脑部发育所需的

脂肪（脑部60%的结构来自脂肪）；丰富的钙和磷可以使宝宝长得又高又壮；免疫球蛋白可以有效预防及保护宝宝免受感染及慢性病的侵害。所以说母乳是婴儿无可替代的食品，且非常容易消化、吸收，能被最有效地利用。

母乳中的益智营养素

首先，母乳中含有对脑发育有特别作用的牛磺酸，这是一种宝宝必需的氨基酸，其含量是牛奶的10~30倍，能够促进神经细胞中核糖核酸和蛋白质的合成，对宝宝的大脑及整个中枢神经系统的发育有重要作用。

其次，母乳中还含有丰富的胆固醇、神经生长因子等，这些物质均有利于宝宝神经系统的生长发育。虽然婴儿配方奶粉以母乳为标准，尽可能地模仿出母乳的配方，但是无论如何模仿也比不上母亲的乳汁。

最后，母乳中还含有抗体及其他免疫物质，能抑制微生物生长，使婴儿免受细菌的感染，提高婴儿的免疫力。有的研究还指出，吃母乳的婴儿以后发生糖尿病和癌症的概率较低。另外，母乳中还有足够的氨基酸与乳糖等物质，对婴儿脑的发育有促进作用。

不可错失的初乳

妈妈的初乳含有丰富的蛋白质及维生素，以及多种新生宝宝用以抵抗感染的抗体。初乳还有导泻作用，有利于新生宝宝第一次胎便的排出。有的妈妈认为初乳不干净而放弃给宝宝喂食，这是非常可惜的。对于婴儿的免疫机能最重要的是产后7天内分泌的初乳（含抗体、排便因子），因此母亲千万不能把初乳挤掉，应尽可能地喂给婴儿。

 ## 妈妈这样喂，宝宝更聪明

母乳有任何其他乳类无可比拟的优点，含有婴幼儿所需要的全部营养素。

可以说，母乳喂养的宝宝健康又聪明。但是，年轻的妈妈在哺乳中经常会遇到许多问题，如果不会正确处理，就会使母乳喂养的效果大打折扣。

纯母乳喂养新标准

母乳喂养可分为纯母乳喂养、部分母乳喂养和象征性母乳喂养。世界卫生组织（WHO）与联合国儿童基金会在大量科学研究的基础上于 2001 年 5 月通过第 55 届世界卫生大会向全球联合倡议出生后最初 6 个月纯母乳喂养最新标准，并建议产妇至少坚持哺乳 12-24 个月，以此作为人类哺育婴儿的最理想方式，同时能预防各种妇科慢性疾病甚至乳腺癌。

1. 在分娩后最初 1 小时内开始母乳喂养。

2. 纯母乳喂养是指 6 个月内婴儿除母乳外不得接受任何其他食物、饮料甚至是水。

3. 母乳喂养应按需进行，不分昼夜。

4. 不得使用奶瓶、人造奶头或安慰奶嘴。

喂奶的时间要把握

很多妈妈都感到疑惑，刚给宝宝喂了奶，还没过几个小时宝宝又哭了。其实，吃母乳的宝宝更容易饿。这是因为胃排空时间随食物种类不同而各异，例如水的排空时间为 1-1.5 小时，母乳是 2-3 小时，牛奶是 3-4 小时，母乳喂养的宝宝饿得快。

所以，母乳喂养的妈妈给宝宝喂奶应该比人工喂养的妈妈更勤快些！喂奶的次数对于每个宝宝来说都各不相同。

一般是白天喂 5 次，每隔 2-3 小时喂一次。从给宝宝吃母乳开始，第一天每侧乳房喂 5 分钟。从第二天开始每侧乳房喂 10 分钟。宝宝吃得越多，刺激乳房产生的乳汁也越多。妈妈每次可用两侧乳房更换喂奶，直到 15 天左右乳汁分泌正常。

给宝宝喂母乳的方式

最初哺乳时妈妈一般是坐在床上，用几个枕头支撑背部，一只手把宝宝抱在怀里，让他的头高于身体的其他部位。喂奶前，妈妈必须用热毛巾把乳房和手擦干净，然后一手夹住乳房，轻轻塞进宝宝嘴里。不仅是乳头，连同乳头下面的乳晕（即乳头周围的黑圈）都放进宝宝的小嘴里。妈妈会看到，宝宝肉嘟嘟的脸蛋鼓得很大，整个小嘴都被乳房占满，脸部肌肉在努力吮吸，两只小耳朵也跟着动。妈妈不用担心宝宝不会吃，宝宝天生就有寻找乳头和吮吸乳汁的本能。有的妈妈在喂奶时，宝宝的吮吸会使另一个乳房渗出乳汁来。这时可用一个乳垫或奶套放在乳头上，接住乳汁。只要母乳充足，可以让宝宝自己决定吃奶的次数和时间。如果宝宝睡得正香，喂奶的时间到了，妈妈千万不要弄醒熟睡的宝宝。

母乳不够怎么办

母乳如果分泌不足，必须要给宝宝加喂牛奶。有的妈妈在哺乳中，让宝宝吃完母乳后又加食一些牛奶，认为这样能让宝宝"吃个饱"。其实，这样加喂牛奶并不妥当，这种补充方式会使母乳的刺激不足，奶汁的分泌越来越少，同时宝宝也会对吃母乳不积极了。正确的方法是，喂一次母乳就要喂饱，然后下一顿全部喂牛奶。如果母乳不够吃，这一次没完全吃饱也不要紧，下一次可以多喂一些牛奶。假如母乳量太少，轮流喂母乳和牛奶也不行的话，妈妈可以早晨和夜间喂母乳，其余时间全喂牛奶，这是切实可行的。

吃母乳的宝宝要喝水吗

细心的妈妈发现，最近宝宝的嘴唇时常干干的，像有一层膜。于是，妈妈开始每天在喂奶之余，再给宝宝喂点白开水。但到底给宝宝喝多少水才合适呢？专家认为，出生6个月的婴儿用纯母乳喂养时，最好不要额外喝水。一方面，母乳中含有宝宝成长所需的一切营养，特别是母乳中 80% 的成分都是水，足以满足宝宝对水分的要求，而果汁等其他饮料更不能喝。另一方面，如果过早、过多地给宝宝喝水，会抑制宝宝的吮吸能力，使他们从母亲乳房中主动吮吸的乳汁量减少，不仅对宝宝的成长不利，还会间接造成母乳分泌减少。当然，偶尔给宝宝喂点水是不会有不良影响的，特别是当宝宝生病发烧时，夏天常出汗，而妈妈又不方便喂奶时，吐奶时，宝宝比较容易出现缺水现象，喝点白水就非常必要了。但是，其他人工喂养或混合喂养的宝宝一定要适当喂水。另外，宝宝过了 6 个月之后，也要在两餐之间适量补充水分，这不仅对宝宝的健康成长有好处，也对将来宝宝断奶有帮助。

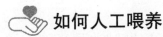 如何人工喂养

妈妈由于各种原因不能亲自哺喂 6 个月以内的宝宝时，也不必感到焦虑。专为婴儿调制的配方奶粉同样可以陪伴宝宝健康成长，是哺乳期宝宝的最佳选择。

帮你巧选配方奶粉

有些父母会选择鲜牛奶作为宝宝的奶类食品，但是鲜牛奶的维生素 C、维生素 D、维生素 E，尤其是铁的含量很低，它并不是 3 岁前宝宝的理想奶类食品，而专为婴幼儿调制的配方奶粉才是理想的选择。专为婴幼儿调制的配方奶粉应该含有丰富的优质蛋白质，因为宝宝的肌肉和器官发育，甚至免疫物质的生成均需要优质蛋白质。配方奶中应该含有丰富的必需脂肪酸，因为宝宝的大脑和神经系统发育需要必需脂肪酸。还应该含丰富钙质及适当的维生素 D，以促进宝宝牙齿及骨骼的发育。配方奶中最好已去除了牛油（又称乳脂），因为牛油会与钙质起钙化反应，影响钙质的吸收。配方中应该可以提供足够的铁元素，以帮助宝宝预防缺铁性贫血。目前，有研究表明，β-胡萝卜素有助于增强宝宝的免疫力，促进视力发育，因此配方奶中加入 β-

胡萝卜素可以帮助宝宝全面发育，为宝宝的健康成长奠定坚实的基础。

此外，宝宝由于上火而导致的便秘与所吃奶粉的成分有密切的关系，这是因为一些配方奶粉中添加了棕榈油，然而棕榈油中的棕榈酸与母乳中的棕榈酸在效果上有很大的差别。在宝宝的消化过程中，棕榈油中的棕榈酸会与钙质结合产生皂化反应，反应后形成的皂化物会随着粪便被排出体外。宝宝粪便过硬甚至便秘，就是由于粪便中含有这些不溶物质。因此，在为宝宝选择配方奶粉时，最好选用植物油配方的婴儿奶粉，这种配方奶粉不但能够保证钙质和脂肪的吸收，还不会引起宝宝大便过硬或者便秘。当然，奶制品鱼龙混杂，家长要特别注意挑选最适合宝宝成长的配方奶粉。

用奶瓶给宝宝冲奶粉

妈妈在为宝宝冲调配方奶时，应严格按照说明书上的要求冲调，不能为了增加营养而冲配太浓。浓度越大，水分就越少，奶的肾脏溶质负担就越高，会增加宝宝的肾脏负担。另外，鲜牛奶因蛋白质和矿物质含量较高，会增加宝宝的肾脏负担，不建议2岁以内的宝宝食用。在奶瓶的使用上，奶嘴孔的大小很重要。妈妈可以把奶瓶倒立，以每秒钟滴一滴为宜选择奶嘴孔的大小。

此外，在喂奶前，妈妈必须试试奶的温度，不能太热或太凉，妈妈可以先在自己手腕内侧滴上两滴，感觉微温就行。

喂奶时，奶瓶要倾斜着拿，使奶嘴充满奶水，以免宝宝吸入空气。如果奶嘴瘪了，妈妈可以在宝宝嘴里转动一下奶瓶，或者松动一下奶瓶盖，让空气进去，注意别堵住宝宝的鼻子，以免影响他的呼吸。

宝宝吐奶怎么办

无论母乳喂养还是人工喂养，宝宝都会发生经常性吐奶，在1~2个月内最严重。这是因为婴儿期食管壁肌肉及弹力纤维发育差，胃呈水平位，食管和胃交界处的贲门括约肌发育亦不完善，吃奶后容易发生溢乳和呕吐，尤其是吃奶过程中宝宝吞下较多空气时更容易吐奶。

对于一般的吐奶，妈妈在喂奶后可将宝宝竖着抱起来，让他趴在妈妈左侧的肩膀上，然后轻轻拍宝宝的背部，使吞入的空气排出，让宝宝打一个嗝后就可以了。对于某些吐奶的宝宝来说，采用这种方法也许不灵。妈妈要注意观察，宝宝如果在吐奶前后样子并不痛苦，就不要紧。妈妈可以减少每次的喂奶量，增加喂奶次数。如果宝宝吃完奶睡着了，妈妈一定要守在旁边，一旦二三十分钟之后宝宝吐奶，可以及时处理，以防奶块进到气管引起宝宝窒息。也有的吐奶宝宝表现出十分难受的样子，哭闹不止。这时就要考虑是否有肠套叠或其他疾病，要及时去看医生。不管怎么样，随着宝宝月龄的增大，吐奶也会慢慢减少的。

 ## 0-3个月母乳妈妈食谱

新妈妈要想拥有充足的奶水，母乳期的营养不容忽视。

乳母合理膳食的原则

1. 保证供给充足的优质蛋白，比如大豆、瘦猪肉或牛肉、鸡鸭肉、鱼肉等，但不能过多。

2. 多食含钙丰富的食品，比如牛奶、虾皮等。

3. 重视蔬菜和水果的摄入，可以吃些熟透的水果，在热水里泡一下再吃。

4. 粗细粮搭配，膳食多样化。

5. 注意烹调方法，吃软、烂、优质蛋白和高膳食纤维的食物。

6. 合理安排产褥期膳食，不能吃过酸、过甜、过辣的食物。

7. 为保证乳汁分泌，妈妈应保证每天摄入足够的水分，包括饮水、流质食物、汤汁类食物等。建议每天喝800-1000毫升的水，多吃煮的、带汤的食物。

乳母一日食谱推荐举例

早餐　　　红豆稀饭：大米 50 克，红豆 10 克

馒头：面粉 50 克

蒸鸡蛋：鸡蛋 50 克

凉拌黄瓜：黄瓜 100 克

早点　　　牛奶 250 毫升，蛋糕 50 克

午餐　　　米饭：大米 150 克

鲫鱼汤：鲫鱼 100 克

炒四季豆：四季豆 200 克

午点　　　鸡蛋面：面条 50 克，鸡蛋 50 克，虾皮 5 克

晚餐　　　米饭：大米 150 克

黑木耳炒青菜：青菜 200 克，黑木耳 10 克

花生排骨汤：花生 25 克，猪大排 100 克

水果　　　草莓 100 克

全天烹调用油 25 克、食糖 20 克、调味品适量

催奶美味食谱推荐举例

1. 木瓜花生大枣汤

材料：木瓜 750 克，花生 150 克，大枣 5 粒，片糖两三块。

做法：

（1）将木瓜去皮、去核、切块。

（2）将木瓜、花生、大枣和 8 碗水放入煲内，放入片糖，待水滚后改用文火煲 2 小时即可饮用。

2. 乌鸡白凤尾菇汤

材料：乌鸡 500 克，白凤尾菇 50 克，料酒、大葱、食盐、生姜片各适量。

做法：

（1）将乌鸡宰杀后，去毛，去内脏及爪，洗净。

（2）沙锅添入清水，加生姜片煮沸，放入乌鸡。

（3）加料酒、大葱，用文火炖煮至酥。

（4）放入白凤尾菇，加食盐调味后煮沸3分钟即可起锅。

3.奶汁鲫鱼汤

材料：鲫鱼1-2尾、冬瓜、葱、姜、盐少许。

做法：

（1）认真清洗鲫鱼，将葱姜、冬瓜切小片。

（2）鱼下冷水锅，大火烧开，加葱姜，后改小火慢炖熬。

（3）当汤汁颜色呈奶白色时放入冬瓜，并调味，稍煮即可。

第三章　4个月-1岁聪明宝宝——辅食添加期

　　4个月-1岁的宝宝生长速度也很快，仅次于最初的3个月，仍需要大量的热能和营养素。这个阶段宝宝的体格进一步发育，神经系统日趋成熟。此时的宝宝已开始长乳牙。母乳或配方奶粉都只是宝宝的早期食品，在他日益长大的过程中还需要一些相适应的过渡食品，让宝宝的肠胃在一段时间内慢慢适应和消化固体食物，从中吸收自己生长所需的营养。什么时候开始给宝宝添加辅食？给宝宝吃哪些辅食呢？这是不少妈妈的棘手问题。

💗 开始添加辅食的信号

对于添加辅食的时间一直以来有不同的说法，有的观点认为婴儿满 4 个月就应该添加辅食，世界卫生组织通过的新的婴儿喂养报告，提倡在前 6 个月纯母乳喂养，6 个月以后在母乳喂养的基础上添加食物，但是具体到每个宝宝，什么时候添加辅食应根据每个宝宝的生长发育情况而定，因此添加辅食的时间也不能一概而论。另外，家长要仔细观察宝宝吃辅食的种种信号。

在宝宝 4~6 个月时，如果发现宝宝看着别人吃就不停地蠕动嘴，身体向前伸，表现出很想吃的样子，家长就可以尝试着给宝宝加一些辅食。这是因为从 4~6 个月开始宝宝所需的热量增加很多，而成长所需要的养分只靠哺乳是不够的，所以必须添加辅食。另外，如果发现宝宝在每次吃完奶后没过多久又强烈要求吃奶，并且一连几天都出现这种迹象，说明宝宝的胃容纳的乳汁已经不能满足宝宝生长的需要了，你应该开始给宝宝添加辅食了。

但是随着宝宝长大，家长准备辅食的原则还要一直延续下去吗？由于婴儿消化谷物类食物的淀粉酶要到 4~6 个月后才开始分泌，所以米粉等含淀粉的食物应在出生后 4~6 个月时开始添加。随着宝宝年龄的增长，宝宝的消化代谢功能趋于成熟，可以逐步添加其他种类的辅食。因此，我们需要根据宝宝消化代谢的特点，进行合理的添加，这样才能满足宝宝生长发育的需要。

温馨小贴士

1. 不足 3 个月的宝宝，其消化系统尚不能接受复杂的食物结构，如果太早给宝宝添加辅食，会使他消化不良，给发育不成熟的肾脏带来很大的压力，留下隐患。

2. 刚添加辅食时，50% 以上的宝宝会有厌奶期。如果宝宝厌奶，可适时加入新鲜水果制成的果汁或蔬菜汤等。

3.橘子等容易引发过敏的水果，在宝宝1岁之前最好不要吃！

4.若是妈妈奶水不足，建议可以让宝宝食用水解蛋白奶或植物蛋白奶，辅食最好等到6个月之后再添加。

5.喝配方奶的宝宝4个月就能尝试添加辅食。

6.对于过敏型的宝宝来说，如果妈妈奶水充足，前6个月最好纯母乳喂养，6个月后再开始添加辅食。

辅食聪明吃

第一，从少量米粉开始。

刚开始，可以在宝宝的日常奶量以外适当地加一些米糊、麦糊、果汁和菜汤。要先从少量婴儿米粉开始，因为米类的蛋白不容易导致过敏，等到喝了米粉之后适应良好，就可以尝试麦粉，接着再换成稀饭。专家提示，辅食添加以一次一样为原则，并从少量开始慢慢增加。米糊一般可用市场上出售的"婴儿营养米粉"来调制，也可把大米磨碎后自己制作。

第二，在两餐之间或饥饿时添加。

宝宝6个月之前，一天平均要喝6次奶，但是开始添加辅食后，喝奶的次数就会随之减少。有专家认为，最好在两次喂奶之间或宝宝饥饿时添加辅食，正确把握时机，宝宝才会吃得更香！

第三，注意皮肤和排便。

宝宝开始吃辅食后，要特别注意宝宝的皮肤和排便的状况。如有过敏反应或生病，应暂停添加新食物。

第四，适时添加一些果汁、蔬菜，增加食物中的纤维素。

添加果汁或菜汤都一定要从少量开始，再慢慢增加。蔬菜则可熬煮成菜汤。果汁必须采用天然的水果加水，以1:1的比例稀释调制，或是将10-20毫升不等的果汁加到牛奶里面。

第五，量由少到多，循序渐进。

添加辅食一定从少量开始，再慢慢增加。从一天一次开始，持续半个月到一个月后，根据宝宝的情况变为一天两次。从一次一种开始，等宝宝适应后，再添加另外一种新的食品。慢慢让宝宝尝试各种不同口味的食物，包括米粥、过滤后的蔬菜汁、豆腐脑等。每次添加一种，1-2周后再加入另一种。辅食添加遵循从液体到糊状，到半固体，再到固体的顺序。

不管宝宝在哪个月龄，食物的添加都要求营养的全面与均衡，食物种类都应包括主食类、蔬菜水果类、蛋白质类。

但是，6个月前由于宝宝的代谢系统发育还不够完善，所以还不宜吃肉类及蛋白。9个月的宝宝可以按照一日三餐吃饭，进一步养成饮食的规律性。另外，在食物的加工中要注意遵循从软到硬的过渡，如果过软，会使宝宝养成囫囵吞枣的习惯，不利于咀嚼能力的提高。在宝宝9个月时，家长可以尝试把胡萝卜条放在不同的调味品（如糖或醋）中蒸一下让宝宝磨牙，同时也能发展宝宝的味觉。

温馨小贴士

购买成品的婴儿米粉应注意宝宝的月龄，按照产品的说明书配制米糊。果汁要以新鲜水果现榨后加等量开水稀释。菜汤在制作中不应加糖、盐甚至味精等调料品。

在宝宝适应米粉、果汁和菜汤后，可以给宝宝添加蛋白质类的食物了。首先应先给宝宝添加蛋黄泥。从喂食1/4的蛋黄开始，慢慢过渡到整只蛋黄。千万不要太早给宝宝喂食蛋白。

在宝宝适应蛋黄后再开始添加豆类、鱼虾和肉类等食品，同时米糊类的食品也应该逐渐由稀到稠，过渡到泥状食品，然后再慢慢发展成稀饭、面条、馒头和切碎的蔬菜等。

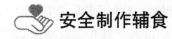 **安全制作辅食**

从宝宝开始吃辅食起，家长就要特别注意宝宝的饮食卫生了。因为婴幼儿的免疫系统尚不成熟完善，肠胃娇嫩，特别容易受到微生物和病菌的侵袭。下面的方法能帮助你进行预防：

1. 在为宝宝准备食物和给他喂食前要先认真洗净你和宝宝的双手。

2. 保证所有餐具都是清洁干净的。宝宝用的奶瓶、奶嘴、杯子、碗、汤匙等用具要定期煮沸消毒，尽量用高温热水清洗宝宝的餐具，然后用干净的毛巾或纸巾擦干。

3. 定期用热肥皂水或消毒液清洗宝宝的餐椅、围嘴和吃饭的地方，经常更换餐桌上的桌布和餐巾等，尽可能保持厨房干净整洁，尤其要注意地面的卫生。

4. 给宝宝烹饪的食品一定要煮熟煮透，特别是鸡蛋、鱼虾和肉类。但是不要多次重复加热。千万不要给宝宝吃生鸡蛋，也不要给宝宝吃剩饭。冷藏或冰冻过的食品一定要充分加热，放凉到合适的温度后再喂宝宝。

5. 宝宝的奶瓶、奶嘴还必须和以前一样要彻底消毒。

6. 为宝宝选购新鲜应季的食品，现做现吃，不要存放过久。有皮的水果和蔬菜应尽量去皮后再制作，不要给宝宝购买已破损或糜烂的水果和蔬菜。

7. 配制好的任何食物都必须迅速冷却后放在有盖的容器内密封，再放入冰箱保存，一般加工过的水果和蔬菜在冰箱里只能存放两天。注意生熟食品要分开储存。

让宝宝爱上辅食的9个秘诀

让宝宝吃饭是不少家长头疼的大事，如何让宝宝爱上吃饭、爱上辅食呢？以下9个秘决：

秘诀1：学咀嚼，练吞咽。

有些宝宝因为不习惯咀嚼，会用舌头将食物往外推，这并不表明宝宝吃饱了或不爱吃，家长在这时要给宝宝示范咀嚼和吞咽的机会。幼儿咀嚼能力的良好发展，才是让幼儿拥有好食欲的第一步。因此，为了帮助幼儿锻炼咀嚼能力，父母应该配合幼儿咀嚼能力的不同发展阶段，给予恰当的食物量，以及大小、软硬适中，且易于吞食的食物。

秘诀2：勿喂太多或太快。

要按宝宝的食量喂食，速度不要太快，喂完食物后应让宝宝休息一下，喂食前不要有剧烈的活动，也不要吃完辅食后马上喂奶。

秘诀3：勿在宝宝面前评论食物。

有的家长不爱吃某一种食物，就不会给宝宝做着吃。宝宝的饮食喜好受家庭成员的影响，家人的一言一行，宝宝会都看在眼里、记在心里，并且会模仿。因此，家长要让宝宝爱上辅食，就要从自身做起，树立均衡膳食的榜样，更不要在宝宝面前评论食物的好坏。

秘诀4：学会食物代换原则。

如果宝宝拒绝吃某种食物，家长不必过于急躁。宝宝对食物的喜好是用一种反射而已，是凭感觉产生的，而这种感觉也是不断变化的。宝宝不爱吃也许只是暂时不喜欢，家长可以先停止喂食，隔段时间再换个花样让他吃。也许哪一天换种烹调的方式或者给宝宝把饭摆成一个可爱的造型，宝宝就爱吃了。在此期间，家长可以给宝宝喂营养成分相似的替换品。

秘诀5：品尝各种新口味。

饮食富于变化能刺激宝宝的食欲。家长在宝宝比较喜欢的食物中加入新食物，分量和种类由少到多。

这样逐渐增加辅食种类，可以让宝宝品尝到更多的新口味，帮助宝宝建立对各种食物的饮食记忆，也有利于宝宝接纳新食物。同时，辅食要注意色彩搭配，以激起宝宝的食欲，但口味要清淡。

秘诀 6：重视宝宝的独立性。

半岁之后，宝宝渐渐有了独立的愿望，会想自己抓握食物来吃。这时，家长可以鼓励宝宝自己拿汤匙进食，也可烹制易于抓握的小食物，满足宝宝的抓握进食的欲望，让他觉得吃饭是件有"成就感"的事。宝宝心情愉快了，食欲自然会更加旺盛。

秘诀 7：饭前 10 分钟先行预告。

玩在兴头上的宝宝若被突然打断，会十分反感和反抗。较好的办法是要事先告许他即将要做的事，让宝宝作好心理准备就更容易接受了。比如："再过10 分钟就要洗手吃饭了！"以此养成宝宝按时就餐的好习惯。

秘诀 8：准备一套宝宝专用餐具。

大碗的饭菜会使宝宝产生压迫感而影响食欲；尖锐易破的餐具也不宜使用，以免发生意外。家长若为宝宝准备一套有可爱的图案、外表色彩鲜明的餐具，会给宝宝归属感，可以激发宝宝的食欲。另外，家长还可以选购一种吸盘碗，防止宝宝把碗打翻。

秘诀 9：保持愉快的进餐情绪。

若宝宝到吃饭时间还不觉得饿的话，家长不要硬让他吃。常逼迫宝宝进食会让他产生排斥和逆反心理，反而降低宝宝食欲。家长更不要在宝宝进餐时讨论不愉快的话题，更不要因为宝宝不吃饭而批评他，这样会让他觉得沮丧而影响用餐情绪。

4个月-1岁宝宝的营养益智食谱

4-6 个月宝宝美味食谱推荐举例

果汁：选择新鲜水果洗净切半，将果汁挤出后以纱布过滤，原汁加等量冷开水即可喂食。

菜汁：选择绿色新鲜蔬菜，去除大茎，放入沸水中煮一下，然后丢弃菜叶，冷却后即可食用。

米糊、麦糊：将米粉或麦粉置于碗中，加开水调成糊状。

胡萝卜泥、土豆泥、南瓜泥：将胡萝卜洗净煮（或蒸）熟，去皮，切成薄片，取出少量，碾碎加汤，搅拌成糊状即可。

1. 花样蔬菜米糊（4个月起）

材料：胡萝卜15克、小白菜15克、小油菜15克、婴儿米粉适量。

做法：

（1）将所有准备好的青菜洗净，切成细碎状。

（2）将青菜放入沸水中，约2分钟熄火。

（3）待水稍凉后，将青菜滤出，并留下菜汤。

（4）将蔬菜汤加入婴儿米粉中即可。

2. 水果藕粉（5个月起）

材料：藕粉50克，桃1个。

做法：

（1）藕粉用水调匀。桃切成细末备用。

（2）将调好的藕粉倒入锅内，用微火慢慢熬煮，边熬边搅拌，直到熬到透明为止。

3. 蛋黄粥（6个月起）

材料：大米100克，熟蛋黄一个。

做法：

（1）将大米淘洗干净，放入锅内，加水用旺火煮开后，转微火熬成粥。

（2）熟蛋黄放入碗内，捣碎后加入粥锅内，煮几分钟即可。

7-9个月宝宝美味食谱推荐举例

7-9个月的宝宝已经开始逐渐长出牙齿，初步具有一些咀嚼能力，消化酶也有所增加，所以能够吃的辅食越来越多，虽然这个阶段的宝宝生长速度较前半年有所减慢，但是这一时期宝宝的胃容量已经达到200毫升左右，需要多次喂哺。

果泥：选择熟软、纤维少、肉多的水果，洗净去皮，以汤匙刮取果肉，碾压成泥。

菜泥：将绿色新鲜蔬菜洗净，去皮或去茎，切段放入沸水中煮，煮熟后置于碗内用汤匙压碎成泥。

蛋黄泥：将整只新鲜鸡蛋放入沸水中煮熟，取出蛋黄以汤匙压碎成泥。

肉泥：里脊肉洗净用汤匙刮成泥，加入少许水搅拌均匀，置于碗中蒸熟。

鱼肉泥：鱼去皮去骨洗净，蒸熟后捣成泥状。

豆腐泥：豆腐以水冲净后除去外层硬皮，以汤匙捣碎加适量开水调匀后蒸熟。

稀饭：米洗净后浸泡在10倍水里30分钟，以大火烧开后改成小火煮50分钟，熄火后10分钟以汤匙捣碎后喂食。

蔬菜粥：煮好的饭加5倍水再煮15-20分钟，熄火后焖10分钟，将烫过的青菜嫩叶捣碎，加入稀饭中搅匀。

碎肉粥：煮好的饭加5倍水煮15-20分钟，熄火后焖10分钟，将肉泥加入稀饭搅匀即可食用。

1. 碎炒菠菜（7个月起）

材料：菠菜300克。

调料：植物油、葱花、盐。

做法：

（1）菠菜洗净，切碎待用。

（2）锅内倒油烧热后，放入葱花炝锅，随即放入碎菜末，用旺火急炒，待菜烂时放入少量盐即可。

2. 蛋羹（8个月起）

材料：鸡蛋2个、盐、香油。

做法：

1. 鸡蛋磕入碗中，打散后加入温开水、盐调匀待用。

2.锅内加水，放在旺火上烧开，把鸡蛋碗放在屉上，上锅蒸至豆腐状即熟，出锅后滴入香油即可。

3.猪肉豆腐羹（9个月起）

材料：肥瘦猪肉100克、豆腐50克、酱油、淀粉适量、葱、姜、盐少许。

做法：

（1）将猪肉洗净剁成肉糜，加少量酱油搅拌均匀备用，葱、姜切成末备用。

（2）将豆腐搅碎，加拌好的肉馅、葱姜末、湿淀粉、盐及少量清水一同搅拌成泥。

（3）将豆腐肉泥上屉蒸30-40分钟，即可食用。

10-12个月宝宝美味食谱推荐举例

这个阶段的宝宝可以建立有规律的一日三餐进食模式了，但是宝宝的食物要弄得小一点，味道清淡一点。在两餐之间可以给宝宝吃点心，但要注意糖和巧克力不要多吃。

1.南瓜鱼粥（10个月起）

材料：南瓜30克，鱼10克，白米30克，蛋半个，盐，香油。

做法：

（1）南瓜去皮去子并切成小丁，鱼肉剁碎备用。

（2）鸡蛋打散备用。

（3）白米略微淘洗，加入南瓜丁、鱼肉末、蛋液、调味料、开水300毫升，稍微搅拌，放入锅内蒸熟。

2.菠菜土豆泥（11个月起）

材料：菠菜半棵，去皮土豆100克，熟蛋黄半个，去油高汤30毫升。

做法：

（1）先将菠菜洗净、切碎，加入去油高汤，放入果汁机打碎。

（2）用汤匙压碎熟蛋黄备用；去皮土豆切丁入锅蒸熟，加入菠菜汁，搅拌成泥状后再蒸2分钟。

（3）食用的时候再将碎蛋黄撒在菠菜土豆泥上即可。

3. 水炒鸡蛋（12个月起）

材料：鸡蛋2个，小葱2-3棵。

做法：

（1）鸡蛋磕入碗内，加少许盐打散搅匀。

（2）小葱去根，择洗干净，切成1.5厘米长的小段待用。

（3）锅内倒水，水开后倒入鸡蛋汁不断搅炒。

（4）待鸡蛋成块，加盐调味，投入小葱搅炒几下即可。

第四章　1-2岁聪明宝宝——牙齿成熟期

从现在起，宝宝告别了婴儿期，进入了幼儿期，预示着宝宝向独立自主又迈进了一大步。和以前相比，宝宝的本事真长了不少，活动的范围扩大了，动作增多，活动量也加大，饮食的要求也增多。宝宝的乳牙越来越多，咀嚼能力进一步发展。可喜的是，有的宝宝甚至热衷于自己拿勺子吃饭了！

自己动手吃得香

当你给宝宝喂饭时，如果宝宝伸出小手去抢你手中的勺子，就是在告诉你，宝宝要开始自己吃饭了。当宝宝发出这个信号时，家长就要为宝宝洗净小手，让宝宝坐在婴儿椅上，带好围嘴，甚至在地上铺好塑料布，为即将面对的一片狼藉作好准备。一切就绪后，给宝宝一个柔软的小勺，配一个底部带吸盘的小碗（否则宝宝会随时把碗打翻），在碗里放一点点食物，你再拿另一个碗来喂宝宝。接下来会发生什么就不言而喻了，宝宝也许还不能准确地把勺放进嘴里，而且会把食物弄得四处都是。

但宝宝得到了什么呢？得到了一种机会，一种满足自己动手愿望的"成就感"。这种"成就感"是无可比拟的。宝宝自身所发出的要求，预示着某个敏感期的到来，顺应并辅助宝宝的要求，会使他的某种能力在敏感期内得到迅速的发展和进步，当一个敏感期过去后，另一个敏感期会自然到来，这样才能促进宝宝的发展。如果家长不抓住宝宝动作发展的敏感期，而是以自己心中的想法为标准，就可能会错过宝宝的敏感期，宝宝的能力发展就会落后了，以后再培养则会事倍功半。那些被顺应了需求的宝宝们在1岁时已经能很好地自己用勺吃饭了，同时发展起来的不只是那些婴儿的自理能力，还有手眼协调性和自信心……

宝宝自己吃饭的生理基础

其实，一旦宝宝学会了拿汤匙，就表示宝宝已经具备了可以独立进食的能力。家长们若此时适度放手，给宝宝独立进食的机会，并且让他去体验一次一次的成功进食经验，这不仅有利于宝宝的良好饮食习惯的养成，发展宝宝的肌肉力量和动作能力，也是宝宝成就感的来源。

1岁半以前，宝宝已经可以自己拿着杯子喝奶，而且也可以在30分钟内吃完一顿饭。但是距离拿起汤匙的能力还有一小段时间。因此，这一阶段家长在准备幼儿食物时，除了要注重食物的质与量外，选择一些可以让宝宝抓在手上的食物，也可以吸引宝宝对食物的兴趣，协助宝宝更快地进食，获得成长所需的足够营养。

温馨小贴士

> 有条件的家庭可以给宝宝准备一个带安全带的幼儿高椅，让宝宝固定位置吃饭，更能抓住宝宝吃饭的注意力，避免宝宝下椅子四处走动。
>
> 不强迫宝宝吃饭。宝宝不肯吃肯定有自己的原因。如果排除生病的可能，那么下一顿饭迟一点给宝宝吃，并且换一个花样，结果往往会发现宝宝的胃口其实并不差。
>
> 饭前尽量不要给宝宝吃零食，把胃的空间留给正餐。当然在坚持的过程中，有时会遇到宝宝的反抗，但是当他意识到，他的反抗并不会改变妈妈的态度时，这种反抗就会变成乖乖的合作。

 爱护宝宝的小牙齿

宝宝出生后 4-10 个月开始长出乳牙，1 岁时长出 6-8 颗，2 岁至 2 岁半时长齐，达到 20 颗。在宝宝长牙期间，辅食添加和膳食平衡对牙齿的健康发育至关重要。及时正确的辅食添加，既可以为牙齿发育提供必要的营养成分，如钙、磷等矿物质和许多维生素，促进牙齿的长成，而且还可以帮助宝宝练习咀嚼和吞咽，有利于宝宝的消化吸收，甚至对宝宝的语言发展也有很大的帮助！

晨晨两岁多，牙齿排列不整齐，妈妈一直很担心，可姥姥却不以为然，还告诉妈妈等到换牙后自然就好了。最近妈妈又发现他的好多牙齿上面好像一小块一小块都掉了，是吃糖太多引起的龋齿？还是由于缺钙引起脱落？晨晨妈妈陷入困惑和不安。

1岁以后牙齿长成阶段

宝宝一般在4～10个月长牙。要使宝宝长出一口整齐健康的乳牙，在乳牙萌发时就应当进行适当的护理。宝宝乳牙萌发时，先是牙床开始红肿，有充血现象，这极易引起牙床发痒。此时的宝宝喜欢吮手指、咬奶头和玩具，还经常流口水。当乳牙冲破牙床，牙尖冒出后，牙开始慢慢变白，这标志乳牙已生成。宝宝长牙一般无异常现象，但有的宝宝会有睡眠不安、低热、流口水及轻微腹泻等表现。这时应给宝宝多喂些开水，以达到清洁口腔的目的，并及时擦干宝宝的口水，以防止下颏部淹红。可给宝宝吃一些苹果片、饼干、胡萝卜条等食品来磨牙，既可以预防牙痒，又可促进乳牙生长。

和成人相比，宝宝的牙齿钙化程度比较低。若不注意，极容易发生龋齿。预防龋病必须制定以下两个方案：一是膳食平衡，营养充足，保证牙齿和身体正常发育。二是加强口腔保健，保持牙齿清洁。这样才能防止或减少龋齿的发生，保持健康的牙齿。

知识小链接

龋齿，俗称虫牙，常发生于幼儿，是一种牙齿硬组织脱钙后软化损害的慢性病，从乳牙一萌出就有发生龋齿的可能。患龋齿常和细菌与不健康的饮食习惯有关，如睡前宝宝喝奶后不用清水漱口等。这样，细菌与唾液中的粘蛋白、食物残渣混合在牙表面就会形成牙菌斑，牙菌斑附着在牙齿表面，牙菌斑中细菌大量产酸，就会造成牙釉质脱钙、溶解，进而形成龋洞。

宝宝的牙齿护理方案

方案一：膳食平衡，营养充足。

（一）富含矿物质的食物

人的牙齿及其周围的主要成分都是钙和磷，足够的钙和磷是形成和强健牙齿的基础。钙的最佳来源是奶类及乳制品，奶类及乳制品中不但钙含量丰富，而且吸收率高，是宝宝最理想的补钙食品。在粗粮、黄豆、海带、黑木耳等食物中也含有较多的钙、磷、铁和氟，有助于宝宝牙齿的钙化。要注意多让宝宝摄入此类食品，特别是坚持喝奶类及食用乳制品。

（二）富含蛋白质的食物

蛋白质对牙齿的形成、发育、钙化和萌出有着重要的作用。如果蛋白质摄入不足，会造成牙齿排列不齐、牙齿萌出时间延迟及牙周组织病变等现象，而且容易导致龋齿的发生。蛋白质的来源极为丰富，有动物性蛋白质如蛋类、乳类、鱼类、肉类，也有植物性蛋白质如谷类、豆类、干果类。经常摄入这两类蛋白质，可促进牙齿的正常发育。

（三）富含维生素的食物

维生素是调节人体功能的有机化合物。钙的沉淀及吸收需要维生素 D，骨胶和牙釉质的形成需要维生素 C、维生素 B，牙龈组织的健康需要维生素 A、维生素 C。可见，充足的维生素对于牙齿的发育极为重要。如果摄入矿物质过少或维生素 A、维生素 D、维生素 B 的摄入比例失调，都会造成宝宝牙齿发育不全和钙化不良。维生素 A、维生素 D 来源于奶类及动物肝脏和鱼肝油制剂，维生素 C 广泛存在于各种新鲜水果和蔬菜中，而且其中的纤维素还有按摩牙龈和清洁牙齿的作用。

方案二：口腔保健，牙齿清洁。

（一）选择宝宝牙刷

用柔软、头小的牙刷清洗牙齿和牙龈。一旦发现宝宝的牙齿被损害，可以用特制的柔软牙刷帮宝宝清洗牙齿，最好使用少量氟化牙膏。宝宝的牙刷应单独存放，并包好牙刷头。务必每 3 个月换一次牙刷，一旦生病也需要更换。

（二）睡前口腔清洁

临睡前清洁口腔很重要。如果宝宝在临睡前吃了糖果或甜食后不漱口，这些食物残渣就会在口腔中形成有利于细菌生长的酸性环境，从而增大患龋齿的概率。

（三）创造安全的牙齿环境

对于宝宝的玩具、家具等都应该选择圆的或软角的。这样就可以避免宝宝在咬东西时损坏牙齿。

（四）练习和坚持刷牙

宝宝应从 2 岁开始学习刷牙，每天清洗牙齿至少两遍，父母这时要给宝宝作示范。首先将牙刷头斜向牙龈，使刷毛贴附在牙龈上，稍稍用力，使刷毛顺着牙缝的方向旋转下去。刷上牙时要由上向下旋转着刷；刷下牙时要由下向上旋转着刷；刷上牙内侧时，由上向下拉动；刷下牙内侧时，由下向上拉动。刷牙的时间应为 2-3 分钟，这样才能达到较为彻底的效果。每天至少早晚两次，饭后亦可进行。

3-6 个月带宝宝进行一次口腔健康检查，如发现有龋齿，应及时治疗，填充龋洞，以杜绝感染，预防龋齿引发其他疾病。

1-2岁宝宝配餐须知

1-2 岁的宝宝将陆续长出十几颗牙齿，主食也逐渐从以奶类为主转向以混合食物为主，而此时宝宝的消化系统尚未成熟，因此还不能给宝宝吃大人的食物。要根据宝宝的生理特点和营养需求，为他制作可口的食物，保证获得均衡营养。

宝宝的胃容量有限，宜少吃多餐。1 岁半以前可以给宝宝三餐以外加两次点心，加点心时间可在下午和夜间；1 岁半以后减为三餐一点，加点心时间可在下午。但是加点心时要注意：一是点心要适量，不能过多；二是时间不能离正餐太近，以免影响吃正餐的食欲，更不能随意给宝宝零食，否则时间长了会造成营养失衡。

多吃蔬菜、水果。宝宝每天营养的主要来源之一就是蔬菜，特别是红黄色和绿色蔬菜，如西红柿、胡萝卜、油菜、柿子椒等。可以把这些蔬菜加工成细碎软烂的菜末炒熟调味，给宝宝拌在饭里喂食。水果也应该给宝宝吃，但是水果不能代替蔬菜，1-2岁的宝宝每天应吃蔬菜、水果共150-250克。

适量摄入动植物蛋白。在肉类、鱼类、豆类和蛋类中含有大量优质蛋白，可以用这些食物炖汤，或用肉末、鱼丸、豆腐、鸡蛋羹等容易消化的食物喂宝宝。1-2岁的宝宝每天应吃肉类40-50克、豆制品25-50克、鸡蛋1个。

奶类不可少。牛奶中营养丰富，特别是富含钙质，利于宝宝吸收，因此这一时期牛奶或配方奶粉仍是宝宝不可缺少的食物，每天应保证摄入250-500毫升。

粗粮、细粮都要吃。吃粗粮可以避免维生素 B_1 缺乏症。主食可以吃软米饭、粥、小馒头、小馄饨、小饺子、小包子等，吃得不太多也没有关系，每天的摄入量在150克左右即可。1岁多宝宝的饮食正从以奶类为主转到以粮食、蔬菜、肉类为主食的阶段，宝宝的食物种类和烹调方法将逐渐过渡到与成人相同。每天三餐饭，再加一两顿点心，早晚吃各一杯配方奶。

宝宝"断奶计划书"

断奶期是宝宝成长里程中的一个重要时期，代表着他从婴儿时期的单一饮食向成人膳食迈出了第一步。断奶，无论对宝宝还是妈妈来说都是一个挑战。什么时候给宝宝断奶最好、断奶要有哪些准备、怎样才能让宝宝顺利渡过断奶等等，这些都是妈妈最想问的问题。

最佳断奶时机

俗话说："金水银水不如妈妈的奶水。"虽然母乳是哺乳期最好的益智食品，但其所含的营养只能满足6个月前婴儿的需要。比如母乳中的维生素D就很少，满足不了宝宝成长中的营养需求。而婴儿在出生10-12个月的时候，胃肠消化功能就基本完善了，对营养的需要也会逐渐增加，这个时候母乳的量和质都已经不能满足宝宝生长发育的需要了，此时辅食的需要量在增加，这正是宝宝开始断奶的最佳时机。

专家提倡母乳喂养应该持续到宝宝1周岁左右。断奶以春秋季节最为适合，如断奶适逢夏季，天气炎热，宝宝常因断奶哭闹，还易引起胃肠道疾病，可适当将断奶时间推迟至秋季。也不要在宝宝生病时断奶，因为此时宝宝的抵抗力有所下降，会加重宝宝的胃肠道负担，不利于病后的康复。

即使母乳充足，妈妈也不要舍不得断奶。断奶过早或过晚对宝宝的发展都不利。断奶太迟，宝宝不能及时吃到其他食物，营养就会越来越不够，生长发育也会越来越差，而且不利于宝宝独立性的培养。断奶也不宜过早，由于婴儿消化道的能力弱，吃的辅食过早或过多，都会引起消化不良、腹泻等胃肠道疾病，导致营养不良。

十步科学断奶法

宝宝从母乳过渡到完全吃固体食物有一个较长的适应过程，这个过程应该是逐渐的，而不是突然性的，所以家长要有耐心。科学的断奶法遵循循序渐进的原则，也就是我们所说的"自然断奶法"，即逐步减少喂母乳的时间和量，代之以配方奶粉和辅食，直到完全停止母乳喂养。

第一步：慢慢延长哺乳间隔，减少喂奶次数。

如果宝宝2个小时喝一次奶，妈妈可以慢慢延长到三四个小时喂一次奶，或是用其他辅食来替代，同时加大辅食的量，这样可以减少宝宝喝奶次数，而妈妈也会因为宝宝喝得少而减少奶水。一周后，如果妈妈感到乳房不太发胀，宝宝的消化和吸收情况也很好，就可再延长喂奶时间，减少喂奶次数，逐渐向断奶过渡。

第二步：先减白天，再减夜晚。

刚减奶的时候，宝宝对妈妈的乳汁会非常依恋，因此减奶时最好从白天喂的那顿奶开始。白天有很多吸引宝宝注意的事情，他不会特别在意妈妈，但早晨和晚上宝宝却会特别依恋妈妈。

第三步：改变宝宝吃奶的习惯。

宝宝都会有习惯性的吃奶需求，而这种吃奶的习惯必须逐渐地改掉。例如，宝宝早上起床习惯吃母乳，中午必须吃完母乳再睡觉。那么妈妈可以改变自己，让宝宝无法维持这些习惯。妈妈可以比宝宝更早起床，让宝宝无法直接在床上吃奶；中午改成让宝宝到公园去玩耍，玩累了就回家睡觉。总之就是尽量让宝宝不要处在让他想吃母乳的情境。

第四步：宝宝生病时不要断奶。

妈妈准备给宝宝断奶的时候，最好先带宝宝去医院做一次全面的体检。只有当宝宝身体状况良好、消化能力正常时才可以考虑断奶。如果恰逢宝宝生病、出牙，或是换保姆、搬家、旅行及妈妈要去上班等事情发生的时候，最好先不要给宝宝断奶，否则会增加宝宝断奶的难度。

第五步：多花一些时间陪伴宝宝。

母亲在断奶期间应多和宝宝一起玩他感兴趣的游戏，转移宝宝的注意力，要对宝宝格外关心和照料，并多花一些时间来陪伴他。尤其是在宝宝哭闹时，父母及家里的亲人一定要帮助安抚宝宝，给宝宝更多的关爱，抚慰宝宝的不安情绪。切忌母亲为了快速断奶而将宝宝交给别人喂养。

第六步：爸爸帮宝宝度过断奶期。

在准备断奶时，要充分发挥爸爸的作用，提前减少宝宝对妈妈的依赖。断奶前，妈妈可有意识地减少与宝宝相处的时间，增加爸爸照料宝宝的时间。

第七步：切忌仓促、生硬地强行断奶。

母乳带给宝宝的不仅仅是营养物质，还有妈妈带给他的信赖感和安全感。切忌仓促、生硬地断奶，如让宝宝突然和妈妈分开，或一下子就断奶，或在妈妈乳头上涂辣椒、涂颜色等物质来吓唬宝宝。也不要让宝宝吮吸假奶头，这样对宝宝的身体和心理会产生不良影响。

第八步：断奶过程要果断，不拖延。

在断奶的过程中，妈妈既要让宝宝逐步适应饮食的改变，又要态度果断坚决，不可因宝宝一时哭闹就向宝宝妥协，从而拖延断奶时间。也不可突然断一次，接着让他吃几天，再突然断一次，反反复复带给宝宝不良的情绪刺激。

第九步：增添多样的辅食。

宝宝断奶的过程也是增加辅食的过程。添加辅食不仅可为宝宝增加营养，促进生长发育，而且可以慢慢改变宝宝的饮食习惯和口味。同时形态多样、味道各异的辅食还可以丰富宝宝的感觉，激发宝宝的食欲，锻炼他的咀嚼和吞咽能力。

这些都可以减少宝宝对母乳的依赖，减缓"恋母"、"恋乳"的心理。当宝宝对辅食感兴趣的时候，家长应该用适当的语言鼓励和表扬宝宝，向宝宝介绍食物的营养，使宝宝在心理上自然断奶。

第十步：转变进食方式。

进食方式上逐渐增加宝宝用杯子喝水、喝汤，用勺和小碗吃饭菜的机会，淡化宝宝对吸吮的心理依赖。同时，爸爸和其他亲人也要多给宝宝喂食，也能淡化宝宝对妈妈的心理依赖。

宝宝不喝配方奶粉怎么办

在宝宝开始吃配方奶的转奶期内，妈妈常常会遇到这样的情况：用奶瓶喂奶时宝宝不肯吸奶，会把奶头吐出来或将其含在口中却不吮吸；或者干脆不碰，以哭闹来抗议。这往往会让妈妈不知所措，以为宝宝天生喝不了配方奶。其实，宝宝拒绝配方奶主要是因为他们已经习惯了清新淡雅的母乳，而配方奶却带有一股奶腥味，敏感的宝宝不能很快适应，因而拒食。关于这一点，我们总结了以下几点为你提供一些帮助。

1.4–6个月是宝宝学吃的关键时期，建议在这一阶段让宝宝品尝多种食物的味道，可将一点配方奶粉加进辅食中，让宝宝品尝配方奶的味道，为断母奶时能很好地换吃配方奶作准备。

2.选购配方奶时，尽量要选择营养全面、口味清淡、接近母乳的奶粉。

3.开始喂配方奶时可以小量食用，先用小勺、小杯，再用奶瓶，让宝宝逐步接触并适应配方奶的味道。

4.可选择在宝宝的两餐之间，或将睡未睡、将醒未醒、迷迷糊糊、感到饥饿的时间来喂，这样宝宝易于接受。

 1~2岁宝宝的营养益智食谱

钙是促进宝宝骨骼健壮和牙齿生长发育的主要矿物质。1岁多的宝宝正处在长骨骼和长牙齿的阶段，补充钙质非常重要。对宝宝来说，奶类是吸收钙质的最好来源，一般这个年龄的宝宝每天应保证吃到400毫升以上的牛奶。另外，食品中虾皮、紫菜、豆类及绿叶菜中钙的含量也都较高。

1.香椿芽拌豆腐（1岁~1岁半的宝宝）

材料：嫩香椿芽、一盒豆腐、盐、香油。

做法：

（1）选嫩香椿芽洗净后用开水焯5分钟，挤出水切成细末。

（2）把盒装豆腐倒出盛盘，加入香椿芽末、精盐、香油拌匀即成。

2.虾皮紫菜蛋汤（1岁~1岁半的宝宝）

材料：紫菜、虾皮、香菜、鸡蛋、姜末、葱花。

做法：

（1）虾皮洗净，紫菜撕成小块，香菜择洗干净切小段。

（2）鸡蛋一个，打散备用。

（3）用姜末炝锅，放入虾皮略炒，加水适量，烧开后淋入鸡蛋液。

（4）随即放入紫菜、香菜，并加香油、精盐、葱花适量即可。

核桃鱼丁（1岁半~2岁的宝宝）

材料：核桃仁100克、鱼肉200克。

调料：盐、植物油、料酒、葱、淀粉各适量。

做法：

（1）鱼肉洗净，剔去骨刺，切丁，用料酒、淀粉拌匀，腌制片刻；核桃仁

炒熟，切碎；葱洗净，切末。

（2）锅置火上，放适量植物油，烧热后，放入鱼片滑散，加料酒、葱末翻炒，再加核桃仁、盐翻炒均匀即可。

4.虾仁豆腐（1岁半–2岁的宝宝）

材料：豆腐200克、虾仁50克、鸡蛋1个。

调料：植物油、盐、白糖、酱油、水淀粉、肉汤、葱末各适量。

做法：

（1）虾仁去除沙线，洗净，沥干水分；鸡蛋打散，搅拌均匀；豆腐放入沸水中煮3分钟，捞起沥干水分，切小粒。

（2）锅置火上，倒入油烧热后，炝香葱末，加白糖、酱油调味，倒入肉汤大火煮沸，再放豆腐，大火煮沸后加虾仁煮熟，淋蛋液煮2分钟，加盐，用水淀粉勾芡即可。

第五章 2–3岁聪明宝宝——益智关键期

2岁了，宝宝又向人生之路迈进了一大步。此时宝宝的乳牙生长基本完成，大多数宝宝长出了18颗以上的乳牙，有的宝宝已经长出20颗乳牙，完成了乳牙生长任务。随着宝宝牙齿的发育和咀嚼能力的进一步发展，宝宝的食物选择范围也进一步扩大，哪些食物该给宝宝吃，哪些食物要限制宝宝吃呢？2–3岁既是宝宝益智关键期，也是培养宝宝食物选择和良好饮食习惯的重要时期。

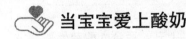

当宝宝爱上酸奶

酸奶对人体的消化系统有利，在一定程度上能激发食欲。但是给3岁前的宝宝喝酸奶行吗？究竟怎么喝才能让宝宝既营养又健康？专家的观点又是怎样的呢？

酸奶好还是牛奶好？经过很多专家的研究后，似乎已经有了定论。酸奶由纯牛奶发酵而成，新鲜的酸奶中含有大量活的乳酸杆菌，能增强人体消化功能，促进食欲，加强胃肠蠕动，提高免疫力，增进人体健康。酸奶中除保留了鲜牛奶的全部营养成分外，在发酵过程中乳酸菌还可产生一些维生素。鲜奶中的钙含量很丰富，经发酵后，钙等矿物质都不发生变化，但发酵后产生的乳酸可以有效地提高钙、磷在人体中的利用率，所以很容易被人体吸收。酸奶中的乳糖部分被分解成乳酸，特别适合于乳糖不耐受的儿童。此外，酸奶的口感很好，特别受对口味比较敏感的宝宝的欢迎。但是，酸奶可以代替牛奶或配方奶粉给宝宝大量饮用吗？

专家的建议是，在1岁以内，无论是鲜牛奶还是酸奶，都不适合让宝宝饮用，这个时候宝宝的最佳饮品是母乳，其次是配方奶。1岁半以后，可以试着给宝宝喝些酸奶，但是不宜给宝宝过量饮用酸奶。大量饮用酸奶，会使胃酸浓度过高，从而对胃肠黏膜及正常消化酶的分泌等产生不良影响，以致影响消化吸收功能，对患有肠胃炎的宝宝及早产儿、体弱儿更加不利。此外，家长在购买酸奶时还要注意认清是发酵乳，而不是酸奶饮料，最好是没有香料、防腐剂等添加剂的原味酸奶。

一般来说，酸奶中的蛋白质含量要超过2.3%。另外，酸奶饮用时不可加热，但也不能从冰箱里拿出来就给宝宝喝，可以放在室内让其自然升至室温后饮用。值得注意的是，由于酸奶味道可口，也会影响宝宝对其他味道淡一些的东西如白开水的接受程度。

温馨小贴士

1. 最好在饭后2小时喝酸奶，这时胃液碱性上升，适合乳酸菌生长。

2. 不要空腹喝酸奶，空腹时胃液酸性高，乳酸菌会被杀死。

3. 酸奶应该冷藏保存，而且不能存放过久，最好在7天内喝完。

4. 不能加热。从冰箱拿出后可以在室内自然温度下放置一两个小时。

5. 喝完酸奶后要记得漱口，以免发生龋齿。

 ## 吃出聪明，饮食习惯帮大忙

宝宝生长发育所需要的营养素基本上都可以从日常的食物中获取，所以要想吃得科学、合理，宝宝必须养成以下良好的饮食习惯。

习惯一：不挑食，不偏食。

宝宝从小就养成饮食平衡的习惯，即什么食物都吃一点，什么食物都不要多吃。如果宝宝不爱吃某种食物，家长要想办法让他明白吃的好处和不吃的坏处，但不要呵斥和强迫。家长也千万不要在饭桌上谈论自己不爱吃的食物，这会影响宝宝的饮食喜好。

习惯二：饭前喝汤，聪明健康。

宝宝饭前喝少量的汤，好比运动前做活动，润一润消化道，使消化器官活动起来，使消化腺分泌足量的消化液。这样能激发宝宝的食欲，饭后也会感到舒服。

习惯三：吃好早餐最重要。

一日之计在于晨，早餐的好坏关系到宝宝的生长发育，是一日三餐中最值得重视的一餐。如不注意引导宝宝养成吃早餐的习惯，宝宝在以后上学时就会发生大脑迟钝、精力不足等保护性抑制，甚至发生低血糖，严重影响宝宝学习和智力的发展。

习惯四：饭前不吃零食和水果。

在餐前给宝宝吃零食和水果会占据宝宝的胃空间，影响宝宝吃正餐的食欲，从而失去正餐食物中所获取的营养。通常宝宝在餐前想吃零食和水果时，家长必须下决心阻止。

习惯五：不吃汤泡饭。

汤和饭混在一起吃，宝宝不用嚼咀就一起咽进肚子里去了。这不仅没有充分刺激宝宝的舌上神经，也不利于宝宝咀嚼能力的发展，使食物不能很好地消化吸收。长此以往，宝宝容易患胃病。

习惯六：不玩食、不走食。

从一开始就让宝宝坐在一个固定的位置上吃饭，养成专心吃饭的习惯，不边吃边玩，不边吃边看电视、听故事，甚至来回跑动。这样会分散吃饭的注意力，影响消化液的分泌，不利于食物的消化吸收，也提不起食欲。玩食和走食还会使进餐时间过长而影响消化吸收。

习惯七：细嚼慢咽好习惯。

一般宝宝都是吃到了喜欢吃的食物时容易狼吞虎咽。吃饭过快，食物在口腔内还没有充分咀嚼就进入胃里，会增加胃的负担，从而导致消化不良。快食还会使食物呛入呼吸道，引起咳嗽、呕吐，影响进食量，而且不利于咀嚼能力的发展。

习惯八：宝宝自己吃饭香。

自己吃饭会引起宝宝极大的兴趣，是对食欲的强烈刺激。开始时宝宝拿勺吃，家长也拿勺喂，慢慢地宝宝能自己吃饱时就不用家长喂了，到2岁半以后宝宝完全可以自己吃饱时就不需要家长代劳了。

习惯九：文明进餐要做到。

这是宝宝社会适应性的组成部分，包括吃饭时要安静，小声交流，但不能大笑和大声说话，更不能哭闹，专心进餐。引导宝宝饭前洗手，训练正确使用餐具，学会进餐时的礼貌用语等等。

 ## 让宝宝告别挑食的小妙招

中国预防科学院儿童营养专家调研结果表明，我国大约 2/3 的儿童有特别偏爱或总是拒绝吃某些食物的习惯，由此导致身体缺乏一些必需营养，成为现代"营养不良儿童"。偏食、厌食、拒食以及由此导致的身心不适与种种疾病，是令父母深感头痛的问题。

1 岁以后，宝宝越来越表现出对食物种类的好恶。一些宝宝都会挑食，有的爱吃甜食、爱吃肉，却不吃蔬菜或豆制品。宝宝挑食，对身心发育是十分有害的。爸爸妈妈要正确对待宝宝这一特点，避免宝宝养成挑食的习惯。儿童挑食的原因是多种多样的。有的家长在宝宝吃饭时争吵或批评宝宝，有的家长强迫宝宝吃某种食物，有的家长自己不爱吃某些菜就不做，家里食谱单调，开饭时间不固定等等，这些都是导致宝宝挑食的原因。另外，一些家长对某些食品有偏见和错误观点，经常在宝宝面前评论某些食物，给宝宝以误导，宝宝也会偏食。

要解决宝宝厌食、偏食的习惯，必须根据宝宝和家长的原因对症下药。

一是让宝宝与全家人一起吃饭，或与不挑食、不偏食的小朋友一起吃饭，创造一个愉快的进餐环境，并且鼓励他要向大人或小朋友学习。

二是改善烹调技术，不让宝宝把不太喜欢吃的食物挑拣出来。如有的宝宝不吃鸡蛋黄，可以把生鸡蛋与面粉调和，烹制鸡蛋软饼或鸡蛋面条；不吃胡萝卜的，可以做成胡萝卜猪肉馅包子或饺子。

三是不在宝宝面前说某种食物不好吃，或者有什么特殊味道之类的话。对宝宝不太喜欢吃的食物，多讲讲它们有什么营养价值，吃了以后对身体有什么好处，而且父母应在宝宝面前作出表率，大口大口地边吃边称赞那些食物的味道有多好。

四是严格控制宝宝吃零食。两餐之间的间隔最好保持在 3.5~4 小时，使胃肠道有一定的排空时间，这样就容易产生饥饿感。饥饿时对过去不太喜欢吃的食物也会觉得味道不错，时间长了便会慢慢适应。

五是在吃饭时，家长应设法保持安静的氛围。吃饭时，尽量减少一切干扰宝宝进餐的因素，如电视、玩具、书籍等，让宝宝养成专心进餐的习惯。在餐桌上不要批评宝宝，不要谈论不愉快的话题，以免给宝宝造成心理压力，从而情绪低落，影响食欲。家长应特别注意，一些问题尽量在饭后适当的时候解决。

 ## 走出家庭喂养的6个误区

常见的喂养误区

误区1：让宝宝错过了味觉的最佳发育机会。

没有吃过的新食物对于宝宝来说都是新鲜的、好奇的，宝宝天生并没有什么成见，通常需要家长培养出良好的味觉及嗅觉。宝宝的味觉和嗅觉在4个月到6岁这个阶段是敏感期，也正是添加辅食的最佳时机。宝宝通过品尝各种食物，可建立对很多食物的味觉、嗅觉及口感的体验，形成对各种食物的良好的饮食记忆，并且终生不忘。这也是宝宝从流食——半流食——固体食物的适应过程。在1岁左右时，如果宝宝已经能够接受多种口味及口感的食物，就能满足身体生长发育的需要，从而顺利断奶。然而，在给宝宝添加辅食的过程中，如果家长一看到宝宝不愿吃或稍有不适就马上妥协，心疼地允许宝宝不再吃，这样就使宝宝错过了味觉、嗅觉及口感的最佳形成和发育机会，不仅造成断奶困难，而且容易导致日后偏食、挑食的问题出现。

误区2：对宝宝最初表现的"偏食"采取强制态度。

宝宝在8个月大时，对于食物已经能表示出好恶，这就是最初的饮食喜好。然而，这种饮食喜好是很天真的，不能同大一点宝宝的偏食相提并论。因为宝宝在这个月龄不喜欢吃的东西，很有可能到了下个月就爱吃了。如果家长不了解这一点，生怕宝宝不吃这种食物而缺乏营养，以致采取强硬的态度，结

果给宝宝留下十分不好的印象，让宝宝产生恐惧情绪，宝宝以后很难再接受这种食物，从而导致真正的偏食习惯。

误区3：对于宝宝的营养摄取过于关注和担心。

家长总是按照自己已有的营养知识来给宝宝安排膳食，从来不允许宝宝按照自己的喜好选择食物，认为这样才能保证营养的摄取。然而，儿科医学专家表明，只要宝宝的味觉、嗅觉及对食物的口感发育正常，正常的宝宝是完全可以从爱吃的各种搭配得当的食物中选择出有益健康的食物组合。虽然宝宝的食欲可能会经常变化，只要不受到人为偏见的影响，从长远看宝宝的饮食一般是能够达到平衡的。因此，家长应该允许宝宝按照自己的愿望去挑选某种食物，过分的关注和担心反而会起反作用。

误区4：在饮食上总是放纵宝宝。

通常宝宝都是碰到自己喜欢吃的食物时就一下子吃很多，而家长却对此不以为然，一味地放纵宝宝。然而，小宝宝的消化器官还很娇嫩，如果一味地娇纵，就会使宝宝伤了脾胃，结果造成"吃伤"，对该食物留下不良的饮食记忆，以后一碰到这种食物就厌而远之，由此导致偏食现象，从而使营养摄取不均衡。

误区5：纠正宝宝偏食、厌食的习惯时过于心急。

当宝宝不爱吃某种东西时，家长容易着急，往往采取强迫、诱惑、奖惩或威胁等做法，硬要宝宝往肚子里吃，结果造成宝宝不良的饮食记忆。时间一长，就会使宝宝对这种不爱吃的食物形成条件反射，一见到便产生厌恶的情绪。长此以往，也会影响营养摄取的均衡。

误区6：家长自身的不良饮食习惯的影响。

宝宝偏食、厌食往往受家庭成员的影响，如果家长从来不买自己不爱吃的食物，并且经常在言行之中流露出对这些食物的偏见，也会使宝宝因缺失进食这些食物的环境而发生偏食。

面对以上误区，专家给出了以下提示：

提示一：科学喂养，以防养成偏食、厌食的习惯。

适时添加断奶食品，促进宝宝对多种食物的口感及味觉、嗅觉的形成和发育；正确对待宝宝最初出现的饮食喜好，切不可态度生硬，也不可放纵宝宝的不良饮食习惯，如碰到爱吃的食物，就不加以节制地贪食，而不喜欢吃的东西就不吃；另外，家长要以身作则，不要在宝宝面前表现出对食物的好恶之情，也不要在餐桌上对食物妄加评论。

提示二：饮食安排注意各种营养素的均衡。

根据 2007 年中国营养学会制定的中国居民膳食平衡指南，为宝宝合理安排饮食要遵循以下原则：食物要多样化，以谷类为主；多吃新鲜蔬菜和水果；经常吃适量的鱼、禽、蛋、瘦肉；让宝宝每天饮奶，常吃大豆及其制品；膳食清淡少盐，正确选择零食，少喝含糖高的饮料；食量与体力活动要平衡，保证正常体重；不挑食、不偏食，培养良好的饮食习惯；吃清洁卫生、未变质的食物。

提示三：注意培养宝宝良好的饮食习惯。

良好的饮食习惯包括不偏食、挑食、暴食，以及正确选择零食等。然而，这并非是件容易的事，需要家长时时刻刻都要注意引导和培养。首先家长要为宝宝提供安静愉快的进餐环境和固定的进餐位置；在饮食搭配上既要注意营养素的均衡，也要考虑到宝宝的口味，同时还要讲究食物的色、香、味及制作食物的花样，这样才能更加激发宝宝对多种食物的食欲。

温馨小贴士 ·············

家长在为宝宝准备食物时应该坚持以下几个原则：

1.食物应该适宜宝宝的消化吸收；

2.营养一定要均衡，品种要多样化；

3.宜粗不宜细，粗粮如玉米、小米、燕麦对大脑的发育都有帮助，而粗纤维食品则有益于肠胃功能。

 2-3岁宝宝的营养益智食谱

1. 土豆冰激凌（2-3岁的宝宝）

材料：土豆一块、小香菇三个、瘦肉末、葱花、油、盐少许。

做法：

（1）焯好的香菇切成丁，再准备点葱花。

（2）土豆蒸熟后用勺子碾碎，然后用冰淇淋勺子挖成小球状。

（3）锅里放油，将肉馅下锅煸炒8分熟后和再放香菇和葱末炒匀。

（4）最后出锅淋在土豆泥上。

2. 七彩什锦菜（2-3岁的宝宝）

材料：小玉米、小黄瓜、小洋葱、小蘑菇各3个，葱少许，油、盐少许。

做法：

（1）将小蔬菜煮熟、摆盘。

（2）锅内放入油加热，加葱炒香。加少许水、盐。

（3）浇在小蔬菜上。

3. 核桃鸡丁（2-3岁的宝宝）

主料：鸡胸肉、核桃仁、西蓝花。

配料：枸杞子、西蓝花。

做法：

（1）鸡胸肉去皮，切成丁，加少许料酒、盐，拌匀后腌15分钟左右。

（2）核桃仁用温油炸酥，放凉待用。

（3）西蓝花洗净后，用开水烫过，冲凉，再用油炒熟后备用。

（4）炒锅内加少量油，将腌制后的鸡胸肉炒熟，拌入核桃仁，即可装盘，周围摆上西蓝花。

4. 枣泥包（2-3岁的宝宝）

材料：红枣200克、面粉500克。

调料：白糖、酵母、碱面各适量。

做法：

（1）红枣洗净煮熟，去核去皮，加白糖、面粉做成枣泥馅。

（2）面粉内加酵母粉、温水和成面团发酵，再加碱面揉匀，发20分钟待用；

（3）将面团搓成长条，切成小剂子压成面片，包入枣泥馅料。

（4）将包好的枣泥包放入沸水蒸锅内，大火蒸10分钟即可。

Part 5

0—3岁聪明宝宝的 "交流密码"
Friendly Communication Between Parents And Children

　　交流是宝宝与生俱来的本能。从宝宝刚出生开始，他就会发出各种信号以传达自己的需要，希望得到照料者的回应。从最初的用啼哭、叫唤来引起家长的注意，到用动作来示意，再到用语言与家长沟通，这无疑表明这一阶段宝宝交往方式的转变，语言的发展速度也超过了人生中其他的发展阶段。然而，交流方式的转变、语言的发展也是要通过日常的养育而得到促进，发展是基于成人与宝宝、宝宝与宝宝、宝宝与环境之间的互动之中。

　　对于天生具有交流能力的宝宝，只要家长提供交流的环境以及正确的引导，宝宝的交流和语言能力就会得到很好的发展。

　　如何促进宝宝的交流能力和语言发展呢？本篇首先从促进宝宝交流能力和语言发展的一般原则出发，然后根据不同年龄阶段的宝宝一般行为和学习发展的特点，有针对性地为家长提供每个阶段 "推荐的交流方法" 和 "不推荐的交流方法"。我们相信，通过创设丰富的亲子互动环境和适当的指导，你的宝宝交流和语言能力的发展水平会得到显著提高，培养一个 "会交流的宝宝" 的愿望就一定会实现！

第 一 章　父母和宝宝之间的对话

> 　　0-3岁宝宝的语言发展主要是通过日常的养育而得到促进。父母与宝宝交流的数量、对宝宝说话的方式、说话时所使用的语调以及自己所养成的阅读习惯都会对宝宝语言的发展起着至关重要的作用。

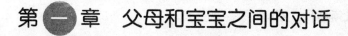 创设语言学习的环境

　　良好的语言环境对宝宝的语言发展有持久而重要的影响。生活在良好语言环境中，宝宝的词汇量丰富，对词语的理解能力也较强，语言的表达能力也发展得比较好。那么，怎样为宝宝的语言学习创设环境呢？

亲子早交谈——不怕"对牛弹琴"

　　由于宝宝语言发展的顺序是先听后说，在1岁之前基本上是在听中学习语言，所以很多家长认为和这个年龄段的宝宝交谈是"对牛弹琴"，做无用功。其实不然，听是说的基础，这个阶段的宝宝是在听中学习语言的。因此，家长应该意识到这段时期是为宝宝以后的语言发展奠定基础。应该为宝宝营造一个丰富的语言环境，给宝宝提供丰富的语言刺激，让宝宝听各种声音。

多带宝宝出去走走，接触大自然，听听大自然的天籁之音，多让宝宝听听音乐，让优美的旋律陶冶宝宝的性情，家长也可以创造机会让宝宝去发现生活中的各种声音，如家长可以摇动铃铛、敲敲桌子、用不同质地的材料相互撞击等等，还可以带着宝宝一起做亲子游戏。家长在平时的生活中多和宝宝进行交流，告诉宝宝正在发生的事情，带宝宝到处走走，告诉宝宝这是什么，那是什么，这有什么特征，那有什么特征。因此，这个阶段中家长不要怕"对牛弹琴"，要抱着"只须播种，不问收获"的态度。

亲子早交谈——留意"鹦鹉学舌"

宝宝善于模仿，他们的模仿能力很强，模仿对宝宝语言的发展有至关重要的作用。家长在与宝宝交谈时，要用正确的语言讲话，为宝宝作好示范，树立榜样。

不能因为宝宝还小就用一些儿童腔，如将蛋糕说成"糕糕"，将鸡蛋说成"蛋蛋"，一开始就要教给宝宝正规的词语。

有些宝宝可能会出现口吃的现象。原因在于宝宝刚会说话还不熟练，家长心急，对宝宝进行指责，这样给宝宝造成心理上的压力，出现一个音重复发几次的情况。家长要有耐心，允许宝宝犯错误，不要去学宝宝发的不好的音，而是耐心地纠正，发出正确的音让宝宝模仿。

激发语言表达的欲望

宝宝的语言表达能力的发展是在与家长的交流互动中得到发展的。家长在与宝宝交流时，应该要善于激发宝宝表达的欲望。

从动作到语言，从"电报句"到完整句

在宝宝还不具备发音的条件时，宝宝可以借助动作来表达自己的意图。随

着宝宝发音器官逐渐成熟，宝宝可以简单地说出一些词的时候，家长可以激发宝宝说话的欲望，如当宝宝需要家长抱的时候，家长应该引导宝宝说出"抱抱"，再去抱；说出"喝水"，再给宝宝水杯。

当宝宝能够说出一些"电报句"，如"妈妈抱"、"妈妈吃"的时候，妈妈也不要立刻去抱宝宝，马上拿饼干给宝宝吃，而是鼓励宝宝说出"妈妈抱宝宝"、"妈妈，宝宝吃饼干"这样的完整句。当宝宝能够准确说出来的时候，家长要及时地鼓励宝宝，给宝宝一个拥抱或一个微笑，当宝宝还不能说出来时，家长也不要着急，需耐心引导，家长的付出是会有回报的。

亲子早交谈——多问一句，让想象延伸

3岁之前的宝宝已经具备了思维能力和想象力。宝宝能够在交流中获取信息进行思考，并展开丰富的想象。因此，家长在和宝宝的交流中，可以多问问宝宝，启发宝宝进行思考，让宝宝展开想象，锻炼宝宝的思维能力，并将思考的结果用语言表达出来，激发宝宝表达的愿望。无论是在日常生活中，还是在陪同宝宝进行亲子阅读、看电视节目时，家长都可以这样做。

3岁的果果和爸爸妈妈一起包饺子，包好后，妈妈将饺子放进锅里煮，果果在旁边看。这时妈妈问果果："你看看，饺子在水里煮的时候像什么呢？"果果想了想说："像船在水里游。"妈妈又问："船是怎么游的呀？"这时果果高兴地跳了起来说："哈哈，妈妈说过潜艇是一上一下在水里游的，这像潜艇。"在妈妈的启发下，果果展开了丰富的想象，并与之前的知识建立了联系，宝宝的心智得到了发展，同时也锻炼了语言表达能力。

同样在与宝宝的亲子阅读中，贝贝的妈妈也和贝贝进行交流，问贝贝图中小朋友不讲卫生对不对，贝贝告诉妈妈是不对的。妈妈又接着问贝贝为什么，如果你是那个小朋友，你会怎样做。

在阅读中启发宝宝思考，激发宝宝表达的愿望。家长一定要做教育上的有心者，抓住一切机会发展宝宝的能力。

看电视——边看边说

有些家长认为看电视对宝宝的成长不利，无论是对身体发育还是心智发育都会有一定的影响，因此不让宝宝看电视。其实看电视有利有弊，关键在于家长的引导。

电视具有将图画和声音融合在一起的特点，因此能吸引宝宝的注意力。家长可以抓住宝宝的这一特点，陪同宝宝一起看电视，挑选电视的内容，可以让宝宝看看动画片，也可以挑选一些有教育意义的儿童节目。家长可以利用陪同宝宝一起看电视的机会和宝宝进行交流，了解宝宝的想法，激发宝宝的表达欲望。遇到电视中出现的不良行为时，问问宝宝那样做得对吗，那样做的后果会如何？这样也可以明确宝宝不能模仿的内容，树立宝宝的是非观念。

在看电视的过程中，家长也可以向宝宝提问，让宝宝根据电视的情节回答问题或展开想象，也可以和宝宝一起模仿电视里的对话，这样也能激发宝宝的表达欲望，提高宝宝的语言表达能力。

回应宝宝的"话语"

宝宝语言发展水平是建立在与家长互动基础之上的。如果家长与宝宝之间的互动比较成功，那么宝宝的语言发展水平就会比较高。因此，家长在主动与宝宝互动的同时，当宝宝发出信号时，家长也应积极地回应。

哭笑知多少

对于还不会说话的宝宝来说，哭是宝宝表达需要的一种方法，因此家长应该仔细观察宝宝，解读宝宝哭的含义，及时地回应宝宝，让宝宝得到满足。如果宝宝在哭时头在寻找、嘴在吸吮是宝宝饥饿的表现，妈妈就要给宝宝喂奶；如果宝宝哭时满头大汗、脸通红，可能宝宝是感觉到很热，家长要适当地给宝宝脱去衣物；如果宝宝在哭时脸上苍白且手脚冰冷，家长就要考虑是不是宝宝着凉了，给宝宝加盖衣被；如果宝宝在哭时肚子鼓胀，可能是宝宝胀气，家长应该抱起宝宝让宝宝打嗝或帮宝宝揉揉肚子。

笑是宝宝表达内心愉悦的一种方法，笑也是开启宝宝智慧的一把钥匙。宝宝大概在一个月大时就能在外界的作用下，如看见妈妈的脸、看见自己喜欢的图片而发出微笑，这与宝宝在睡觉时以及吃饱后感到满足的微笑是不同的。前者是社会性微笑，而后者是一种基本的生理反射。当宝宝出现社会性微笑时，家长也要给予积极回应，帮助宝宝表达内心喜悦的情感，也可以逗宝宝多笑笑，用快乐的表情、玩具、语言、动作等等刺激宝宝发笑。

手势也能沟通

语言是交流的工具。只有在与人的不断交流中，宝宝的语言能力才能得到锻炼，才能得到提高。由于宝宝在1岁之前还不能用话语明确地表达自己的想法，宝宝可能就会借助于手势，手势也是宝宝和家长进行交流的一种方式，在宝宝与家长的日常互动中形成。

家长对宝宝的手势给予积极的回应，当宝宝作出一个手势时，家长要同时大声、清晰地说出手势对应的语言，如宝宝可能假装拿着一个杯子将水倒入嘴里喝下去，这时家长可以对宝宝说"你是要喝水吗"；当喂宝宝食物时，宝宝的手往外推，家长应该考虑是不是食物太烫了；当宝宝看见熟悉的面孔时手舞足蹈，说明宝宝的心情很愉快；当宝宝面对生人时往妈妈怀里钻或扭过头去，说明宝宝现在很胆怯，家长不要急于让宝宝接触生人，让宝宝慢慢适应等等。

说话要回应

随着宝宝语言能力的提高，宝宝可能会想说更多的话，但由于语言的组织能力低，他们的表达可能语无伦次。这时候家长要耐心地倾听，多给宝宝表达的机会，鼓励宝宝慢慢说，清晰地表达自己的思想，不要打断宝宝的话题。这

也是一种积极的回应方式，让宝宝感到爸爸妈妈在认真倾听自己说话，在一种倾诉的喜悦中感受说话的乐趣。

随着宝宝的好奇心日益增长，宝宝也会在平时或亲子阅读中提出自己的疑问，这时候家长如果知道，就应用宝宝理解的话语解答，如在看电视的过程中，宝宝可能会问妈妈："妈妈，我是从哪来的？"家长可以用宝宝能够理解的语言，把孕育的道理告诉宝宝，如告诉宝宝是爸爸和妈妈在一个房子共同种下了一颗种子，然后爸爸妈妈共同地精心照料这颗种子，慢慢地种子长大了，从房子里出来了，就变成宝宝了。如果家长也不知道，可以带着宝宝去查阅资料，不要对宝宝的提问不理不睬或是敷衍了事。

萌发早期阅读的兴趣

早期阅读能开发宝宝的智慧。早期阅读既能为未来的学习和终身阅读奠定基础，也对促进宝宝的智力发展有很大的帮助。作为家长，怎样才能使宝宝成为一个快乐的阅读者呢？

正确认识早期阅读

勿把早期阅读当识字

早期阅读不等于识字。识字不是阅读的前提，识字是在阅读的过程中慢慢地、潜移默化地进行的，阅读的重要性远远大于识字。有些家长认为只有宝宝认识了字后才能自主阅读，这个阶段宝宝的机械记忆能力很强，如果家长强迫宝宝去认字，宝宝也能将字记住，但是宝宝就可能在图书上去找自己认识的字，而不是真正去阅读。强迫宝宝去大量识字，反而抹杀了宝宝阅读的兴趣，因为宝宝将认字和阅读建立起联系，机械地认字是枯燥乏味的，认为家长让自己阅读就是让自己识字，当宝宝能够自主选择的时候，宝宝就不会去自主选择阅读。这样反而得不偿失。

勿把早期阅读局限在读书上

捧上一本书，一页一页声情并茂地读下去，这是阅读，但并不是阅读的全部。凡是和书接触的过程都是阅读。其实宝宝在几个大月的时候，就对图书产生了兴趣，他会被书上颜色鲜艳的图片所吸引，喜欢翻翻书、摸摸书，甚至去啃啃书。例如，一个中国留学生在一个美国家庭里帮一对夫妇照顾不满周岁的宝宝。在一次阅读中，留学生发现宝宝总喜欢把书往嘴里塞，于是不停地去制止。这一举动被美国母亲看见了，女主人就告诉留学生宝宝喜欢啃就让他去啃，宝宝的阅读都是从玩书开始的。美国的许多书都是由无毒无害的布料做成的。家长朋友们，啃书、玩书可能就是宝宝开始阅读的第一步。

勿过分偏重精读

许多家长认为这么早就让宝宝阅读，宝宝的理解能力跟不上，因为家长注重训练宝宝的精读，要求宝宝精准、透彻地把握字、词、句、章的含义。其实对于0-3岁的宝宝来说，培养宝宝对多种事物以及阅读活动本身产生兴趣是至关重要的。因此，家长应该捕捉宝宝的兴趣，通过广泛阅读拓宽宝宝的视野。只要宝宝对书感兴趣，家长就可以读给宝宝听，不要拘泥于暂时宝宝还不能理解的部分。

分享阅读很重要

家长应该和宝宝一起分享阅读。在阅读早期，宝宝还不不能完全靠自己去进行阅读，需要家长的帮助，同时通过分享阅读，家长为宝宝树立了热爱读书的典范，有利于宝宝养成阅读的习惯。那么，怎样有效地进行分享阅读呢？

声情并茂讲故事

在早期阅读阶段，宝宝就会对书产生兴趣，被书中的画面所吸引，由于宝宝还不会自己阅读，因此家长为宝宝朗读故事则是主要的途径。为宝宝朗读也是一门艺术。平淡的声音和严肃的表情是不能吸引宝宝注意力的。因此，家长在为宝宝读书的过程中尽量做到声情并茂，口型适当夸张，表情丰富，并根

据故事情节的变化而变化，如故事中主人公心情很高兴时，家长可以高扬着眉毛，面带笑容地用轻快的声音表现出来。该加重语气的时候就加重语气，该低沉的时候就低沉，该兴奋的时候就兴奋。让宝宝感受到情节的变化，吸引宝宝的注意力，培养宝宝对读书的兴趣。

激发想象编故事

想象是创造的源泉。宝宝的思维是活跃的，阅读在培养宝宝的想象力上的作用是不可低估的。因此，家长在给宝宝讲故事的时候，可以通过提问的方式，让宝宝根据图画的内容去想象故事的情节，为故事的角色设计一些对白。家长还可以根据故事的内容制作一些道具，让宝宝进行角色表演，续编故事情节，培养宝宝的创造力。

启发引导读故事

优秀的早期儿童读物具有一定的共性，每个故事都会围绕一定的线索展开，并且在语言和情节上具有一定重复性。这比较符合宝宝的认知发展的特点。宝宝阅读起来也会觉得故事语言可以把握，故事情节可以预测。因此，家长在和宝宝一起阅读的时候，可以借助这个特点，让宝宝带着问题和悬念来读故事，启发宝宝对故事情节进行预测。

搭建语言发展的台阶

学习说话是一个渐进的过程。家长要为宝宝的语言发展创设条件，为宝宝的语言发展搭建合适的台阶，锻炼宝宝的语言能力。这样宝宝才会获得更多进行语言交流的机会，从而提高语言能力。

角色游戏——锻炼对话表演

角色游戏是宝宝比较喜欢的一种游戏。家长可以经常看到自己的宝宝在喂玩具娃娃吃饭。用医疗器械玩具给自己的玩具狗熊看病；学着妈妈的样子，围着围裙，拿着玩具厨具在炒菜等等。这种游戏能够激发宝宝的想象力，也能在游戏中锻炼宝宝的语言表达能力，通过装扮不同的角色，宝宝也可以明白不同角色的行为方式，并且慢慢地学会换位思考。

例如，天天每当看见穿白大褂的医生就害怕，为了消除宝宝对医院和医生的恐惧，妈妈决定和宝宝一起玩"假如我是医生"的游戏。妈妈自己当病人，天天当医生，让天天用听诊器给自己看病，作出诊断。当天天说要打针时，妈妈说："我很勇敢，我不怕。"当妈妈打完针回来，并问医生："我这病还要注意些什么？"天天想了想说："回家按时吃药，还要好好休息。"通过模仿医生给病人看病，天天也慢慢地熟悉了医生这个职业，也教育了自己，反复几次，也就能战胜对医生和医院的恐惧了。

如果宝宝在角色扮演中不知道该说什么或有些紧张，家长不要着急，可以先给宝宝作示范。如在上面这个游戏中，妈妈可以先当医生，让宝宝了解作为医生的职责是什么，然后让宝宝模仿，鼓励宝宝大胆地说。为了提高游戏的趣味性，家长还可以利用一些道具，或与宝宝一起制作一些角色表演过程中需要用到的道具，让扮演的场景更加逼真一些，吸引宝宝的注意力。在角色游戏结束后，家长还可以强化宝宝对角色的认识，让宝宝更加清楚所扮演角色的特点。

家庭表演——提供复习的机会

有些宝宝语言能力的发展不错，但是一旦在公众面前就比较胆怯，不愿意和别人进行交流，这让一些家长感到失望，特别是看到别的宝宝能够在众人面前出色地表演，可能会觉得自己的宝宝没有出息，指责自己的宝宝。这样就会使宝宝在大众面前更加畏缩，久而久之则会形成胆小孤僻的性格，不愿在众人面前发表自己的观点，不愿在众人面前展示自己的才华。

鉴于此，家长首先要树立好正确的心态，培养宝宝是促进宝宝的发展，并不是为自己增光添彩的，盲目地让宝宝与其他宝宝攀比，对宝宝身心成长极为不利。宝宝在这个阶段中语言发展的水平本来就有个性差异，有些宝宝确实发展得比较快，但是这并不代表自己的宝宝就不行。这个阶段的主要任务就是鼓励宝宝大胆地说，大胆地表达自己的想法，说的好坏与否不是重点。如果家长过于注重宝宝说话的质量，因宝宝说不好而指责宝宝，会给宝宝从小造成心理上的阴影，挫伤宝宝的自信心。

其次，家长也应创造机会和条件让宝宝得到锻炼，利用家庭表演的形式给宝宝提供锻炼胆量、锻炼语言表达能力的机会。可以在周末，也可以在一些节日或家人生日的时候，全家人围坐在一起开一个小型的表演会，可以让宝宝主持，宝宝也可以表演节目，唱歌、背儿歌、讲故事等等，家长应该给宝宝热烈的掌声，每次宝宝只要进步一点点就可以了。家长可以每次邀请一两位宝宝不太熟悉的人到家里来，慢慢地可以多邀请几位，让宝宝有个逐渐适应的过程，在众人面前慢慢大胆起来。

亲子乐园宝宝秀

随着宝宝的长大，宝宝的活动范围不仅仅是局限在家里，局限在与家人的互动中。宝宝需要走出家门，去和其他的宝宝互动交往。这时家长们可以为宝宝创造条件，将亲子园的宝宝聚集起来，让宝宝们在一起活动。定时为宝宝们举办宝宝秀，在宝宝秀上让宝宝尽情地展现自己的才艺，展示自己的特长。只要宝宝敢于走上舞台展示自己，家长就要为宝宝喝彩，只要宝宝在舞台上大胆表现自己，家长就要为宝宝感到自豪。

丽丽在一次宝宝秀上要表演讲故事，为了能讲好这个故事，妈妈帮助丽丽在台下排练了很久，真是"台上一分钟，台下十年功"。妈妈觉得丽丽讲得很好，并对丽丽寄予了厚望。但丽丽上台以后，由于紧张，做了一个自我介绍后，就说话结巴起来了，这时丽丽朝妈妈望去，希望能得到鼓励，可妈妈却一个劲地摇头，并走上台把丽丽拽了下来，气愤地说"别在这里丢人啦"。此后，丽丽不敢在众人面前讲故事了，沉默了许多，性格也慢慢变得孤僻了。

相反，原来蕾蕾很胆怯，通过宝宝秀，蕾蕾变得开朗起来，也敢在舞台上大胆地展示自己，开始只是在儿童剧中扮演配角，现在蕾蕾已经能够在舞台上独自唱歌、背诵诗歌了。由于开始蕾蕾很胆小，根本不敢上台表演，妈妈认为是蕾蕾原来没有见过这些生面孔，自然会胆怯，因此先从和小朋友交往开始。妈妈邀请小朋友到自己家里来做客，等宝宝熟悉了小朋友，慢慢地敢和小朋友到舞台上表演，蕾蕾总能从妈妈那里得到鼓励，每次蕾蕾从舞台上下来的时候，妈妈会说："今天蕾蕾说话的声音比原来大了，表现得真好。"每次妈妈都能找到蕾蕾比上次进步的地方，让宝宝在一次次的鼓励中成长。通过宝宝秀，蕾蕾既结识了好朋友，又锻炼了自己的语言表达能力和胆量，因此在每次宝宝秀上都能看到蕾蕾的身影，看到蕾蕾那灿烂的笑容。

　　宝宝秀是宝宝扩大交友范围，锻炼宝宝胆量、语言表达能力的一种形式，家长应该正确认识宝宝秀的价值，大胆、愉快地表现宝宝的风采是宝宝秀的真谛。

共享语言促进的游戏

0—1岁：以听为主

　　宝宝学习语言是从对声音的反应开始的。1岁之前的宝宝主要是在"听"中学习语言。这也是需要一段过程的。家长应该给宝宝营造一个丰富的语言环境，给宝宝提供丰富的语言刺激，让宝宝听各种声音。家长可以带着宝宝去接触大自然，听听大自然的天籁之音，小鸟唧喳的声音、小雨滴答的声音、蝉鸣的声音、流水哗哗的声音等等。家长还可以提醒宝宝听听家里闹钟的声音，做饭时各种厨具触碰发出的声音等等。还可以让宝宝听听音乐，让音乐滋润宝宝的心灵。

　　除此之外，家长还可以和宝宝一起做游戏，在游戏中发展宝宝的听力。比如"藏猫猫"游戏，爸爸可以抱着宝宝，让妈妈先躲在爸爸的后面叫"宝宝"，让宝宝听着声音找妈妈，妈妈还可以在不同的房间呼唤宝宝，让宝宝去寻找。

家长还可以和宝宝一起玩找动物的游戏，让宝宝听不同动物叫唤的声音。家长再准备一些卡片，上面画有小狗、小鸡、小猫等小动物，然后家长模仿小动物的叫声，让宝宝找出相应的动物。

捉迷藏游戏也是这个年龄段发展宝宝语言能力的游戏。家长刚开始可以准备一些宝宝比较熟悉的物品或玩具，将这些物品或玩具散放在房间中，摆放的位置要让宝宝能够容易找到，然后让宝宝去寻找。

听是语言发展的基础，由于宝宝在1岁之前还不能说出完整的话和父母交流，可能也不太懂家长所说的话，因此家长可能认为这个阶段和宝宝交流等于"对牛弹琴"。但是这个阶段的宝宝对家长说话是很感兴趣的，并为以后自己的语言发展奠定基础，所以家长要抓住机会和宝宝交流，告诉宝宝正在发生的事情，带宝宝到处走走，告诉宝宝这是什么、那是什么，这有什么特征、那有什么特征。

1-2 岁：哼哼唱唱学说话

1-2岁这个阶段是宝宝正式学说话的开始。1岁以后的宝宝能够用词或用电报句来表达自己的想法，而不是利用啼哭和叫唤，他们说话的积极性在提高。因此家长可以通过和宝宝一起做游戏的方式激发宝宝表达的欲望，为宝宝创设轻松的学习语言的环境。

家长可以和宝宝一起玩"打电话"的游戏，激发宝宝表达的愿望，让宝宝和家长进行简单的对话。家长可以先拨通宝宝的电话："喂，你好，是宝宝吗？"等宝宝回应后，家长可以问宝宝："今天在家里干什么了呢？"然后让宝宝拨电话，家长接电话。家长在和宝宝打电话的时候语速要适中，并且语音要清晰，让宝宝能够听清，还可以鼓励宝宝给亲人打电话问好。

家长还可以和宝宝一起玩"儿歌接龙"的游戏。家长可以教宝宝一些简单的朗朗上口的儿歌，刚开始可以让宝宝接每句儿歌的最后一字。此外还可做"我是小动物"的游戏。妈妈拿出画有动物的卡片，如拿出小狗的画片，妈妈问"宝宝，宝宝，小狗怎么叫"，宝宝答"汪汪汪"。妈妈拿出小猫的图片，妈妈问"宝宝，宝宝，小猫怎么叫"，宝宝答"喵喵喵"。

1-2岁的宝宝开始说话。作为家长，要为宝宝提供一个丰富的语言环境，多和宝宝交流。在宝宝刚学会说话时，家长要有耐心，不要让宝宝感觉到压力，允许宝宝犯错误。鼓励宝宝多表达，慢慢地让宝宝用语言来代替肢体动作。耐心地倾听宝宝说话，对于宝宝说出来的话要积极回应，让宝宝感受说话的乐趣。

2-3岁：在游戏里学说话

2岁以后，宝宝的语言能力开始飞速发展，这是宝宝学习语言的关键期。宝宝的词汇量明显地增加，更倾向于用语言与家长交流。这个阶段家长应该鼓励宝宝多用语言表达，给宝宝提供一个宽松的语言环境。游戏是宝宝喜爱的活动，符合宝宝的兴趣，因此家长应根据宝宝的实际情况，选取适合的游戏与宝宝共同玩乐，在游戏中发展宝宝的语言水平。

在听力方面，家长可以和宝宝一起玩辨音游戏，让宝宝听声找物，家长和宝宝一起将铃铛、豆子、小球等分别放进不同的易拉罐里，用胶条封好。家长每放一种东西都摇一摇，让宝宝听听能发出怎样的声音，然后打乱易拉罐的顺序，让宝宝找一找小铃铛放在哪个易拉罐里，豆子又放在哪个易拉罐里。任务不要太多，以免宝宝有记忆的负担。

在词汇方面，家长可以和宝宝一起做"神奇的口袋"游戏。家长在口袋里放入各种各样的生活用品或学习用品，引导宝宝去袋子里摸，当宝宝伸手去摸出一个东西时，要宝宝说出物体的名称，并简单地说出该物品的用途。如宝宝拿出一把梳子，先要说这是梳子，然后说出梳子是用来梳头发的。家长一定要根据宝宝的实际情况，在口袋里尽量多放一些宝宝熟悉的物品，主要是鼓励宝宝说话，让宝宝说出自己想说的话。随着宝宝认识的物品越来越多，家长可以对口袋里的物品进行调整。

家长还可以和宝宝一起玩"我是小小售货员"游戏，丰富宝宝的词汇。让宝宝当商店里的售货员，妈妈来买东西，妈妈要买一个黄色的毛茸茸的玩具小熊，宝宝就要去寻找相对应的商品。如果宝宝拿错了，妈妈就要重复一遍商品的特征，让宝宝再去寻找。

在沟通方面，这个阶段的宝宝喜欢玩角色扮演的游戏，因此家长可以配合宝宝，各自扮演不同的角色。如宝宝当医生，家长当病人，宝宝就要问病人有什么症状，提醒病人应该注意些什么，希望病人早日康复等等。还可以和宝宝一起扮演角色剧，如"我是小主人"，让宝宝扮演小主人的角色，爸爸妈妈等扮演客人，爸爸先敲门，宝宝问"请问是谁啊"，"我是隔壁的李叔叔"，"哦，李叔叔来了，请进吧，李叔叔，您好"，"鹏鹏好"，"李叔叔，请坐"。小主人端来一杯水说"李叔叔，请喝茶"。"谢谢"！"不客气"。通过玩"我是小主人"的戏剧表演，宝宝学会了使用礼貌用语，如请、您好、请坐、不客气等等。

在游戏中，宝宝的交流能力得到了提高。家长可以在游戏中提醒宝宝，也可以先示范，然后让宝宝模仿，进行角色的对换。这个时期家长不要给宝宝太大的压力，而是激发宝宝说话的欲望，因此制定"跳一跳，够得着"的目标，让宝宝有成就感。

把握语言交流的真谛

语言交流的真谛在于通过双方耐心倾听彼此的基础上，相互理解，达到共鸣，从而使得双方的意见得到尊重。家长与宝宝的交流也应该把握语言交流的真谛。

请平视宝宝的眼睛

当你和宝宝说话时，要使你的眼睛平视宝宝。平视着宝宝的眼睛和宝宝说话，会让宝宝在心理上觉得平等，觉得爸爸妈妈很尊重自己，而不是居高临下地面对自己。当你平视着宝宝的眼睛倾听宝宝说话时，宝宝能够感受到家长在耐心地听自己说话，这样能使宝宝在交流中获得自信，会觉得自己在爸爸妈妈心里很重要，从而获得安全感，并且宝宝以后也会模仿家长的样子去和别人进行交流，并尊重别人。

当你平视着宝宝的眼睛和宝宝说话时，在你和宝宝之间就架起了一座心灵的桥梁，宝宝会很乐意地与你分享自己的所见所闻，能够让宝宝愉快地和你畅谈自己的心事。所以，家长在与还不能自己独立行走的宝宝交流时，可以把宝宝抱在与自己的眼睛平视的位置，而对于大一些的宝宝，家长可以蹲下，身体稍向前倾地和宝宝沟通。

善于倾听宝宝的感觉

倾听是一种理解，倾听是一种关爱。想要构建亲子之间的和谐关系，家长首先要从善于倾听宝宝的感觉开始。

由于宝宝的语言表达能力还不是很成熟，他们就会用自己的表情、动作以及哭声或简短的语句来表达自己的内心感受。如刚出生不久的宝宝表达的常见方式就是哭，面对着宝宝哭，家长不要厌烦，这是宝宝表达自己内心需要的方式。因此，应该积极地回应宝宝，找找宝宝哭泣的原因，是宝宝饿了、尿床了、病了，或是需要家长的爱抚等等，积极地回应宝宝的需求，使宝宝感受到舒适，你就会看到宝宝发自内心的快乐笑容，为建立亲密的亲子关系奠定了基础。

随着宝宝的成长，宝宝开始能够用简单的词语或短句来表达自己的想法，如宝宝可能会因为摔了一跤，感觉很疼，哭着跑向妈妈说："石头，疼。"妈妈就可以平视着宝宝，先安抚宝宝，让宝宝在妈妈那里得到慰藉，等宝宝情绪稍微平静下来，妈妈说："石头绊倒了你，所以你摔跤了，是吗？你现在感觉很疼，是吗？"妈妈帮助宝宝说出宝宝此时的感受，让宝宝感受到妈妈体会到了自己的感受，妈妈很爱自己。

当宝宝到了 2 岁，很多家长都会发现宝宝会出现执拗的现象，因为这时候宝宝的自我意识出现了，容易与爸爸妈妈唱反调，家长这时既要倾听宝宝内心的感受，又要坚持自己的立场。比如家长带宝宝去儿童游乐园玩，等快要离开时，家长可以提醒宝宝，我们再玩 5 分钟就要离开了，过了 5 分钟，宝宝还是执意不肯离开。这时，家长可以首先肯定宝宝的感受："妈妈知道你玩得很开心，这里有好玩的玩具和很多小朋友，但是现在时间到了，妈妈还要回去做饭给宝宝吃。"说完就应该领着宝宝离开。做一个既慈爱（善于倾听宝宝内心感受）又严厉（坚持自己的原则）的家长是构建良好亲子关系的关键。

基于理解和共鸣的谈话

家长和宝宝只有达到情感上的共鸣，才能让宝宝感受到家长是真正地理解自己，才能向家长敞开自己的心扉。

宝宝刚生下来还不能用语言表达自己的要求，但并不说明宝宝就不会表达。妈妈在哺乳时，当宝宝盯着妈妈看的时候，妈妈一定要深情地望着宝宝，让宝宝感受到关爱，不仅能够在妈妈的温暖怀抱里吃饱，还能感受到妈妈的疼爱。望着宝宝那双似乎会说话的眼睛，妈妈也会觉得自己身上的责任重大，要更加地疼爱自己的宝宝，这样母子之情油然而生，和宝宝达到了情感上的共鸣。如果妈妈不去理会宝宝会说话的眼睛，宝宝的眼睛也会慢慢离开妈妈，这样宝宝在情感上得不到慰藉，观察探索事物的能力也会随之降低。

当宝宝高兴地发出咿呀叫唤的声音和微笑时，家长们顿时感到宝宝在成长，与宝宝逗笑是家长和宝宝共享的一段欢乐时光，在笑声中增进了亲情，家长和宝宝都感受到了快乐。而当宝宝哭泣的时候，家长爱抚着宝宝，对宝宝说一声"妈妈知道宝宝现在饿了"，"妈妈知道宝宝现在困了"，等宝宝吃饱睡醒露出快乐的笑容时，家长们也会感到幸福。当宝宝学着自己吃饭，不小心把饭撒了一地时，家长望着宝宝笑笑，"宝宝比昨天进步了，掉的饭少了几粒，宝宝真棒"，宝宝明天就会比今天表现得更好，慢慢地宝宝自己吃饭时就不会掉饭粒了。基于理解和共鸣的谈话就像玉露琼浆一样滋润着宝宝的心田，为宝宝的健康成长提供养料。

同时照顾宝宝和父母的自尊

如前所述，大概在宝宝2岁的时候，由于宝宝的自我意识开始萌芽，宝宝就会出现执拗的现象，和家长发生抗争。这时候，家长应该冷静，不要指责宝宝，这会让宝宝的自尊心受到伤害，不利于建立和谐的亲子关系，宝宝的内心受到伤害是很难修复的。同时如果家长一而再再而三地迁就宝宝，向宝宝进行妥协，在宝宝面前也就失去了家长的威望，宝宝就会利用家长对自己的溺爱为所欲为，总是以自我为中心，自私自利。

比如，经常可以看到在商场里或在游乐场里家长和宝宝发生争执，宝宝会因为自己喜欢的玩具站在柜台前迟迟不走，家长拽着宝宝吆喝着"家里有这么多玩具，买了又不玩，真是败家子"。任凭家长怎么哄，宝宝就是不走，或在游乐场里听到宝宝哇哇大哭的声音，家长硬是拽着宝宝出来，宝宝使劲地挣扎。可以说，这会让家长和宝宝"两败俱伤"。

家长带宝宝出去玩，或去商场购物，应该事先和宝宝沟通，和宝宝商量好。如去儿童游乐园玩，就要和宝宝商量好今天什么时候回家，去商场购物也和宝宝先商量好要买什么东西，听听宝宝的意见，协商好后把今天要买的东西列在一张纸上。到了游乐场或商场，要严格地按照出门前的约定办，如果宝宝没有按照约定执行，家长可以提醒宝宝，如果宝宝不走，大声哭泣，家长可以先站在一边保持冷静，等宝宝情绪稳定一些后再过去安抚宝宝，并带宝宝离开，告诉宝宝遵守了约定，值得表扬。

家长朋友们，不要一味地迁就宝宝，而使自己失去威望和尊严，你的威望是宝宝成长过程中的稳定剂；同时不要因为自己是大人，就不顾及宝宝的感受，宝宝也有自己的尊严，自尊是宝宝成长过程中的助推器。

第二章 第1阶段：出生－6周
——初次见面，请多多关照

宝宝终于出生啦！作为父母，一定是既欣喜又困惑。欣喜的是终于看到了自己的小天使；困惑的是如何去应对刚生下来的宝宝，宝宝哭了怎么办，怎样与宝宝交流等等。新生宝宝如同娇嫩的花朵，需要细致地呵护。如何呵护则是父母们要了解的。本章主要介绍出生－6周的宝宝的一般行为、学习发展的特点以及父母怎样和宝宝进行交流。

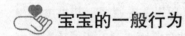

宝宝的一般行为

睡觉与易怒

刚出生几周的宝宝有一个显著的特征，那就是睡觉。刚出生时的宝宝每天睡16-20个小时，平均每小时只有2-3分钟保持着清醒的状态。宝宝的睡眠时间会逐渐减少，满月时减少2个小时，平均每个小时的清醒时间也会延长至6-7分钟。

由于先天的性格不同，有些新生儿可能会表现出急躁易怒，而有些新生儿可能会显得安静一些，照顾急躁易怒的新生儿可能要承受更多的压力，家长要尽量地为宝宝营造关爱的成长环境。

超敏感性

这个阶段的宝宝有非常强的敏感性，外界刺激的变化能够引起宝宝的不安，受到惊吓而啼哭。如突然一声巨响，或睡着的床突然晃动，或抱着宝宝的姿势突然发生改变都有可能会使宝宝受到惊吓而啼哭。有时候当家长抱着宝宝进入明亮的房间或阳光下，宝宝也会紧闭着双眼。有时候当家长抱着宝宝的姿势由水平方向变换为垂直方向时，宝宝的眼睛可能会睁开，这就是有趣的"洋娃娃的眼睛"现象。

舒适感

这个阶段的宝宝会用哭来表达自己内心的感受。宝宝的哭主要是为了寻求舒适的感觉，宝宝可能会因为饿了大哭，妈妈如果给宝宝喂奶，宝宝会立刻停止啼哭，吃饱后还可能露出满足的笑容。宝宝也可能会因为尿了，感觉到不舒服而哭，家长给宝宝换上干净的衣物，宝宝也就不哭了。哭是这个阶段宝宝用来和家长进行交流的方法，这个阶段宝宝发出的信号大多是"我感到不舒服，快来帮帮我"。

听声

宝宝在这个阶段可以听声转头，宝宝对妈妈的声音最敏感。当宝宝因为饥饿而啼哭的时候，只要听到妈妈的脚步声，或妈妈的应答声"宝宝，来了"，就会停止啼哭转头张望并安静地等待。如果妈妈迟迟不来，宝宝会再次用啼哭呼唤妈妈。可见，宝宝已经将妈妈的声音和哺乳联系了起来，为宝宝以后的听声找物奠定了基础。宝宝还会对熟悉的音乐有明显的反应，当宝宝不安时，可以让宝宝听听妈妈的心跳声，或听听摇篮曲，宝宝很可能就会得到安抚。有时候，给宝宝播放熟悉的音乐，宝宝会露出愉快的表情，还会手舞足蹈，蹬蹬腿或挥动上肢。

吸吮

随着宝宝活动能力的提高，宝宝能够将手放在自己的嘴里，吸吮自己的拳头，这是宝宝的一种本能。宝宝也可能会在感到不安时吸吮，家长不要担心宝宝吃手而把宝宝的手捆上或用手套包住宝宝的手，这是宝宝的普遍行为，家长应该让宝宝得到满足。

微笑

刚出生的宝宝可能会在睡觉的时候露出明显的微笑，这是不自觉的微笑，是一种本能的反应。这时宝宝的视觉能力和社会意识非常有限，宝宝看不清周围的东西，也不能与人进行交流，这种笑不会出现在清醒的时候。但是，随着宝宝能力的增强，快满月时宝宝会把视线集中于人脸，会手舞足蹈，宝宝看见人脸会有积极的情绪反应，这是一种人际交往的需要。

宝宝的学习发展

情感

这个阶段的宝宝没有太多的情绪状态。大多数时间宝宝都是在睡觉中度过。当宝宝醒着的时候，可能会因为需要得不到满足而发脾气、啼哭，也会在需要得到满足时高兴得手舞足蹈。宝宝的一个有趣的特点就是情绪转变特别快。宝宝能够迅速地从大发雷霆转变为心满意足，也可以从心满意足马上转变为大发雷霆。这种现象在宝宝从出生到周岁以内的大部分时间里都会始终存在。

社会能力

宝宝在这个阶段更多的是用哭来表达自己的需要，表达自己饿了、尿了、病了或需要爱抚等等，除此之外，宝宝还能发出一些社会性的信号。当妈妈在给宝宝喂奶时，妈妈望着宝宝，宝宝也会盯着妈妈看。随着宝宝视觉能力的发展，宝宝注视着人脸时会手舞足蹈，表示出积极的情绪反应。

语言

这个阶段的宝宝能够分辨出不同的声音，一些声响能够将宝宝从睡眠中惊醒而啼哭，听见妈妈轻轻哼唱的摇篮曲能够安详入睡，当把宝宝抱在胸前，听见妈妈心跳的声音，宝宝就会停止啼哭。这个阶段宝宝还会发出一些声音，他不仅啼哭，而且在满足的时候也能发出一些简单的声音。家长在宝宝醒着的时候，可以和宝宝一起做口唇游戏。家长张口说话，向宝宝伸舌头，发出声音，这时宝宝也会模仿家长的动作。当宝宝哭时家长学着宝宝的哭声叫几下，宝宝可能会停下来听，然后宝宝用同样的口型再发出声音以识别是谁的声音。

 聪明宝宝"推荐的交流方法"

初为父母的家长可能在刚开始时不能胜任照料宝宝的工作，遇到麻烦时会感到忧虑，这是正常的现象。家长朋友们，只要你仔细地观察宝宝，了解宝宝的需要就能很好地度过这段时期。

首先，让宝宝感受到足够的关爱，是宝宝的人生头几年中最重要的目标。安抚宝宝、满足宝宝的需要则是第一个推荐的交流方法。如果宝宝哭时头在寻找、嘴在吸允，可能是宝宝饿了，就要给宝宝喂奶；如果宝宝哭时脸上绯红而且满头大汗，可能宝宝热了，就要适当地给宝宝减少衣被；如果宝宝哭时肚子胀，可能是宝宝吃奶时吃得太急吸入了空气，就要抱起使宝宝打嗝或揉揉宝宝的肚子，如果还是哭，可以看看宝宝的尿布是否湿了，是否要给宝宝换尿布。宝宝哭不仅有生理上的需要，也有心理上的需要。

家长要抱着宝宝四处走走看看，用手将宝宝的头托起来，看看窗外的景色和挂图，也可以用声音转移宝宝的注意力，或把宝宝放在胸前听妈妈心跳的声音。如果都不起作用，家长就要带着宝宝去医院作检查，发现问题早治疗。

其次，讲话和逗乐是第二个推荐的交流方法。从宝宝出生就和宝宝说话是个很好的交流方法。虽然宝宝不会说，但宝宝的耳朵是"录音机"。家长坚持对宝宝说话，一旦宝宝会说话了，就会像连珠炮一样说个不停，语言能力会得到很大的发展。

在这个阶段，家长和宝宝说些什么呢？家长可以对宝宝说正在发生的事情，如"宝宝，是不是饿啦，妈妈来喂你"，"宝宝真乖，不哭不哭"。家长还可以在宝宝醒着的时候逗宝宝，面带微笑地对着宝宝，抚摸宝宝的小脸蛋，宝宝就会学会在家长逗乐的时候露出快乐的笑容，这与宝宝在睡觉时的微笑是不同的，是一种对家长的回应。

聪明宝宝"不推荐的交流方法"

有些家长可能认为不能惯着宝宝，不要宝宝一哭，家长就作出反应。其实对婴儿啼哭作出经常而迅速的回应，能够使家长和婴儿之间形成更加牢固的依恋关系，比有意或无意地不给予回应要好。如果宝宝的啼哭经常得不到回应，宝宝可能就会使劲哭闹叫唤，躁动不安，给家长的哺育带来极大的压力，造成亲子间关系的恶性循环。还有可能是宝宝对家长失望了，渐渐地不哭闹了，对亲人疏远，不去用声音和眼睛传达自己的需要，变得情感淡漠。这不但会造成发育滞后，而且对亲人不信任，长大后性格孤僻，不信任别人，缺少对别人的关爱。

因此，家长一定要爱抚和关爱自己的宝宝，让宝宝与家长之间建立安全的依恋关系，让家成为宝宝幸福的港湾。

第三章　第2阶段：6-14周
——探索的萌芽与微笑的出现

　　这个阶段的宝宝与新生儿不同，他们会对身边的事情产生真正的兴趣，会调动自己的口、手等来探索这个新奇的世界。在你和宝宝互动时，宝宝会发出社会性的微笑。可以说，探索的萌芽和微笑的出现是这个阶段里程碑性的发展。家长朋友们，抓住机会，和宝宝快乐互动吧。

 ## 宝宝的一般行为

社会能力

　　这个时期是宝宝慢慢变得兴奋的时期。宝宝会经常微笑，对于家长来说是件很幸福的事。频繁的社会性微笑会在宝宝8-10周的时候出现。宝宝的笑能够使全家快乐，增进亲情，家长可以创设让宝宝笑的条件，如给宝宝看人脸，或给宝宝做怪脸，或在宝宝的周围挂上铃铛，让铃铛发出清脆的声音。尽早地逗宝宝笑，让宝宝经常笑笑，这对宝宝心智的发展和体格的发育都是有利的。

好奇心

　　上一阶段的宝宝是在比较平和与安静中度过的。但这一阶段的宝宝就要大展身手啦。宝宝的手已经进入了自己的视线范围之内，宝宝能够看自己的手，

说明宝宝具备了初步的手眼协调能力。当把铃铛或其他物品挂在宝宝的视野范围之内时宝宝就会观察，还会用手去拍打这个物品，家长可以给宝宝提供不同的物品，让宝宝尝试用自己的手去探索不同表面和形状的物品。此外，宝宝还能将抓到的物品往自己的嘴里送，宝宝开始时经常啃咬的是自己的拳头，慢慢地啃咬自己的手指，接着啃咬自己能抓到的东西。其实，这是宝宝在用自己的嘴进行探索。

 ## 宝宝的学习发展

视觉能力

宝宝在这个阶段的视觉能力得到了很大的发展。随着宝宝具有了更好的头部控制能力，宝宝的追视能力得到了很大的提高，头颈运动与视觉能够协调起来；宝宝的灵活聚焦能力也有了提高，对于上个阶段的宝宝来说，距离眼睛大约 18-23 厘米是理想的聚焦范围，而在这个阶段，宝宝对距离眼睛 8-10 厘米至 1 米的物体始终能够保持聚焦。此外，宝宝的双眼聚焦的能力在 8-10 周的时候得到了快速发展，宝宝的双眼都能聚焦在一个正在靠近的物体上，使宝宝能够清晰地看见物体。

社会能力

这个阶段的宝宝越来越喜欢露出甜美的微笑，此时宝宝的甜美微笑具有强大的力量，让家人感到幸福，是亲子之间情感的柔顺剂。家长精心地照料宝宝，得到了宝宝的回应，让家长感到欣慰，坚定了抚养好宝宝的信心。

与父母的特殊关系

虽然这个阶段的宝宝会对很多人微笑，但如果宝宝平时是由父母照料的，相对于其他人而言，宝宝在看到父母时会以更快的速度露出微笑，并对父母微笑的时间更长。可见，宝宝能够对自己的主要照料人作出特殊的反应，这是为宝宝与主要的照料人建立依恋关系奠定基础。

语言

这个阶段的宝宝在睡醒时会自己躺在床上咿呀地叫唤取乐。家长可以同宝宝呼应，用不同的口型夸张地发出不同的声音，如"啊"、"哦"的声音，宝宝会发出一些"啊咕"、"啊不"的声音，宝宝在笑的时候也会笑出声音。随着宝宝发出"咿呀咿呀"的元音，宝宝叫唤更加自如，乐意与人对答，会用"咿呀"的声音呼唤妈妈，让妈妈抱自己。宝宝会在自己咿呀叫唤时无意中发出父母的声音，这比发元音又进了一步，爸爸妈妈可以不断地重复"爸爸"、"妈妈"的发音，使宝宝模仿。宝宝在这个阶段还出现了另一个学习的迹象：在家长走进时能安静下来。当宝宝因为不舒服而啼哭时，如果家长走近宝宝，宝宝会停止啼哭，特别是当宝宝饿了，妈妈慢慢走近宝宝，并说"妈妈来了"，宝宝会停止啼哭。但一旦妈妈停止脚步，迟迟不靠近宝宝，宝宝又会开始啼哭。

 聪明宝宝"推荐的交流方法"

在上一阶段，为了让宝宝感受到家长的关爱，家长要在宝宝感到不适的时候尽力安抚宝宝。这个阶段宝宝逐渐适应了子宫外面的生活，而且家长对照顾宝宝的工作更加熟悉，为了让宝宝更多地感受到关爱，那就要和宝宝一起玩耍。在宝宝可以注视到的地方，一头牵着宝宝的胳臂，一头牵着铃铛，家长可以晃动宝宝的胳臂，让铃铛发出声音，家长可以变换地方，将铃铛轮流套到宝宝不同的肢体上，可能刚开始宝宝会全身运动，慢慢地宝宝可以探索发现是哪个地方引发了铃铛的响声。宝宝这时会很高兴地挥动着肢体，也可以扶着宝宝的腋下，让宝宝在家长的腿上蹦蹦跳跳，让宝宝的情绪高昂起来。

这个阶段的宝宝会模仿发音，在宝宝"咿呀"自语时，家长应与宝宝主动交流，可以提高宝宝的发音兴趣，模仿家长的口型发出不同的元音，家长可以发出"啊"、"呀"的声音供宝宝模仿。当宝宝能够无意中发出"爸爸"、"妈妈"的声音时，家长可以有意地多次发出"妈妈""爸爸"的声音，让宝宝模仿，为以后宝宝发出辅音奠定基础。

和这个阶段的宝宝交流时，家长的表情要丰富，口型夸张一些，激发宝宝和家长互动的兴趣。家长可以在日常生活中，让动作伴随着语言，一边做一边和宝宝说。如给宝宝洗澡时，妈妈可以一边给宝宝脱衣服，一边跟宝宝说"宝宝，宝宝，我们来洗澡"；给宝宝换尿布时，可以一边换尿布，一边对宝宝说"宝宝尿湿了，妈妈给你换尿布，换完宝宝就舒服了"等等，一边做动作一边告诉宝宝现在在干些什么，经过多次重复后，宝宝就能将话语与生活的场景联系起来。

聪明宝宝"不推荐的交流方法"

这个阶段和上个阶段不推荐的交流方法是一样的，不要担心会把宝宝宠坏，宝宝天生喜欢爱抚和拥抱，家长没有任何理由不去满足宝宝的这种需求。对于宝宝发出的信号，家长要给予自然而迅速的回应，而不是让宝宝孤独无助地啼哭叫唤。虽然让宝宝尽情地宣泄啼哭一下是可以的，但家长不要让这一情景成为经常性的行为，使宝宝认为从你那得不到安抚。

由于宝宝还不会说话，有些家长便不和宝宝交流，让宝宝在婴儿床里独自地待着，只简单地满足宝宝的生理需要。其实这个阶段的宝宝与大部分时间都在睡觉的上个阶段的宝宝不同，清醒的时间越来越长，对周围的世界越来越感兴趣，手的活动能力也有了很大提高，宝宝对外界的声音也会显示出倾听的现象。宝宝学习语言是从对声音作出反应开始的，是从听中学习语言。所以，家长那种不提供任何语言刺激，让宝宝待在婴儿床里，既不带宝宝出去走走看看，也不和宝宝说话逗笑的教养方式是不可取的。

第四章 第3阶段：3个半月-5个半月 ——活泼并快乐着

> 这个阶段的宝宝可以被形容为一个面带微笑的"行动家"和"享乐者"。宝宝比以往更加活泼、好动，探索的范围更广，探索的欲望更强。这个阶段的宝宝也是一个快乐的小天使，随时可展露微笑。家长朋友们，让宝宝愉悦的微笑点亮你们的生活吧。

 ## 宝宝的一般行为

探索的欲望

这个阶段宝宝的探索欲望与日俱增。宝宝能用自己的双手去打击悬吊着的小球，通过反复练习，宝宝能够估计出将手伸到什么程度，也能用手去抓放在桌上的物品。

这就是一种探索的行为；宝宝注视着喜欢的图片进行观察，从而手舞足蹈，露出愉快的表情，眼和头追视着移动的小车，这也是一种视觉上的探索；宝宝用手抓住东西或将自己的拳头放进嘴里啃咬，也是用嘴在进行探索；宝宝还会去倾听不同的声音，用自己的耳朵去探索。总之，这阶段的宝宝会锻炼四肢，会发展手眼协调的能力，会倾听各种声音，会观看感兴趣的东西，对周围的世界进行积极地探索。

社会化

宝宝在这个阶段能够辨认亲人，具备了初步的辨认记忆能力，对身边常见的亲人有明确的感情记忆，对初次见面的人会比较警惕。经过几个月的照料，宝宝会和主要的照料者建立依恋关系，照料者也会对宝宝产生强烈的感情和责任感。

 宝宝的学习发展

情感

这个阶段的宝宝展露的微笑随时可见，跟主要的照料者建立了比较亲密的关系。宝宝对胳痒具有了明显的反应。家长一边说笑一边触动宝宝的某一部位，宝宝意识到了外界对自己的刺激，就会有所反应，咯咯大笑起来。

吸引家长的注意

由于宝宝在感到不适的情况下会发生啼哭，而家长在听到宝宝啼哭时，会对宝宝作出回应。经过一段时间，宝宝学会了把经常照顾他的人的样子、气味和声音与获得安抚联系在一起。原来宝宝可能更多因为生理上的原因而啼哭，但宝宝现在为了把家长吸引过来，引起家长的注意而啼哭。这是宝宝出现故意行为的标志。这个阶段的宝宝已经能够坐起来，看到的范围越来越广，对周围的世界具有越来越强的探索欲望，但还无法自己去靠近那些吸引自己的东西。所以当宝宝感到无聊或失落的时候很容易会啼哭，这是宝宝获得快乐的一种手段。

语言

这个阶段的宝宝会发出几个双辅音，能懂得说"妈妈"时眼睛看着妈妈，说"爸爸"时眼睛看着爸爸，说"丫丫"时看着自己的小脚丫。宝宝对自己熟悉的声音有表情反应。如听摇篮曲时面部有安详欣慰的表情，听到音乐时会手舞足蹈，听到家长叫自己的名字时会转过头寻找家长，而听见突然的巨响，如鞭炮声、打雷声等等，会感到害怕而躲到家长的怀里。听见电视里的声音，宝宝也会注视电视。当听见金属勺子或铃铛掉在地上，宝宝可能也会在地面上寻找。这个阶段的宝宝有一个很大的进步，那就是当宝宝4个半月的时候能够认物。多数宝宝比较喜欢看灯，妈妈可以将灯打开又关闭，引起宝宝的注意，然后告诉宝宝这是灯。过一会儿，妈妈问宝宝灯在哪里，宝宝会看着灯的方向。家长可以从宝宝熟悉的物品开始，让宝宝学会认物。

聪明宝宝"推荐的交流方法"

和宝宝一起玩耍。当宝宝能够顺着声音寻找物品时，家长可以和宝宝一起做游戏，引导宝宝。爸爸在宝宝右侧叫宝宝，妈妈在宝宝的左侧叫宝宝，宝宝会左右转动头，也可以当爸爸叫完宝宝后，躲在妈妈的后面，看看宝宝是否去找爸爸。帮助宝宝做一些发音练习，在宝宝面前夸张地说"妈妈"、"爸爸"，反复让宝宝模仿，当宝宝会发这个音的时候，妈妈可以抱起宝宝亲亲。家长尽量养成和宝宝说话的习惯，尤其和宝宝谈论当前正在发生的事情以及宝宝正在注意的东西，让宝宝熟悉发生的事情和注意的东西，为以后宝宝说话奠定基础。

特别是这个阶段的宝宝已经具备了认物的能力，随着宝宝接触的生活用品、玩具越来越多，家长在宝宝吃饭、洗澡、玩耍或外出的时候，要有意识地告诉宝宝一些物体的名称，让语音与物体之间建立联系，为宝宝以后的语言发展奠定牢固的基础。

同样在这个阶段，家长要给宝宝足够的关爱，对宝宝的啼哭和发出的微小的声音要给予回应。宝宝会逐渐将发出的声音和家长的到来建立起联系，将家长的到来和愉快的心情联系起来。

 聪明宝宝"不推荐的交流方法"

这个阶段的宝宝会为了引起家长的注意，而故意啼哭叫唤。如上所述，随着宝宝身体活动能力提高，宝宝的视野范围扩大，接触的东西日益增多，但宝宝还不能自己去探索感兴趣的东西，所以宝宝会以啼哭叫唤的形式向家长发出"我想去看一看"的信号。家长可能不理解宝宝的意图，心想怎么宝宝刚吃完又哭，就又给宝宝喂，宝宝不吃，家长就会觉得很烦躁，久而久之就会采取不理不睬的态度或带着厌烦的情绪对待宝宝，这都是不可取的。

这个时期的宝宝具有强烈的好奇心，宝宝的成长需要各种各样的刺激，需要去探索、聆听、发现。如果这个阶段家长不想办法让宝宝一直都有感兴趣的事情去做，可能宝宝以后会成为一个永远得不到满足、爱发脾气的人。因此，家长不要让宝宝感到无聊，让宝宝有玩具可玩，有感兴趣的东西可看，主动地跟宝宝交流、玩耍，不要等到宝宝开始哭闹而啼哭叫唤的时候才去哄哄宝宝。

第五章 第4阶段：5个半月-8个月
——宝宝变化真大啊

这个阶段宝宝的显著特征是"变"。在这个阶段，宝宝会在社会交往方面表现出对非家庭成员的胆怯；在运动能力方面，宝宝会移动整个身体，学会爬行。除此之外，宝宝的啼哭或叫唤更多地从生理上的需求转为心理上的需要。面对着变化的宝宝，家长朋友们准备好了吗？

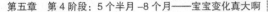

 ## 宝宝的一般行为

对声音的兴趣

这个阶段的宝宝对外界的声音会产生越来越浓厚的兴趣。不仅对自己发出的声音有兴趣，会玩自己的口水，尝试着用自己的口水发出各种不同声音，更重要的是对和自己一起玩的人的声音有很大的兴趣，这种兴趣很快会发展成为真正的语言学习。对声音的关注是语言学习的开端。

人际关系与亲情交流

这个阶段的前几周，宝宝还会继续保持愉快且善于交际的微笑，会发出高兴的声音和咯咯的笑声。但是在这个阶段的后期，宝宝会发生重大的变化，那就是宝宝开始对那些试图接近自己的陌生人摆出拒绝的姿势，不让他们靠近自己，不让他们拥抱。

而对于经常和自己玩耍的照顾者，宝宝会表示出非常高兴，非常喜欢和照料者交流、玩耍。这些都说明了宝宝在出生后的头一年与主要照料者建立了牢固的依恋关系。

对陌生人的不安

如上所述，在大概6个月的时候，宝宝的社会行为发生了一个重大的变化。宝宝不像以前那样对所有靠近自己的人都露出甜蜜的微笑，宝宝开始对陌生人表示出谨慎的态度和拒绝的姿势。宝宝很久不见的爷爷奶奶也不能和宝宝亲近，这是我们常说的认生现象。

这时候主要照料者可以抱着宝宝，先和爷爷奶奶或生人说话，再让生人拿玩具和宝宝逗乐，让宝宝慢慢熟悉，有一个逐渐适应的过程，不要强求宝宝接受。

宝宝的学习发展

情感

在这个阶段的前期，很多宝宝都会经常处于满足而愉快的情绪状态中。但这个阶段的宝宝会出现突然的情绪变化，家长可以在很短的时间里就使一个正在啼哭的宝宝破涕为笑。

社会能力

如上所述，这个阶段的宝宝喜欢和人交流，和人进行交流时宝宝也会表现出异常的兴奋和愉悦。在这个阶段的前期，宝宝还可能对亲近自己的任何人露出微笑，但在这个阶段的后期，宝宝不再对所有人表示亲近，而对生人表示出拒绝、警惕的样子，躲在妈妈的身后或怀里。说明这时候宝宝已经和主要照料者建立了牢固的依恋关系。

语言

这个阶段的宝宝能够听懂家长表扬或批评的语言。虽然有些宝宝不能完全听懂语言，但宝宝可以从家长的表情上分辨家长的情绪。如果做对了，妈妈可能就会亲亲宝宝或拥抱宝宝，宝宝就能明白自己所做的符合妈妈的心愿，得到了妈妈的表扬。而看到妈妈皱眉，宝宝就能理解自己做的不对，妈妈不高兴了。这个阶段的宝宝还能理解家长"不许"的含义。当宝宝使劲敲桌子，或去摸不让摸的东西，家长一声"不许"，宝宝可能就会马上停下看看家长。让宝宝懂得"不许"的含义，学着约束自己的行为，知道什么是允许的，什么是不允许的，懂得守规矩。宝宝还会用手势表示语言，多数宝宝能够用摆手表示"再见"，或学着家长的样子拱手表示"谢谢"。宝宝能用手势表示语言，表达了宝宝与人交流的欲望。

聪明宝宝"推荐的交流方法"

这个阶段的宝宝不同于前几个阶段的宝宝，前几阶段的宝宝的啼哭更多是因为生理上的不适应，因此家长可以不必担心把宝宝宠坏，应当尽量去满足宝宝的需求，缓解宝宝的不适。但宝宝在这个阶段会因为寻求家长的陪伴、获得关注而啼哭，啼哭是宝宝获得关注的一种手段。宝宝可能会因为希望得到爱抚而发生经常性的啼哭，如果家长有哭必应，宝宝就会获得这样的经验：啼哭能够控制家长，能得到自己想要的东西，满足自己的需求。

因此，如果养成宝宝经常啼哭的习惯，日后宝宝就可能成为一个以自我为中心、自私自利的人。因此，家长在这一阶段开始就要注意宝宝的故意啼哭的表现，避免宝宝滥用需求性啼哭。这就需要家长了解宝宝的兴趣，给宝宝安排各种有趣的活动，多和宝宝一起玩耍。如果宝宝能满足兴趣，忙于一些挑战性的、有趣的活动，宝宝就能保持良好的情绪，不会出现过度的需求性啼哭。

家长还应在这个阶段和宝宝进行交流，多和宝宝说话。在这个阶段，宝宝所理解的语言比宝宝会使用的语言更能体现宝宝的发展状况，让宝宝有一个丰富的语言环境。和宝宝谈论目前正在发生的事情，如正在吃什么、今天穿的是什么，话题要具体实际一些。

 ## 聪明宝宝"不推荐的交流方法"

这个阶段的宝宝可能不会对所有人表示出亲近，当陌生人靠近时，宝宝会感到不安，可能会使宝宝大哭。这时候家长不必和宝宝较真，觉得宝宝不出众，社会交往能力欠缺，以往那些宝宝亲近的人现在却受到宝宝的排斥，特别是刚出生不久就照顾宝宝的爷爷奶奶、外公外婆可能会对宝宝

失望，以致心情不好，这样全家人都会感到尴尬。其实这是宝宝的一个成长过程，建立安全依恋关系的时期家长应该理解宝宝心理发展的特点，从宝宝的"话语"中解读宝宝行为背后的想法，而不是盲目地将自己的意图强加于宝宝。

如果让宝宝自己玩耍，不去关注宝宝，对宝宝的啼哭置之不理同样是不可取的。由于这时候的宝宝需要探索，但由于宝宝的运动能力有限而需要家长的帮助，宝宝就会啼哭叫唤，而家长却不理解，不耐烦地对待宝宝或置之不理。为了避免这个阶段的过度需求性啼哭，家长应该丰富宝宝的精神生活，让宝宝干有趣的事情，这样宝宝的探索欲望满足了，就不会无缘无故地啼哭，家长照顾宝宝的心情也会愉快。

第六章 第5阶段：8个月—14个月
——宝宝成长，妈妈护航

这个阶段的宝宝对妈妈或主要照料者会产生特别的兴趣，和妈妈或主要照料者已经建立起依恋的关系。而且这个时期随着宝宝的活动范围扩大，宝宝探索的空间也随之拓宽，并且这个阶段宝宝也能够领会"不行"的含义。因此，这个阶段，照料者的角色至关重要，既要是设计者，又要是顾问，同时还是纪律的制定者。那么怎样发挥角色的作用，为宝宝的成长保驾护航呢？

宝宝的一般行为

注视

这个阶段的宝宝有着强烈的探索欲望，他能够目不转睛地注视着某个东西进行观察并获取信息。宝宝会花大量的时间注视着各种物体，注视着自己的妈妈或其他看护人，注视着窗外的风景，注视着发声的东西。宝宝还对小东西表示出兴趣，可能会皱着眉头仔细观察某些小东西，这些小东西可能是碎屑或一只小虫子。

对语言的反应

这个阶段的宝宝能够慢慢地理解家长的话语，会对理解词语和短语的意思表现出越来越强烈的兴趣。宝宝对词语的理解体现在出现的服从行为上。当家长叫宝宝的名字时，宝宝会转头去寻找家长，给予家长回应。当你和家里的其他人说话时，宝宝可能会望着那个人。而且宝宝也会服从一些家长的简单指令，如和小朋友再见、谢谢妈妈、不许乱动、亲一亲等等。

对妈妈的兴趣与日剧增

这个阶段的宝宝会对周围的人产生兴趣，特别是与自己朝夕相处的妈妈或其他主要照料者。这种兴趣表现为要妈妈或主要照料者与自己一起玩耍，向大人寻求帮助，遇到危险时向大人寻求庇护。宝宝能从他们那里学到一定的规则，什么是能够做的，什么是他们不允许的。此外，宝宝还可能对妈妈或主要照料者表现出自己的情感，可以高兴地拥抱他们，也可以对他们发脾气。

友善

这个阶段的宝宝会对每天和自己接触的人十分友善。可能宝宝会在这一阶段给家长制造一些麻烦，但宝宝们不是故意的，这是他们身心发展的必然结

果。伴随着宝宝身体运动能力的发展，宝宝会自己爬，也会慢慢地扶着支持物行走，宝宝能够通过自己的行动去探索自己感兴趣的事物。因此，所到之处可能就会留下宝宝探索的足迹。但宝宝会发出甜蜜的微笑，还有可能宝宝会主动地拥抱和亲吻与自己亲近的人，这时家长会感到自己的付出得到了宝宝的回报。

对陌生人的焦虑和害羞

宝宝的友善是针对主要照料者和自己每天都能看见的人，宝宝已经将主要照料者的各种特征和对自己的安抚建立了联系。宝宝开始懂得自己的安全掌握在爸爸妈妈或其他主要照料者手中，而对于陌生人或很长时间没有见过的爷爷奶奶、姑姑阿姨等也会表现出不安和害羞。

这是正常的现象，家长不用感到失望，应带着宝宝和这些家人慢慢亲近，让宝宝有个逐步适应的过程。

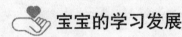宝宝的学习发展

语言

宝宝大多在 6-8 个月开始能够理解家长的语言，在接下来的时间里，宝宝的语言能力会稳步得到提高，并呈快速发展的趋势。这个阶段的宝宝能够开始称呼家长，如看到妈妈会叫"妈妈"，看见爸爸会叫"爸爸"。懂得别人的谈话，谈到自己时会感到害羞，如果当着宝宝的面说宝宝不好，宝宝也会生气。

此外，宝宝认识事物的范围扩大，宝宝能够明白图片能代表实物，当宝宝面对着一些画有实物的图片时，妈妈问宝宝卡车在哪里，宝宝会拿出画有卡车的图片。宝宝还能模仿动物叫，如"小猫喵喵喵、小狗汪汪汪"等。

社会能力

这个阶段宝宝的社交圈子基本上还是围绕着自己的妈妈或其他主要照料者，宝宝通过与他们的互动，能够通过一些表象来了解他们的情绪状态，掌握他们的信息。宝宝在这个阶段也学会了害怕，可能不敢亲近自己的妈妈，慢慢地封闭自己的心灵，从来没有与任何人建立起一种亲密的关系并从中获得乐趣。在这个阶段，宝宝还有可能和同伴竞争，如果妈妈要抱起其他的宝宝，宝宝就会抗议，并伸出手要妈妈抱自己。

好奇心

宝宝一旦学会爬行，就会立刻探索周围的世界。在过去，由于宝宝的运动能力受限，只能注视远方的东西，而现在宝宝能够爬和行走，这种新的能力能够让宝宝去孜孜不倦地探索。宝宝会不厌其烦地拉抽屉，把垃圾桶里的东西反复倒空和填满，不停地按电视机或洗衣机上的开关按钮，目不转睛地去观察你认为微不足道的东西，会去不停地将皮球扔在地上，并叫你把它捡起来等等，这些都是宝宝进行探索的行为。

 ## 聪明宝宝"推荐的交流方法"

由于这个阶段的宝宝具有强烈的探索欲望，所以家长要给宝宝设计一个丰富的环境，让宝宝自由地进行探索。这样，宝宝就能以一种自然而有效的方式发展自己。为宝宝准备一些玩具，这些玩具要易于宝宝操作，让宝宝通过自己的操作去发现一些因果关系；还可以为宝宝准备一些球类，让宝宝推球、投球、踢球；还可以准备一些不易撕烂的书，使书上的图片吸引宝宝的注意力。

这个阶段的宝宝可能会在探索的过程中遇到自己感兴趣和兴奋的东西。并想让你关注，可能会在探索的过程中遇到一些困难想向你求助，也可能会因为自己成功地完成了探索而想得到你的赞赏。这时家长要对这些作出回应，关注宝宝正在关注的事情，如果你正在做的事情比宝宝所做的事情更为迫切，可以和宝宝进行协商，让宝宝等一等。接下来，看看宝宝的需要，如果宝宝确实不能独立地完成一件事情，你可以给予宝宝帮助，如果宝宝能够自己完成，你要鼓励宝宝自己完成。宝宝完成了一项任务，你可以适当地赞赏宝宝，让宝宝切实地感受到自己由于某项具体的行为而得到表扬，而不是空洞的表扬。

这个阶段的宝宝已经能够明白"不许"的含义，能够听懂表扬和批评，因此家长不要因为宝宝还小，就不和宝宝讲规矩。在家中，家长的教养理念要一致，制定的规矩要遵守，家长的态度要前后一致，不能满足宝宝的无理需求时态度要坚定。

此外，由于这个阶段的宝宝已经能够听懂一些话语，家长可以用语言来指导宝宝的行动。如给宝宝穿衣服的时候，家长可以拿着衣领，并对宝宝说"伸胳膊"，当给宝宝穿裤子时可以说"伸腿"，可能刚开始的时候宝宝没有什么反应，但家长也不要心急，可以重复几次。重复几次后，言语就能起到"指挥"的作用了。

聪明宝宝"不推荐的交流方法"

由于这个阶段的宝宝探索欲望、好奇心很强，因此不主张家长将宝宝限制在床上、围栏里，这样可能会减少宝宝对家里东西的破坏，减少宝宝触及危险物品的机会，然而这样却消磨了宝宝的时间，让宝宝无所事事，宝宝会感到无聊，可能会啼哭叫唤，从而限制了宝宝的发展空间，抹杀了宝宝探索的欲望，熄灭了宝宝的学习热情。

现在的家长都希望自己的宝宝能够成才，不让宝宝输在起跑线上，往往会出现"揠苗助长"的现象。强迫宝宝识字、阅读、数数，给宝宝报兴趣班，强迫宝宝参加自己不感兴趣的活动。这个阶段的宝宝属于自然学习的阶段，宝宝有自己的兴趣去进行探索学习，他对周围的环境有着探索的欲望，他有着自己充实而快乐的生活。因此，这种强迫学习的做法是得不偿失的。

家长可能在这一阶段还会有哭必应，当宝宝啼哭时就向宝宝妥协，即使觉得宝宝的要求是无理的，也会给予满足。或宝宝做了不对的事情，也不去阻止。父母的这种过度放任或习惯性满足宝宝的不合理需求是不会带来好处的，对宝宝的成长也会带来不利的影响，会使宝宝任性、以自我为中心、自私自利。家长应该给宝宝立规矩并严格执行，确定宝宝的正当需求，对宝宝的需求适当延缓。这样的话，在这个阶段教给宝宝与别人的共处之道比等宝宝已经形成不良习惯再来教育要容易得多。

由于这个阶段的宝宝已经能够听懂一些语言，因此家长如果采取不声不响地用动作来代替语言的方式是不可取的。如给宝宝穿衣服的时候，直接拿着宝宝的胳膊往袖子里塞，这样很容易让宝宝被动地接受家长的指挥。

第七章　第6阶段：14个月-24个月
——执拗的宝宝

这个阶段宝宝的社交范围在拓宽，对语言的兴趣也在增加。最关键的是，宝宝在这个阶段会萌发自我意识，突出表现在宝宝不像以往那样听从父母的指令而开始挑战家长的权威，经常对家长说"不"，比较执拗。家长可能会在这个阶段产生抚养压力。那么，应该怎样和这个阶段的宝宝交往呢？

宝宝的一般行为

对语言的观察和倾听

宝宝在这个阶段有相当多的时间是用来倾听语言的。当家人以一种宝宝能够理解的方式和宝宝说话时，宝宝会看着他们。宝宝不仅能倾听家长直接说的语言，而且对电视机、录音机中发出的声音也会感兴趣。

家长在身边陪伴的需要

虽然这个阶段的宝宝能够自己去探索、玩耍，但宝宝仍需要有家长陪伴在身边，在家长的陪伴下，宝宝会有安全感，才去自由地探索，一旦家长离开，宝宝就会感到不安，啼哭着要家长回来。特别是当宝宝疲劳或生病的时候，宝宝会表现出比平时更加离不开家长。

对同龄小伙伴的兴趣

这个阶段的宝宝们在一起玩的时候，他们可能会互相地击打或推搡，较为强壮或有攻击性的宝宝会利用威胁或身体的力量让其他的宝宝服从，因此他们在一起玩的时候，很少会对彼此表现出友好。即使出现一些友好的行为，可能也不是真正的社会交往。

宝宝的学习发展

语言

这个阶段宝宝的语言发展呈稳步加速的状态。尽管宝宝可能不会说太多的话，但宝宝学习和理解语言的能力发展得很快，宝宝在第二年里掌握的词汇大大增加了，而且宝宝还能掌握作为语言交流基础的大部分语法结构，宝

宝能够理解几个连在一起的指令，如让宝宝到鞋柜里帮妈妈拿拖鞋，再把鞋柜的门关好，宝宝不仅能理解这个指令的顺序，而且能够记住这个指令并完成任务。家长还可以发现宝宝在这个阶段会开口说话，可能刚开始说不全，用一个词代替一句话的意思，如面包，可能是宝宝要面包。接着说出两个词来表示一句话，逐渐能够说出一句完整的话。有些宝宝可能说话比较晚，家长不用着急，可能宝宝一开口说话时就能说得很多，而且能说出完整的话来。宝宝对书的兴趣也会与日俱增，宝宝让家长念故事给自己听，也有可能自己拿着一本书看。

社会能力

宝宝在这个阶段仍然需要频繁地吸引家长的注意来满足自己的基本社会需要，宝宝已经掌握了更多的除啼哭以外的获取关注的方法。当宝宝遇到太难的任务时会向家长寻求帮助，并且随着宝宝作为独立的个体越来越成熟，宝宝能够向家长表达出钟爱之情，也能向家长表达自己的不快，这说明宝宝建立起了安全的依恋关系，对依恋者有安全感和信任感。宝宝在这个阶段出现了自我意识，产生了占有的欲望，什么东西都可能会认为是自己的。随着能力的增强，宝宝会觉得自己很有能力，可以独立地进行活动，因此可能就会挑战家长的权威，宝宝对家长提出的要求经常会说"不"。

思维能力和思考迹象的出现

这个阶段的宝宝开始出现思考的迹象。家长可以通过观察宝宝所处的环境和宝宝的表情来推测出宝宝的行动。很多延迟的动作出现在宝宝的行为中，宝宝能够对这种选择进行思考，你会发现这个阶段的宝宝出现了自己选择穿哪件衣服的需要，宝宝可能还会为了维护自己，做错事后尽最大努力想出避免受到惩罚的办法。当宝宝拿不着想要的东西时，宝宝可能会想一想，想出解决问题的方法，然后采取行动去解决问题。

聪明宝宝"推荐的交流方法"

这个阶段的宝宝由于出现了自我意识而开始挑战家长的权威，经常对家长说"不"，比较执拗。这样会给家长带来抚养压力。因此，家长可以采取一些人性化的约束。由于这个阶段的宝宝还是会比较亲近主要照料者，所以如果宝宝无理地挑战家长的权威时，可以采取离开宝宝一段时间，让宝宝待在另一个房间里，根据宝宝的反应，定好时间，然后走近宝宝。通过设定严格而有限的约束，让宝宝懂得遵守规则。

聪明宝宝"不推荐的交流方法"

一些家长可能会对这个阶段的宝宝讲大道理，问宝宝为什么要抢妹妹的东西，揪妈妈的头发会伤害到妈妈，乱摔东西是浪费东西的表现等等。宝宝在这个阶段还不具备理解这些道理的能力。所以，家长不必采取说教的方法让宝宝改掉不良的行为。家长可以采取剥夺宝宝喜爱的玩具或出去玩耍的时间来让宝宝认识到自己行为的错误，时间不能太久，等到时间后，家长要遵守约定。

在这个阶段，宝宝很可能会发脾气，随着执拗的出现，宝宝发脾气的情况会越来越多。家长可能会因为宝宝还小，在宝宝执拗的时候作出让步，如在商场的柜台前，宝宝会因为自己心爱的玩具而迟迟不走，就是要买这个玩具。可是宝宝已经有很多这样的玩具了，为了不让宝宝发脾气，家长明知宝宝买回家并不会怎么玩，但还是屈服了，满足了宝宝的无理需求，家长在无形中奖励了宝宝的这种无理取闹的行为。另一种情况是，家长不顾及宝宝的感受，当着很多人的面打骂宝宝。这样，宝宝的自尊心会受到伤害，也没有解决宝宝的问题。家长应该控制好自己的情绪，坚定自己的原则，同时也要维护宝宝的尊严。

第八章　第7阶段：24个月-36个月

——语言的沟通，心灵的对话

> 　　2-3岁是宝宝语言发展的关键期。宝宝的语言能力会突飞猛进，无论是语言的沟通还是语言的理解能力都有所提高。怎样为宝宝营造丰富的语言环境，怎样与宝宝进行有效的沟通是父母的必修课。本章将告诉父母们与这个年龄段宝宝沟通的艺术。

 宝宝的一般行为

角色扮演

　　这个阶段的宝宝会进行角色扮演的游戏。宝宝会扮演熟悉的成年人的角色，最开始可能会扮演爸爸妈妈，让自己的玩具娃娃做自己的宝宝，接着可能会扮演医生、护士、侍者等等。宝宝会模仿自己的爸爸妈妈给宝宝喂饭，会模仿医生给病人打针，会模仿侍者给顾客倒水、端菜等等。

对语言的兴趣与日剧增

　　2-3岁是宝宝语言发展的关键时期，在这个时期，宝宝萌发了语言学习的兴趣，语言能力突飞猛进，词汇量大大增加。宝宝喜欢念儿歌、听故事，

而且喜欢反复地听一个故事，宝宝还能进行角色表演，对角色扮演游戏有很大的兴趣。也会经常看到这个阶段的宝宝拿着一本书自己翻看，被书上的图画所吸引。

遵从父母的简单要求

这个阶段宝宝的执拗和有意挑战家长权威的现象会慢慢减少，和家长能够和睦相处，并且随着宝宝语言理解能力的提高，宝宝能够按照家长的指令去完成家长交给的任务，实现家长简单的要求，而且可以是两个不相关的要求，如要宝宝帮妈妈去拿一件东西，并把自己房间的门关上。因此，在这个阶段家长可能就会觉得宝宝懂事了，自己的抚养压力也会减轻一些。

 ## 宝宝的学习发展

语言

这个阶段的宝宝能够掌握日常交流中的大部分词汇，宝宝能够使用简单的完整句，能够说清楚一件简单的事情，并且能够回忆事情。宝宝还喜欢听故事，并能回答家长提出的简单问题，能用简单的句子叙述故事的内容。宝宝能够运用简单句和家长对话，能完成家长提出的互不相关的指令，会说一些礼貌用语，比如"谢谢"、"对不起"等等。

社会能力

在这个阶段，宝宝已经具备了与家长进行有效交往所需要的基本技能，宝宝的执拗和对家长权威的挑战会慢慢减少，宝宝能和自己的照料者或同龄伙伴和睦相处，能够向亲人和同伴表达自己的情感。在这个阶段，宝宝能和同龄伙伴愉快地玩耍，并且随着宝宝能力的提高，宝宝希望自己的成就能得到家长的赞赏。

对同龄小伙伴的兴趣

宝宝在这个阶段开始显示出对同龄小伙伴的兴趣。如果宝宝在前面几个阶段没有和家长建立好良好的关系，家长过度放纵宝宝，宝宝可能就会出现顽固的性格，也会经常发脾气。这样的话，宝宝对同龄小伙伴的兴趣就不会出现，仍然会和家长在抗争。

如果宝宝发展得比较好，在这个阶段宝宝就会和同伴发展良好的关系，向同伴表达情感，信任同伴，而且还能领导同伴或被同伴领导。宝宝还对竞争感兴趣，相信自己有能力与同伴进行竞争。

聪明宝宝"推荐的交流方法"

这个阶段的宝宝处于语言发展的关键时期。如果宝宝能在一个丰富的语言环境中成长，宝宝的语言能力将会得到极大的提高，无论是在词汇量上还是在语言的使用上。

因此，家长应该多和宝宝进行沟通交流，利用宝宝喜欢的形式，比如利用语言游戏来训练宝宝的听力、增加宝宝的词汇，利用角色表演来锻炼宝宝的语言表达能力。家长还可以利用儿歌、故事来发展宝宝的语言能力，和宝宝一起共享亲子阅读的时光，陪宝宝阅读，给予宝宝开启智慧之门的钥匙。在阅读中多和宝宝对话，让宝宝简单回忆故事情节，也可以启发宝宝，让宝宝插上想象的翅膀，对故事进行改编。在阅读中宝宝会因为感兴趣的事物而表达自己的感受，家长也应鼓励宝宝通过多种方式来表达自己的想法，鼓励宝宝多说话，鼓励宝宝大胆地表达出来是这个阶段重要的目标。因此，当宝宝能够表达自己的想法时，要给予宝宝奖励，当宝宝想表达而表达不清时，家长也不要着急，不要让宝宝觉得有心理压力，鼓励宝宝慢慢说、说清楚。

这个阶段宝宝的内心世界也日益丰富起来，家长在和宝宝进行沟通时要注意宝宝的感受。家长和宝宝只有达到情感上的共鸣，才能让宝宝感受到家长是真正地关爱自己，才能向家长敞开自己的心扉。当宝宝摔了一跤，痛苦地向你哭诉时，你可以伸开臂膀抱住宝宝，让宝宝得到慰藉，等宝宝情绪稳定后，你可以说"宝宝，妈妈知道你很疼，你看，那里有一块石头，你不小心绊倒了，下次注意就好了"。当宝宝今天自己吃饭没有掉饭粒，向你投来需要得到肯定的目光时，你应该摸摸宝宝的小脑袋，竖着大拇指。家长只有体会到宝宝的内心感受，说出来的话语才能进入宝宝的心田，滋润宝宝的心灵。

聪明宝宝"不推荐的交流方法"

宝宝在这个阶段已经能够说很多的话，也能够和家长进行沟通，因此这时候家长在沟通时要尊重和理解宝宝。趾高气扬、居高临下地和宝宝沟通是不可取的。

家长应该蹲下来，平视着宝宝的眼睛倾听宝宝说话，这样能够使宝宝感受到家长在耐心地听自己说话，能使宝宝在交流中获得自信，会觉得自己在爸爸妈妈心里很重要，从而获得安全感，并且以后也会模仿家长的样子去和别人进行交流，学会尊重别人。

沟通最重要的在于理解对方，家长要学着理解宝宝的童心。在不分清事实真相，也不倾听宝宝内心的声音的情况下，而对宝宝下结论是不可取的。

轩轩为了治好爸爸的脚伤，把自己的玩具容器盛上水放进冰箱里制作冰块，但妈妈不和轩轩沟通，问问轩轩为什么要反反复复地将水放进冰箱里，而是大声地训斥轩轩，让轩轩感到很委屈。

一个孝顺的宝宝可能就会在家长一次次的不明情理的训斥下不再去关爱自己的家人。

露露和小朋友激动地说起了自己去游乐园玩耍的情景，可妈妈却不知道宝宝是在妈妈一次次改口的情况下说出这样的谎言，露露太想去游乐园玩了，但妈妈总是一次次答应又一次次地改口。于是露露插上想象的翅膀，在自己的梦想王国里畅游。"妈妈，您不带我去，难道还不能让我想一想，说一说吗？还说我是个小骗子。妈妈，您能带我下次去吗？"

　　家长朋友们，请停下匆匆的脚步，蹲下来听听宝宝内心的世界，走进童心，宝宝们会告诉你他们的世界。

后记

　　宝宝是父母的心肝宝贝。每个父母都希望自己的宝宝健康、聪明。然而，聪明的宝宝除了先天遗传以外，更多的是需要后天的精心培育。

　　最能胜任宝宝老师的是父母，最了解宝宝、最知道宝宝的也是父母。我们真诚地期望初为人父人母者通过阅读本书，更加了解宝宝的心灵和需要，更加认清自己的责任和义务。宝宝是天生的学习者，宝宝所做的每件事情都是在学习和探索。3岁前的宝宝每天都有变化，都会成长，不经意间就会给你一个惊喜。所以，家长为何不在此阶段多留些时间给宝宝，和宝宝共享天伦之乐呢？任何一位家长，无论学识高低，都能在正确的教育理念和教育方法的引导下，培养出既聪明好学又健康快乐的宝宝。

　　每个宝宝都是天才！这里，我们想将它当做一个虔诚的祝福，送给每位家长，衷心祝愿您的宝宝聪明、健康、快乐！

　　本书编写人员虽然是多年从事0-3岁婴幼儿保育和教育的教学科研工作者，密切关注家长在养育宝宝过程中的苦恼和问题，但对所有0-3岁宝宝的现状了解得不够，加之保育与教育内容博大精深，因此本书可能不完全符合某些宝宝及家长的个性化需求；同时由于时间仓促，不当甚至错误之处在所难免，恳请广大家长、同仁予以批评指正。

　　此外，在本书编写过程中，参考了相关资料，在此谨致以衷心感谢！

编　者

主要参考书目

1. 蒙台梭利，任代文主译校：《蒙台梭利幼儿教育科学方法》，人民教育出版社，2006 年 7 月

2. 孙瑞雪：《爱与自由》，新蕾出版社，2007 年 1 月

3. 孙瑞雪：《捕捉儿童敏感期》，新蕾出版社，2007 年 1 月

4. 罗伯特 · V. 卡尔著，周绍先，窦东徽，郑政文译，《儿童与儿童发展》（上下册），教育科学出版社，2009 年 8 月

5. 佚名：《2-3 岁：睡眠困扰？》，《母婴世界》，2009 年第 5 期，龙源期刊网

6. 吴光驰主编，汉竹编著：《0-3 岁，聪明是吃出来的》，文汇出版社，2009 年 9 月

7. 吴岚等著：《吃出一个聪明宝宝》，上海科技文献出版社，2004 年 3 月

8.《为了宝宝》编辑部：《让你的宝宝更健康》，上海科技文献出版社，2004 年 3 月

9. 钱元著：《聪明，就是这样培养出来的》，哈尔滨出版社，2009 年 6 月

10. 伯特 · L. 怀特著，宋苗译：《从出生到 3 岁》，京华出版社，2007 年 2 月

11. 区慕洁主编：《中国儿童智力方程：0-3 岁》，中国妇女出版社，2006 年 11 月

12. 陈帼眉，梁雅珠主编：《快乐亲子园实用教材：0-3 岁》，农村读物出版社，2004 年 4 月